Winter reise

Alexandra Schlüter

Winter reise

Deutschland in der kalten Jahreszeit

PRESTEL

München · London · New York

Inhalt

8
Glitzerndes Weiß
Einleitung

14
Wenn der Herbst zum Winter wird
Tister Bauernmoor   ❄   Lüneburger Heide

40
Advent und die Sehnsucht nach Licht
Werben an der Elbe   ❄   Naumburg an der Saale

66
Wintergeister in den Raunächten
Lusen im Bayerischen Wald   ❄   Hoher Meißner im Osthessischen Bergland

92
Winterstürme über den Meeren
Hallig Oland in der Nordsee   ❄   Schönberger Strand an der Ostsee

116
Schneereiche zwischen Felsen und Wald
Polenztal in der Sächsischen Schweiz   ❄   Sankt Andreasberg im Harz   ❄   Seiffen im Erzgebirge

144
Winterfreuden, Alpenglück
Jochberg (Walchensee) und Aueralm (Tegernsee)   ❄   Zugspitze
Frasdorfer Hütte (Chiemgauer Alpen) und Klausbachtal (Berchtesgadener Alpen)

176
Wenn der Winter langsam geht
Monschau in der Nordeifel   ❄   St. Märgen im Hochschwarzwald   ❄   Allgäuer Alpen

204
Wege, die der Winter weist
Epilog

VORIGE SEITEN Hochschwarzwald: weiter Blick vom Feldberg.
RECHTS Langläufer am Schauinsland bei Freiburg.

Glitzerndes Weiß

Wenn ich an „Winter" denke, fallen mir immer zuerst die Winter meiner Kindheit ein. Ich war viel bei meinen Großeltern, die in einem Tal am Fuß des Wettersteingebirges lebten. Es war relativ abgelegen dort und die Winter waren lang. Es schneite regelmäßig so viel, dass die Schneemauern an den Straßenseiten höher waren als wir Kinder. Ich erinnere mich an das Geräusch des Schneepflugs. Es war ein Unimog mit einer riesigen orangefarbenen Schaufel. Draußen war es noch stockdunkel, wenn er unten am Haus vorbeifuhr. Man hörte das Schrappen der Schaufel auf dem Kies unter der Schneedecke, wenn er um die Kurve bog.

Für uns begann die kalte Jahreszeit im Herbst mit der Brunftzeit der Hirsche. Sobald es dunkel wurde, erfüllte ihr Röhren das Hochtal. Oft fiel zu der Zeit schon der erste Schnee. Im tiefen Winter hörte man aus der Ferne manchmal ein dumpfes Donnern. Dann wurden im Gebirge Lawinen gesprengt. Wir lernten, Respekt vor dem Winter, auch vor den Bergen zu haben.

Lieblicher war der Klang der Schellen, die schon von Weitem die Pferdeschlitten ankündigten. Haflinger zogen Touristen durch die verschneite Landschaft. Wenn die Pferde vor dem Elmauer Gasthaus warteten, in dem schon König Ludwig II. eingekehrt war, dampften sie unter den Decken, die der Kutscher ihnen übergelegt hatte. Manchmal durften wir Kinder auf dem Kutschbock mitfahren. Die Gäste waren hinten in Wolldecken und Schaffelle eingemummelt, die Pferde schnaubten und die Glöckchen läuteten im Takt des Trabs.

Vor der Haustür meiner Großeltern hing ein Handfeger, damit man sich den Schnee von den Stiefeln bürsten konnte. Im Treppenhausflur roch es nach Skiwachs. An der Wand standen unsere Langlauf- und Abfahrtsski in einer langen Blechrinne. Die Stöcke hängten wir über die Skispitzen, und manchmal fiel die ganze Reihe wie beim Domino um. Mein Großvater fuhr die Hänge im norwegischen Telemarkschwung hinunter, elegant sah das aus. Meine Großmutter lag lieber zauber-

Ist man erst mal oben, steht ihnen nichts mehr im Weg: Schlittenfreuden in den Bayerischen Alpen.

mischten sich die Gerüche von Schnee und feuchter Wiese.

Ich glaube, wir alle haben nostalgische Erinnerungen an unsere Kindheitswinter. An rote Backen, dicke Flocken; an Schlitten, deren Kufen beim ersten Einsatz Rostspuren im Schnee hinterließen, und natürlich an alles, was mit Advent und Weihnachten zusammenhing. Ich denke an Schneeballschlachten auf dem Schulweg zurück, ständig haben wir uns gegenseitig eingeseift. Wir fuhren wochenlang Schlittschuh, jeden Nachmittag nach der Schule auf dem Stockerweiher im Nachbardorf. Die Jungs spielten Eishockey, wir Mädchen übten Rückwärtsfahren und drehten Kreisel. Wenn es dunkel wurde, banden wir die Schlittschuhe an den Schnürsenkeln zusammen und hängten sie uns für den Heimweg über die Schulter.

Natürlich sind wir auch Ski gefahren. Wir lebten südlich von München, viele Dörfer hatten damals einen eigenen kleinen Skilift. Dort brachten uns unsere Mütter nachmittags hin und holten uns abends wieder ab. In die Liftkarten wurden mit einer Lochzange Löcher gestanzt, sie reichten für einen Nachmittag.

Winter hieß aber auch: Wollhandschuhe, an denen Eiskügelchen klebten, laufende Nasen und kalte Füße. Auch zu Hause war es manchmal kalt. Drinnen vor der Haustür hatte mein Vater einen Filzvorhang aufgehängt, damit es nicht so zog. An Heizöl wurde gespart, es waren die 1970er-Jahre der Ölkrise.

bergmäßig unter einer Wolldecke in ihrem Sonnenhäuschen.

Der Schnee war blendend weiß, auf den Ästen der dunkelgrünen Tannen bauschte er sich wie Watte. Wenn man an den herabhängenden Zweigen zog und sie nach oben schnalzen ließ, bekam derjenige hinter einem die pulvrige Ladung ab. Ich sehe noch immer das Glitzern der Schneedecke vor mir, eine Million funkelnder Kristalle, die sich im kalten Sonnenschein niedergelassen hatten. Im Frühling, wenn es taute, kam das beige Gras vom Vorjahr zum Vorschein, das dankbar die ersten Sonnenstrahlen aufsog. Dann

Die Wochen der weihnachtlichen Vorfreude begannen schon mit dem Sankt-Martins-Zug im November. Der Laternenumzug führte durch Icking zur Kirche, nach dem Gottesdienst gab es Schokoladenlebkuchen. Der Heilige Martin ritt auf seinem großen Schimmel voraus. Immer an derselben Stelle hielt er an, zerteilte mit dem Schwert seinen Mantel und gab die eine Hälfte dem Bettler am Straßenrand.

Um diese Zeit fing meine Mutter an zu backen: Zimtsterne, Makronen, Vanillekipferl oder einfache Butterplätzchen, die wir mit bunten Streuseln verzierten. Sie wurden in weihnachtlich verzierte Blechdosen gepackt. Wir hatten einen gemütlichen Kachelofen, der nun angeheizt wurde, und übten Weihnachtslieder auf der Blockflöte.

Ich lebe nun schon lang in der Lüneburger Heide und habe mich an die mehr oder weniger schneelosen Winter in meiner Wahlheimat gewöhnt. Umso größer ist die Freude, wenn es doch einmal kräftig schneit. Die Sehnsucht nach dem „echten" Winter bleibt. Ich bin ein Wintermensch. Ich mag die Kälte und die frühe Dunkelheit. Ich mag es, wenn ich morgens Scheiben kratzen muss oder im Rollkragenpullover mit Daunenweste joggen gehe. In meinem Buch möchte ich gern erkunden, was der Winter für uns heute noch bedeutet, wie er unsere Geschichte geprägt hat, was er in Zukunft noch für eine Rolle spielen wird oder besser: welche Rolle er

spielen kann, wenn wir ihn lassen. In einer Gesellschaft, die ihn mehr oder weniger gezähmt hat – oder das zumindest denkt.

Ich begebe mich also auf eine Winterreise durch Deutschland, um die kalte Jahreszeit zu ergründen. Ich möchte verstehen, wie Tiere sich auf den Winter vorbereiten und wie sie ihn überstehen. Auch Pflanzen haben unterschiedliche Strategien, um im Frühjahr wieder auszuschlagen. Ich lasse mich vom Schnee verzaubern, manchmal friere ich und der Wind treibt mir Schneekörner in die Augen. Hinter jeder Wegbiegung stoße ich auf Erstaunliches. Allein dieser wundersame Stoff Schnee! Er hat so viele Gesichter, kann Vergnügen und Leid bringen. Damit inspiriert er seit je Künstler, Komponisten und Dichter.

Ich versuche, dem Winter seine Geheimnisse zu entlocken. Wie entstehen Gletscher und wie lange werden wir sie in Zeiten des Klimawandels noch haben? Warum ist ihr Eis blau? Wie lange brauchen Flocken von den Wolken zur Erde? Der Winter fordert Wissenschaftler mit seinen Phänomenen bis heute heraus, längst nicht alle sind geklärt. In einigen Projekten liegen Wissenschaft und Kunst gar nicht so weit auseinander. Manchmal aber ist Winter pure Poesie.

Ich lasse mich bei jedem Wetter vor die Tür locken, fahre Ski und Schlitten, Fortbewegungsarten, die es schon seit Jahrhunderten, wenn nicht Jahrtausenden gibt. Menschen erzählen mir, wie es ist, bei Frost und Kälte draußen zu arbeiten: als Ostseefischer oder als Holzfäller mit einem Rückepferd im Allgäu. Im Erzgebirge besuche ich einen Reifendreher in seiner märchenhaften Werkstatt. Ich wandere durchs Felsenreich im Elbsandsteingebirge und raste an Gipfelkreuzen in den Alpen. In Werben an der Elbe besuche ich einen Adventsmarkt, auf dem es nach Bratäpfeln duftet. An der Saale zelebrieren die Menschen die Vorweihnachtszeit in den Weinbergen. Ich lasse mir Grünkohl an der Nordsee und Kaiserschmarrn auf einer Alm am Tegernsee schmecken.

Ich möchte dazu inspirieren, diese besondere Jahreszeit mit offenen Armen zu begrüßen. Sich auf sie einzulassen, all die Dinge zu entdecken, für die sie steht. Die passenden Bücher, die auf unterschiedlichen Wegen in die Kälte entführen. Die Spuren der Tiere, die man im Schnee auf einmal sieht. Vielleicht sogar den Energie-Booster Eisbaden.

Ich möchte anstecken mit meiner Freude am gleißenden Weiß – auch am Schneetreiben. Ich übernachte auf einer urgemütlichen Alm im Chiemgau und staune über die Architektur an ausgesetzten Orten. Alte Schwarzwaldhöfe trotzen mit heruntergezogenen Walmdächern seit Jahrhunderten der Witterung. Im Harz sind die Wetterseiten der Häuser oft mit Schiefer verkleidet. In der Eifel schützen haushohe Hecken die Höfe vor Stürmen. In all den Winterlandschaften, die ich besucht habe, sind Natur und Geschichte, Kunst und Handwerk sowie das Leben der Menschen eng miteinander verwoben. Unsere

Vorfahren mussten sich mit dem, was ihre Umgebung hergab, gegen Kälte wappnen und für den Winter vorsorgen. Die kalte Jahreszeit fordert seit je den Erfindungsgeist heraus.

Und mich interessiert, warum wir im Winter manchmal melancholischer sind als im Rest des Jahres. Warum wir mehr Schokolade essen, ein größeres Schlafbedürfnis haben und gern den vierten Satz, den Winter, aus Antonio Vivaldis *Vier Jahreszeiten* hören. Kann es sein, dass in der dunklen Jahreszeit die tiefsinnigeren Gedanken gedacht, andere Bücher geschrieben, folgenreichere Erfindungen gemacht werden? Der deutsche Dichter Durs Grünbein zum Beispiel beschreibt in seinem Erzählgedicht *Vom Schnee oder Descartes in Deutschland* (2003), wie der titelgebende Philosoph 1619 im Dreißigjährigen Krieg durch eine extreme Kältephase gezwungen wurde, mehrere Wochen in einer kleinen Kate bei Ulm zu verbringen. Dort schrieb er über die große Frage, wie sich die Existenz des Menschen beweisen lasse.

Winter lässt sich in allen Teilen Deutschlands intensiv erleben, auf der Hallig Oland genauso wie auf der Zugspitze. Ich war im Allgäu und im Erzgebirge auf Langlaufskiern unterwegs. Im Bayerischen Wald empfand ich den Winter als besonders rau, obwohl nicht einmal Schnee lag. Dort tanzen in der Lousnacht wilde Gestalten ums Feuer, um die Wintergeister zu vertreiben. In der Heimat der Brüder Grimm jagt Frau Holle am Hohen

Meißner in Hessen durch die Raunächte. Überhaupt Mythen, Märchen und Rituale, was wäre die dunkle Jahreszeit ohne sie? Schneeweißchen und Schneewittchen, Lichterkränze und Weihnachtsbaum, Funkenfeuer und Biikebrennen. Dann werden die Tage langsam wieder heller.

Der Winter schärft die Sinne, vielleicht mehr als alle anderen Jahreszeiten. Wenn alles weiß ist, fällt jeder noch so kleine Farbtupfer auf. Wenn alles still ist, hört man jedes noch so schüchterne Piepen eines Vogels. Dazu kommen andere typische Wintergeräusche: das Knirschen des Schnees unter den Stiefeln, das Rumpeln der Scheite beim Holzhacken. Vieles ist tief in unserem Wintergedächtnis versunken, wird einem aber wieder einfallen, wenn man dieses Buch liest und in den Bildern schwelgt.

Ich möchte Lust darauf machen, sich auf eine eigene Winterreise zu begeben. Durch die Kälte zu wandern, auch mal im Schnee einzusinken, dabei die Atemwölkchen vor dem Gesicht zu sehen. Dem Künstler Winter auf der Spur, der verschneite Bäume in mystische Wesen verwandelt und feengleiche Farne im Eis einfriert. Am besten sucht man sich danach eine Bleibe für die Nacht, in der ein Feuer im Bollerofen knistert. Vielleicht gibt es dort heißen Kakao mit Schlagsahne und man hat einen Band mit Wintergedichten dabei, von Rilke etwa oder Sarah Kirsch.

Nur eines, glaube ich, klappt nicht: den Winter zu verdrängen. Alles in der Natur hat seinen Sinn, so auch, dass in unseren

Hagebutten: Winternahrung für Vögel wie Amseln, Seidenschwänze und Wacholderdrosseln.

Breitengraden die Tage zum Jahresende hin kürzer werden. Tiere und Pflanzen haben sich auf diesen Zyklus eingestellt. Die Natur ruht sich aus, und auch wir haben die Chance innezuhalten. Winter kann der Höhepunkt des Jahres sein, wenn wir ihn richtig zu nutzen wissen. In seiner Verspieltheit, in seiner Härte und in seiner Stille.

Wenn der Herbst
zum Winter wird

Tister Bauernmoor ❄ Lüneburger Heide

VORIGE SEITEN Morgenstimmung im Tister Bauernmoor.
RECHTS Zwischenstopp: Vor ihrer langen Reise in den Süden
fressen sich Kraniche Energiereserven an.

Wo Kraniche im Wasser schlafen

Die Landschaft ist in einen eisigen Schleier gehüllt. Er überzieht Bäume, hat sich über Wiesen und Felder gelegt. Dort, wo die Sonne schon durch den Frühnebel kommt, glitzern die Hecken. Es war –4 Grad heute Nacht, kalt genug, dass in dieser feuchten Gegend am frühen Vormittag noch die Spuren des Frosts zu sehen sind. Kalt genug, dass ich mich das erste Mal in diesem Winter im Zwiebellook angezogen habe, mit mehreren Schichten, Mütze, Skihandschuhen. Ich trage gefütterte Stiefel.

Wenn die Vögel aufbrechen, ist es ein Zeichen, dass der Winter kommt. Ich möchte die Kraniche im Tister Bauernmoor beobachten. Hier sammeln sie sich auf ihrer Reise von den Sommergefilden in Skandinavien, Russland und im Baltikum, wo sie gebrütet und ihre Jungen aufgezogen haben. Manche haben noch 2000 Kilometer bis in die spanische Extremadura vor sich. Zwischendurch legen sie immer wieder längere Rastzeiten ein, von Mitte Oktober bis Mitte November auch in den niedersächsischen Moorgebieten.

Im Frühjahr auf dem Rückflug beeilen sich die Kraniche, möglichst früh am Ziel zu sein, um sich gute Brutplätze zu sichern. Auf dem Winterzug jedoch lassen sie sich mehr Zeit auf ihrer kräftezehrenden Reise. Tagsüber fressen sie sich auf den abgeernteten Maisfeldern der Umgebung Energiereserven an. Nachts schlafen sie im Stehen in den Flachgewässern des Moors, weit genug vom Ufer mit seinen Räubern entfernt: Füchse und Wildschweine, Dachs, Marderhund und Wolf.

Bevor ich abends die Kraniche an ihrem Schlafplatz beobachten werde, wandere ich einmal um das Ekelmoor (mit kurzem E) und das Tister Bauernmoor. Ich möchte ein Gefühl für diese Übergangszeit und die Landschaft kriegen, in der sich die großen Vögel für den Winter rüsten. Ich tauche in den Wald ein, der Boden unter meinen Füßen ist gefroren. Die dünne Eisschicht auf den Pfützen klirrt, wenn ich darüberlaufe.

Die Rufe der Kraniche wehen herüber. Ihre Fanfaren klingen, als ob sie sich unterhalten. Tatsächlich singen sie oft im Duett.

Wer weiß, von was? Vom Winter, der bald kommt, von den Tagen, die kürzer werden, vom Wiedererkennen eines markanten Merkmals weit unter ihren Flügeln: von einem See, einem Fluss, einer Autobahn; vom Zusammenbleiben, weil man dann die Reise besser meistert? Kraniche haben lebenslange Partner, mit denen sie kommunizieren, die Jungen legen die Winterreise mit ihren Eltern zurück. Ihren Hals strecken die großen Vögel beim Fliegen horizontal nach vorne (das unterscheidet sie vom Reiher). Ihre Töne erzeugen sie in ihrer bis zu 1,20 Meter langen Luftröhre, die gewunden ist wie bei einer Trompete. Es sind Klänge, die berühren, sie künden von einer langen Reise.

Das Wunder des Vogelzugs. Woher wissen Zugvögel, wann sie aufbrechen müssen? Wie finden sie ihre Wege? Sie verfügen über eine Art innere Uhr, einen Sonnenkompass, der ihnen signalisiert, wenn die Tage kürzer werden. Der Neigungswinkel der Erde zur Sonne verändert sich im Lauf des Jahres. Nachts richten die Vögel sich wohl nach den Sternen, der Nachthimmel ist auf der Nordhalbkugel nach dem Polarstern ausgerichtet.

Elegant bewegen Kraniche ihre Schwingen im Gleichklang. Sie fliegen in etwa 1000 Metern Höhe, in V-Formation, so ist der Luftwiderstand am geringsten. Für ihre Reise nutzen sie zwei festgelegte Routen: die baltischungarische und die westeuropäische. Die Kraniche vom Tister Bauernmoor ziehen auf

der westlichen Flugroute, zweimal im Jahr. Lange dachte man, das Zug- und Rastverhalten sei genetisch bedingt, aber Erfahrung spielt vermutlich auch eine große Rolle. Sie wird sozial kommuniziert und in der Gemeinschaft weitergegeben. Die Winter werden wegen des Klimawandels milder, die Bedingungen in Gebieten wie dem Tister Bauernmoor sind ideal. Wenn das Zugverhalten zumindest zum Teil eine erlernte Fähigkeit ist, dann ist es möglich, dieses anzupassen. So kommt es seit einigen Jahren vermehrt vor, dass Kraniche den Winter über in Niedersachsen bleiben. Aber was, wenn es gerade dieses Mal besonders eisig wird? Überlegen die Vögel gemeinsam, ob sie bleiben sollen oder nicht? Hoch, tief, Frage und Antwort, bleiben oder fliegen, ich höre sie wieder.

Braune Farne lassen ihre Blätter hängen, an Spinnweben hängen kleine Eiskristalle, das feine Gespinst schimmert in der Sonne. Wildschweine haben den Weg aufgegraben, um nach Larven, Schnecken und Würmern zu suchen. Bei Dauerfrost und geschlossener Schneedecke wird die Nahrungssuche für sie schwieriger. Dann fressen sie oft das Aas verendeter Tiere.

Etliche Bäume sind kahl, die Herbstfarbenpracht haben sie längst hinter sich gelassen. Nur Eichenlaub hängt manchmal noch, mit Farbverläufen von grüngelb zu braun, auch einige Pappeln tragen noch Blätter, grün mit schwarzbraunen Tupfen. Fichten und

Streifzug im Moor. Tautropfen und Herbstlicht verwandeln ein Spinnennetz in ein Kunstwerk.

Kiefern warten auf ihren Auftritt im Winter, sie bleiben grün. Auch Sternmoos verliert seine Farbe nicht. Die Lärchen leuchten vereinzelt noch gelb. Auf ihren Ästen sitzen Zapfen, die so filigran aussehen wie Verzierungen auf einem Baumkuchen. Wie weich ihre Nadeln sind! Der Grund, warum sie diese im Gegensatz zu den anderen Koniferen verlieren. Deren piksige Nadeln sind robuster und mit einer dicken wachsartigen Schicht überzogen, die sie vor dem Erfrieren schützt.

Ich rаschele mit meinen Füßen durchs Laub, mein Lieblingsherbstgeräusch. Die Blätter sind wie trockengefroren. Rötlich braunes Buchenlaub und an einigen Stellen gelbe, große Ahornblätter. Im Winter machen Laubbäume Pause. Sie absorbieren kein CO_2 mehr und geben keinen Sauerstoff mehr ab. Sie stellen die Photosynthese ein, die sich in der dunklen Jahreszeit schlichtweg nicht lohnt. Daher fahren die Bäume im Herbst ihren Stoffwechsel herunter. Sie beginnen das Chlorophyll, das bei der Photosynthese entsteht, aus den Blättern zu ziehen und es unter der Rinde und in ihrem Stamm einzulagern. Die Blätter verlieren ihr Grün, Caro-

Erste Winterboten. Frost überzieht Gewässer und
Gräser mit Raureif und einer hauchdünnen Eisschicht.

tinoide sorgen nun für Orange-, Gelb- und
Rottöne, je nach Konzentration. Dass sie ihr
Laub abwerfen, hat aber noch einen anderen
Grund. Bäume verdunsten im Sommerhalbjahr Wasser über ihre Blätter, bis zu 400 Liter
am Tag. Da im Winter die Böden gefroren
sind, können die Bäume diese große Wasser-
menge nicht mehr aus der Erde nehmen und
im Stamm hoch in die Äste transportieren,
um ihre Blätter zu versorgen. Man spricht
von Frosttrockenheit. Und selbst wenn sie es
könnten: Die dünnen Blätter, die von feinen
Kapillaren durchzogen sind, würden erfrieren. Daher senden die Bäume im Herbst
Botenstoffe an ihre Blattstiele, die dann ein
Trenngewebe bilden. Das Laub fällt ab.

❄

Ich mag diese Übergangszeit, wenn schon
tiefer Spätherbst herrscht und auch ein paar
Sonnenstrahlen nicht darüber hinwegtäu-
schen können, dass bald die kalte Jahreszeit
Einzug hält, in der andere Kräfte das Sagen
haben. Die Natur kommt zur Ruhe und
es wird auch ruhiger. Vögel sind nur noch
vereinzelt zu hören, kein Vergleich zu dem
Spektakel, das sie im Frühling zur Balz veran-
stalten. Ich höre ab und zu das Gezwitscher
einer Amsel, die ein oder andere Blaumeise,
einen Mäusebussard. Wer fliegt in wärmere
Gefilde, wer bleibt? Mauersegler, Nachtigall
und der Zilpzalp sind schon in den Süden
gezogen. Andere Singvögel wie Rotkehlchen
und Wintergoldhähnchen harren aus. Vögel
brauchen viel Energie, da sie immer in Bewe-

gung sind. Sie müssen ihre Körpertemperatur
von 38 bis 42 Grad aufrechterhalten. Das versuchen sie mit unterschiedlichen Strategien.
Bei großer Kälte plustern sie ihre Federn auf.
Dann sehen sie aus wie kleine Daunenkugeln
und genauso wirkt diese Maßnahme auch:
wie ein Wärmeluftpolster. Um sich im Winter
nachts warm zu halten, verlieren sie bis zu
zehn Prozent ihres Körpergewichts. Einige
kuscheln sich aneinander und suchen zum
Schlafen geschützte Plätze. Wenn es besonders kalt ist, können Vögel ihre Körpertemperatur herunterfahren, um den Stoffwechsel zu
reduzieren. Vor allem brauchen sie genügend
Nahrung, um den Energieverlust zu kompen-
sieren. Manche wie etwa Kleiber stellen ihre
Nahrung um und wechseln von Insekten und
Larven zu Sämereien, Nüssen und Knospen.
Andere sorgen vor und verstecken Futter für
harte Zeiten. Eichelhäher vergraben Eicheln,
Haubenmeisen verstecken Samen in den Rit-
zen der Baumrinde. Noch ist es nicht klirrend
kalt, aber die Vorbereitungen laufen bereits
auf Hochtouren.

Hohe Schilfgräser tragen Eisbüschel,
Schmuckstücke wie aus einer Glasbläserei. In kahlen Ginsterzweigen sammelt sich
Laub. Im Frühling werden sie wieder gelb
leuchten. Im Winter würde sich die Farbe gar
nicht lohnen, Bienen und andere Insekten,
die die Blüten bestäuben, sind längst nicht
mehr unterwegs. Sie haben sich verpuppt,
zwischen Baum und Rinde zurückgezogen,
hinter sich Höhleneingänge verklebt; oder
sie haben sowieso nur bis zum Herbst gelebt,

nachdem sie Eier gelegt haben, aus denen im Frühling der Nachwuchs schlüpft.

Je mehr ich über diese Dinge nachdenke, desto wunderbarer wird dieser heimische Wald, der schon jetzt, vor dem ersten Schnee, jede Menge Wintergeheimnisse birgt. Brombeerranken haschen am Wegrand nach meinen Beinen. Hier und da leuchtet ein rosaroter Klecks, dort haben die Vögel eine Beere übersehen. Über meinem Kopf fliegt eine Formation von Kranichen. Elegant bewegen sie ihre Flügel im Gleichklang. *Grus grus* ist ihr wissenschaftlicher Name, als Glücksvogel gelten sie in der Mythologie: in Schweden, da sie dort den Frühling einläuten, wenn sie ihre Brutplätze beziehen. Auch in Japan werden sie als Glückssymbol angesehen. Als Himmelskraniche wurden sie im alten China bezeichnet, da sie dem Volksglauben nach die Seelen der Toten zum Himmel tragen. Seit je verzaubern sie die Menschen durch ihre sagenhaften Tänze zur Balz.

Ich trete an den Waldrand und blicke ins Hochmoor. Am Waldrand stehen mächtige Eichen. Ein Kranz aus Eiskristallen zieht sich um ihre Blätter, wie vom Waldkonditor verziert. Hinter mir klingt es, als ob es regnet, aber es ist nur das Rascheln des dürren Laubs. Ein Lufthauch genügt, um es in Bewegung zu versetzen. Ein erstaunlicher Zyklus, in dem die Bäume im Herbst ihre Blätter abwerfen. Das Laub schützt im Winter die Wurzeln vor Frost, es bietet eine isolierende

Schicht für Falter und Spinnen, Regenwürmer und Raupen, die es im Lauf der Jahre zu Humus zersetzen und damit die Bäume mit Nährstoffen versorgen.

An einem Ilex glänzen rote Winterbeeren zwischen dunkelgrünen Blättern. Weihnachtsfarben, in etwas über einem Monat ist es so weit. An einem Wassergraben sind Rohrkolben oben abgenagt, vielleicht von Mäusen. Auch sie müssen sich Reserven für den Winter anfressen. Frisch aufgestapelte Baumstämme am Wegrand duften nach Harz, Unterschlupf für Marder und Igel, Iltis, Wespenkönigin und Fledermäuse. Gut abgelagertes Holz ist inzwischen ein rares Gut. Seit Gas so teuer geworden ist, wird mehr mit Kamin und Kachelofen geheizt.

Unter meinen Füßen knacken Bucheckernschalen. Sie sehen aus wie kleine Tierchen mit rauer Haut und offenem Maul. Sie sind alle leer, die Früchte wurden längst geholt, entweder gefressen oder ins Vorratslager gebracht. Tiere wie Eichhörnchen sorgen auf diese Weise vor. Erstaunlich, woher sie das wissen. Von ihren Eltern lernen sie es nicht, deren Obhut haben sie zu dieser Zeit im Jahr längst verlassen. Eichhörnchen, genauso wie Dachse, halten keinen Winterschlaf, sondern Winterruhe. Sie schlafen zwar die meiste Zeit des Tages, aber ihre Körpertemperatur sinkt nicht ab. Sie machen sich auch in der kalten Jahreszeit regelmäßig auf den Weg, um Nahrung zu suchen.

Durch ein Waldfenster erspähe ich die ersten moorigen Tümpel. Sie sind mit einer

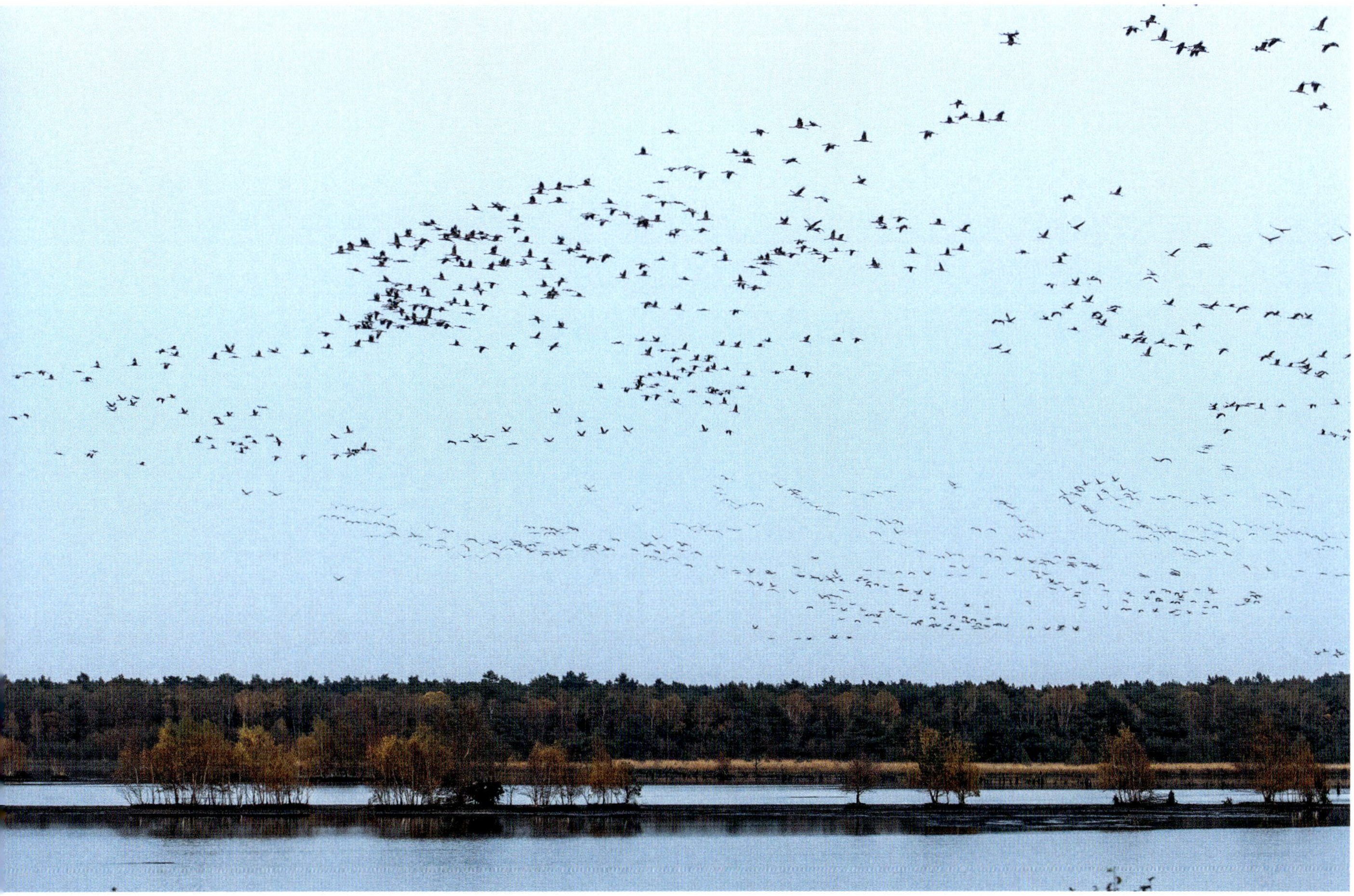

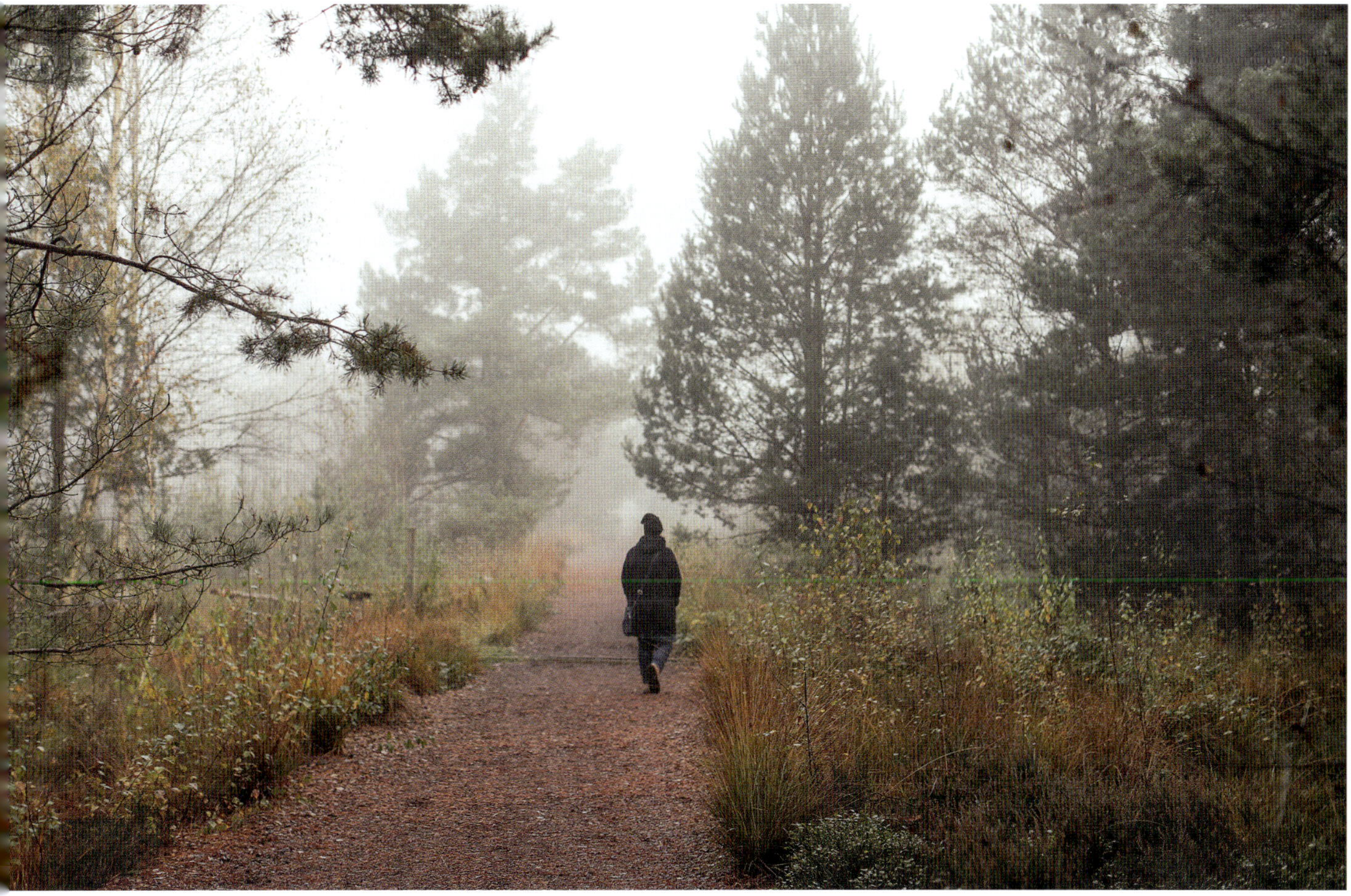

Sonnenaufgang: Die Tage werden kürzer und
kälter, die Natur bereitet sich auf den Winter vor.

dünnen Eisschicht überzogen, liegen ganz
still und glänzen schwarz. Pfaffenhütchen,
Haselnuss und Weißdorn bilden eine dichte
Hecke. An den Zweigen blitzt noch etwas
Farbe, bevor der nahende Winter auch diese
schluckt. Ein Rotkehlchen fliegt auf, ganz
oben leuchten Vogelbeeren, ich halte inne.
Nach ein paar Sekunden springt ein Hase
aus dem Gehölz. Ich habe ihn nicht gesehen,
aber er hält meine Anwesenheit nicht mehr
aus und rast im Zickzack über das Feld. Er
wird den Winter ohne Nest oder Höhle verbringen. Ihm reicht seine Sasse, die er oft an
Gehölzen in den Boden scharrt und in der
er gut getarnt und reglos seine Umgebung im
Auge behält. So hat er mich bestimmt schon
von Weitem gesehen. Wenn keine grünen
Sprossen mehr wachsen, frisst er Wurzeln,
Knollen, stehen gebliebenes Getreide oder er
nagt an der Rinde junger Bäume.

Die Sonne sinkt, es wird sofort kühler. Sie
schafft es im November nicht mehr besonders
weit über den Horizont. Je weiter man nach
Norden kommt, desto schneller verschwindet
sie wieder. Die Erdachse, um die sich unser
Planet dreht, steht schräg im Verhältnis zur
Sonne. Und da die Erde jährlich einmal um
die Sonne kreist, bekommt die nördliche
Hemisphäre im Winter weniger Licht, da sie
dann weiter von der Sonne abgewandt ist (im
Sommer ist es umgekehrt).
   Der Geräuschpegel der Kraniche wird
lauter, ich nähere mich dem Tister Bauern-

moor. Bis 1999 baute man dort industriell Torf ab, danach wurde es renaturiert. Durch Regen entstand eine weite Wasserfläche, auf der Gänse, Enten, Rohrweihen und viele andere Arten schnell heimisch wurden. Als ich am Moor ankomme, hat sich die Sonne hinter den Wald verabschiedet. Ein Streifen über den Bäumen schimmert blassorange. Tümpel, Kiefern, Moorbirken und Ohrweiden, alles wirkt starr. Nur der Himmel nicht, dort ziehen die Scharen und trompeten. Ihre ordentliche Formation haben die Kraniche im Anflug aufgegeben. Mal fliegen sie als wildes Feld, mal in einer langen Reihe, die sich wellenförmig auf und ab bewegt.

In einiger Entfernung ist der See zu erkennen. Es dauert eine Weile, bis ich den Aussichtsturm erreiche. Der Blick ist atemberaubend. Die Glücksvögel fliegen buchstäblich vor den Fenstern vorbei. Sie kreisen über der Wasserfläche, Hunderte, wenn nicht Tausende. Sie lassen sich Zeit mit dem Landen. Die Vogelschwärme sind ein Naturspektakel, von dem ich die Augen nicht lösen kann. Sie kommen aus allen Himmelsrichtungen, ziehen wie schwarze Wolken heran. Das Schaubild am Himmel verändert sich ständig, während die Natur um uns herum einzufrieren scheint.

Die Dämmerung schreitet voran, es wird immer kälter. Jede neue Runde kostet die großen Vögel Energie. Einige stehen schon im Wasser und klappen die Flügel zusammen. Ihre Umrisse sehen aus wie auf einem japanischen Gemälde. Kraniche werden bis zu

1,30 Meter groß und erreichen eine Spannweite von 2,20 Meter. Ihr Gefieder ist grau, den schwarzen Kopf ziert auf jeder Seite ein weißes Band. Auf dem Haupt haben sie eine federlose rote Stelle, die bei Erregung anschwillt. Aber auch mit dem Fernglas erkenne ich sie nur schemenhaft. Der Turm ist in einer weiten, absolut notwendigen Schutzdistanz aufgestellt. Immer wieder lösen sich einzelne Kraniche aus den Schwärmen und landen. Rätselhaft, wie sie die Übersicht bewahren und ihre Partner am Boden wiederfinden. Am nächsten Morgen wollen sie doch zusammen wieder los. Und wie schaffen es die Jungvögel, ihre Eltern nicht zu verlieren?

Minütlich fallen neue Schwärme ein. Die Kolonie am Boden ist gewachsen, es kehrt sogar ein bisschen Ruhe ein. Doch plötzlich werden einige Vögel wieder unruhig, sie flattern mit den Flügeln, vielleicht haben sie etwas im Schilf gehört. Durch die Kolonie läuft ein Beben, immer mehr heben erneut ab. Das ganze Prozedere von vorne! Nur eine Handvoll bleibt im Wasser stehen, vermutlich die mit den besten Nerven.

Ein Hauch von Rosa legt sich über den See, die Szenerie ist in frostiges Dämmerlicht getaucht. Das Blau des Himmels wird zu Dunkelblau, dann zu Dunkellila. Die meisten Glücksvögel haben ihre Schlafplätze eingenommen. Mir wird es zu kalt. Ich krame meine Taschenlampe aus dem Rucksack und mache mich in der Dunkelheit auf den Rückweg. Noch immer habe ich die Klänge der Kraniche im Ohr.

Winterlicher Feldsalat
mit Birne und Bucheckern

Für 4 Portionen

1-2 Handvoll Bucheckern
200 g Feldsalat
1 feste Birne
1 Zwiebel
1 Karotte
1 gekochte Rote Bete
1 Teil Himbeeressig
2 Teile (Nuss-)Öl
1 Prise Salz
1 Prise Zucker
50 g Roquefort

Was zu ähnlichen Zeiten reif wird, schmeckt meist zusammen, so auch Bucheckern und Birnen. Die (selbst gesammelten) Bucheckern öffnen (dafür die kleine Spitze mit einem scharfen Messer abschneiden) und abschälen. Das geht einfacher, wenn man sie vorher mit kochendem Wasser übergießt. Wer keine Bucheckern findet, kann auch Pinienkerne (50 g) nehmen. Die Bucheckern ohne Öl einige Minuten in der Pfanne rösten, bis sich das braune Häutchen löst. Dabei mit dem Pfannenwender hin- und herschieben, damit sie nicht anbrennen.

Den Feldsalat putzen (Wurzelenden abschneiden), waschen und trocken schleudern.

Die Birne schälen, mit einem Sparschäler feine Streifen von der Birne schneiden. Die Zwiebel in Ringe schneiden und anbraten. Die Karotte schälen und raspeln. Die Rote Bete in dünne Scheiben schneiden.

Das Dressing aus einem Teil Himbeeressig und zwei Teilen Öl sowie Salz und Zucker anrühren.

Alle Zutaten mit dem Dressing zu einem Salat vermengen. Den Roquefort darüberkrümeln.

Dazu passt als Hauptgang Wild aus heimischen Wäldern.

Wacholder ist robust und typisch für die Lüneburger Heide. Nur weibliche Sträucher tragen Beeren.

Wenn Wacholder Schneemützen tragen

Der erste Schnee ist immer ein Ereignis, erst recht in einer Gegend, in der er nicht oft fällt. Jetzt hat es in der Lüneburger Heide gleich tagelang geschneit. Es herrscht Ostwind, eiskalte sibirische Luft lässt den Landstrich einfrieren. Die Kälte frisst sich durch meine Jeans und kneift in meine Oberschenkel. Das Licht ist gleißend, der Schnee reflektiert die Sonnenstrahlen. Die Luhe schlängelt sich als schwarzes Band durch die Felder. An den Weiden am Fluss funkeln Plättchen aus Eiskristall. Ein Wintergemälde.

Am nächsten Tag weht und schneit es aus allen Richtungen. Trotzdem, oder gerade deshalb, breche ich zu einer Wanderung im Naturpark Lüneburger Heide auf. Die Schneedecke ist fast unberührt, alles sieht ganz anders aus als sonst. Vertraute Wege enden im Nichts, Wegkreuzungen sind nicht wiederzuerkennen. Grau- und Weißtöne gehen ineinander über. An einigen Stellen hat der Wind die Heidefläche freigeweht. Heide ist anspruchslos, sie wächst auf kargem Boden. Sie ist die gesichtsgebende Pflanze dieser weiten, einsamen Landschaft, die im August und September lila leuchtet.

Bis auf den Wind ist die Welt still. Dieser treibt Schneekörner fast waagerecht in mein Gesicht, sie beißen in die Wangen. Meine Augen brennen, noch tagelang fühlen sie sich zerkratzt an. Kaum Wege sind gespurt, bei jedem Schritt sinke ich ein. Wie dunkelgrüne Schatten, windzerzaust, zeichnen sich Wacholder im Schneetreiben ab. Sie haben Schneemützen und -mäntel angelegt.

Ich bin in einen Daunenmantel eingemummelt. Die Kapuze habe ich über meine Wollmütze gezogen, am Kunstfellrand hat sich feiner Schneestaub abgesetzt. Den Fellrand an der Kapuze haben einst die Inuit für ihre Anoraks erfunden, damit sich der kondensierte Atem daran festsetzt und nicht am Gesicht festfriert.

Ein Schafstall duckt sich in die Landschaft. Die Heide war jahrhundertelang ein bitterarmer Landstrich. Die Sandböden gaben nicht viel her. An Großviehhaltung war nicht zu denken, aber für Heidschnucken reichte es gerade. Ein verwaister Bienenzaun steht im Schnee, ein Holzgestell mit schmalem Dach, in das die Imker im Sommer ihre Bienenkästen stellen. Man kann sich gerade nicht vorstellen, wie es hier während der Blütezeit summt. Und im Winter? Da halten die Bienen Winterruhe. Honigbienen haben mehrjährige Völker. In der kalten Jahreszeit bilden sie eine Wintertraube, in deren Mitte geschützt die Bienenkönigin sitzt. Durch Muskelkontraktionen sorgen sie für eine gleichbleibende Temperatur von mindestens 25 Grad. Wie es bezeichnend für ihr Gemeinwesen ist, tauschen die Bienen im Inneren der Traube zwischendurch ihren Platz mit denen am Rand, wo es kälter ist. Im Winter fahren die Honigbienen ihren Stoffwechsel herunter und ernähren sich von den eingelagerten Vorräten im Stock. Außerdem verkleinern sich die Völker von etwa 50 000 auf 20 000 Bienen.

Wildbienen wie die Blauschwarze Holzbiene und Keulhornbienen handhaben den Winter ganz anders. Sie leben einzeln oder bilden einjährige Völker. Bei einigen Arten überwintern Männchen und Weibchen gemeinsam in Baumhöhlen, andere dicht gedrängt in hohlen Stängeln. Die Arten, die nach dem Sommer sterben, legen vorher ihre Eier ab. Sie versorgen die Brutzelle mit Nahrung und versiegeln sie. Im Frühjahr schlüpft dann die neue Generation. Bei Hummeln, die ebenfalls zu den Wildbienen zählen, überleben nur

die begatteten Jungköniginnen Frost und Schnee, meist unterirdisch in verlassenen Mäusenestern oder anderen Hohlräumen.

Schneebedecktes Kopfsteinpflaster führt nach Wilsede hinein. Vor Jahren, als es schon einmal einen richtigen Schneewinter gab, sind wir mit dem Pferdeschlitten von Undeloh in das alte Heidedorf gefahren. Der Kutscher hatte das nostalgische Gefährt nach langer Zeit das erste Mal wieder aus der Scheune geholt. Auf den Mähnen der Pferde sammelten sich Flocken und wir lauschten dem Schleifen der Kufen im Schnee.

Das Leben der Heidebauern war das ganze Jahr über hart, vor allem aber im Winter. Wind und Schnee fegten über die weiten Flächen. Wie die Bauern früher wirtschafteten und für die dunkle Jahreszeit vorsorgten, erfährt man im Museum Dat ole Huus (Das alte Haus) in Wilsede (nur im Sommerhalbjahr geöffnet). Ein großes Tor führt auf die Deel (Diele) des Bauernhauses, so wie sie Mitte des 19. Jahrhunderts in vielen Heidedörfern standen. Die Diele war so geräumig, dass man mit Fuhrwerken hineinfahren konnte: zum Beispiel, um Getreide abzuladen und es auf dem Dachboden zu lagern. Im Winter holte man es wieder auf die Deel hinunter. Die Feldarbeit war verrichtet, jetzt konnte man das Getreide mit dem Dreschflegel dreschen.

Winter bedeutet auch Dunkelheit, in Norddeutschland geht dann um vier Uhr die Sonne unter. Die Heidebauern hatten damals

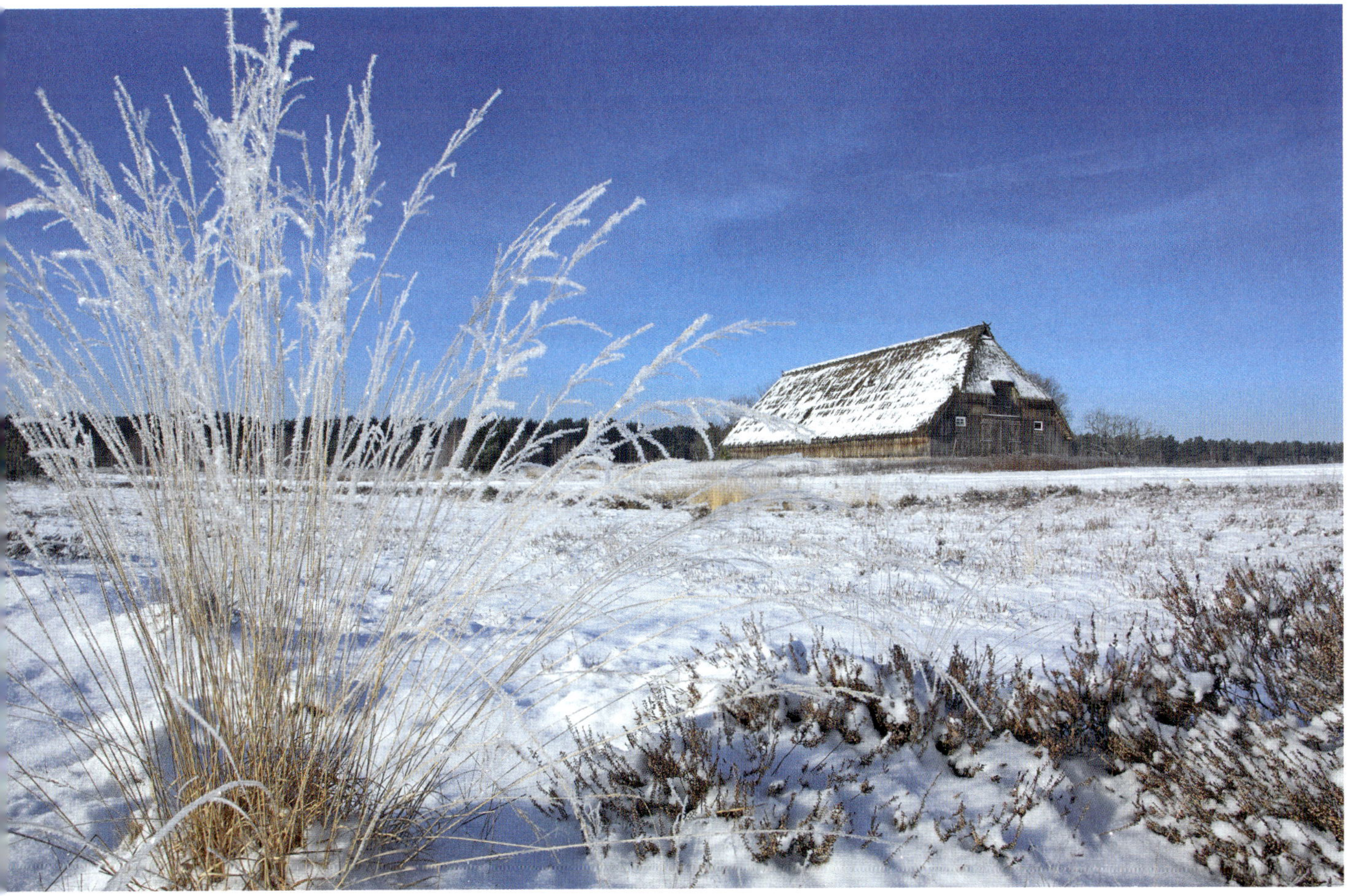

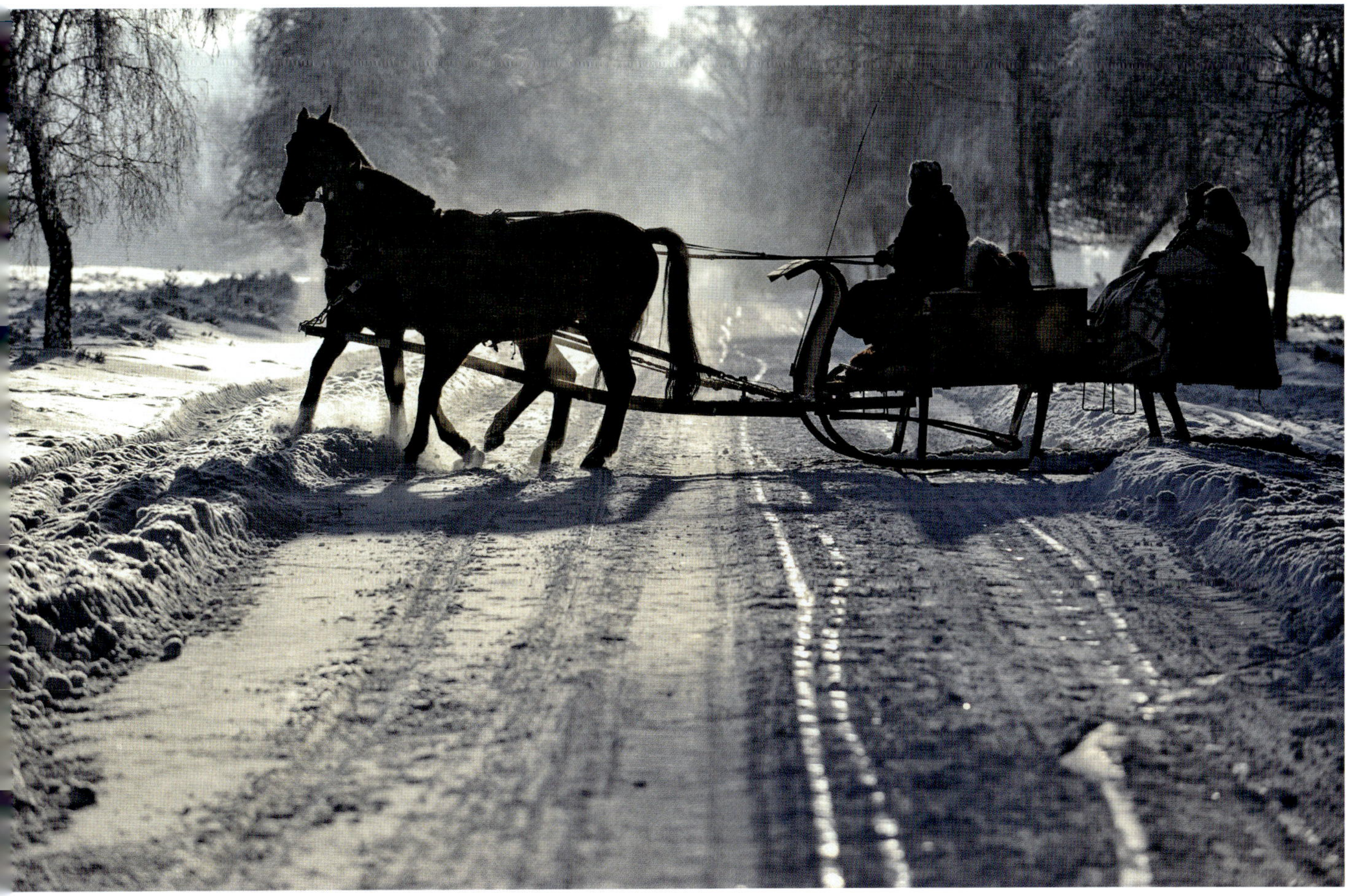

Dat ole Huus hat keinen Schornstein. Das Museum in Wilsede zeigt, wie das Leben der Heidjer früher war.

noch kein elektrisches Licht, man zündete Kienspan- oder Talglichter an, mit denen man sparsam umging. Kerzen aus Bienenwachs waren etwas für die Kirchen und reiche Leute. Und es war kalt! Wie in den meisten Bauernhäusern in Deutschland schloss der Stall direkt an den Wohnbereich an. Die Körperwärme der Tiere heizte etwas mit. In den alten Heidehöfen war der Stall nicht einmal durch eine Wand, sondern lediglich durch eine Balustrade vom sogenannten Flett abgetrennt, wo man auf einem offenen Feuer kochte. Im Winter geheizt (sonst nicht) wur-

den nur zwei Zimmer: die Lüttdönz (kleine Stube), in der die Eltern des Bauern schlie-fen, und die Grootdönz (große Stube), in der das Bauernpaar nächtigte.

In der kalten Jahreszeit reparierten die Bauern, was im Sommer kaputtgegangen war. Man fertigte Harken, Besen und Holzschuhe an. Die unverheirateten Frauen des Dorfs trafen sich nachmittags in den Spinnstuben. Sobald es draußen zu dunkel zum Arbeiten war, gesellten sich die Knechte dazu. Nicht zum Spinnen, aber um Gesellschaft zu haben, viele Möglichkeiten für soziale Kontakte gab es, vor allem im Winter, für die Dorfbewohner sonst nicht. Die Spinnstubengesellschaften wurden Gelach genannt, vielleicht stammt der Name sogar von „lachen".

Vieles hat sich seitdem geändert, manches auch nicht. Ich spreche darüber mit einer Freundin, Claudia, die in den 1970er und 1980er Jahren auf einem Hof in der Lüneburger Heide aufgewachsen ist. Sie erzählte mir, dass sie bereits im Sommer mit den Vorbereitungen für den Winter anfingen. Nein, dass es eigentlich das ganze Jahr ums Vorsorgen für die kalte Jahreszeit ging. Es wurde geerntet, geschnippelt und eingekocht. Das begann mit den Augustäpfeln, die besonders süß waren und aus denen sie Apfelmus machten. Boskop und Celler Dickstiel wurden in Holzkisten im Kartoffelkeller gelagert. Sie hielten bis Januar oder Februar. Aus den Kirschen ihrer zwei großen Kirschbäume kochten sie Marmelade oder weckten sie ein. Das selbst gemachte Pflaumenmus stand in schweren Tontöpfen oben auf der Kellertreppe.

Sie ernteten Stachelbeeren und Brombeeren und froren sie ein. Aus Fliederbeeren (Holunderbeeren) machten sie Sirup oder Saft, ein Vitaminlieferant in Erkältungszeiten, oder sie aßen sie als Fliederbeersuppe mit Grießklüten (-klößchen). Sie pflückten Bickbeern (plattdeutsch für Blaubeeren), die es zu Pfannkuchen mit Speck gab, und sammelten Pilze im Wald: Steinpilze, Maronen, Birkenpilze, Pfifferlinge und Fette Henne, die

sie putzten, blanchierten und dann einfroren. Im Winter gab es sie frisch gebraten zu Soßen oder im Gulasch. Schnippelbohnen wurden mit einer extra Küchenmaschine schräg geschnitten und mit viel Salz in Tontöpfen gelagert. Man dichtete sie mit Wachspapier ab, darüber kam eine Holzplatte, die mit einem Stein beschwert wurde. Es durfte kein Sauerstoff drankommen, so konnten die Bohnen fermentieren. Die Heidebäuerinnen kannten fermentiertes Gemüse, lange bevor es zum Trend wurde. Genauso wie sie wussten, dass man im Winter Vitamine brauchte, die man im Sommer automatisch zu sich nahm. Daher gab es in Essig und Zucker eingelegte Pflaumen, eingekochte Bürgermeisterbirnen oder Apfelmus nicht als Nachtisch, sondern zu den Hauptgerichten. Pflaumen zum Schweinefilet, Apfelmus zur Grützwurst. Zu allem aß man Kartoffeln, die im Herbst geerntet und in der Scheune gelagert wurden.

Im Winter wurde geschlachtet, es musste aus hygienischen Gründen kalt sein. Das war jahrhundertelang nicht nur in der Lüneburger Heide so. Auf dem Gemälde *Schneefall* (auch *Winter*; 1786/87) von Francisco de Goya kämpfen sich drei arme Bauern erschöpft durch den hohen Schnee. Sie kreuzen den Weg von zwei bessergestellten Männern mit einem Maultier. Auf dessen Rücken ist ein Schwein festgebunden, ein Wintersymbol. Ein Winter ohne Vorräte konnte Not und Tod bedeuten. Theodor Fontane beschrieb 1893 in *Meine Kinderjahre*, wie bei seinen Eltern die Schlachtsaison im November

Im Winter ist es in der Heide still. In den stacheligen Wacholdern finden Vögel Schutz und Beeren.

mit dem tagelangen Geschnatter der Martinsgänse begann.

Bis Anfang der 1970er Jahre kam der Schlachter noch auf den Hof von Claudias Eltern (später wurden Hausschlachtungen verboten). Sie hatten fünf Schweine, vier wurden verkauft, eins behielten sie selbst. Alles wurde verwertet, aus den Fleischresten Blutwurst gemacht. Schinken und Würste wurden gepökelt und in der Räucherkammer auf dem Dachboden geräuchert. Anschließend hängte man sie in einem Vorratsraum an die Decke. Immer war es spannend, wie der Schinken schmecken würde. Im Frühjahr zur Spargelernte schnitten sie ihn an.

Auch das Vieh musste den Winter über versorgt werden. Die Heuernte fand zwischen Mai und August statt. Acht bis zehn Fuder (Anhänger) Heu brauchten sie für ihre 25 Rinder. Die Kühe waren den Sommer über auf der Weide, im Oktober kamen sie in den Stall. Außer Heu bekamen sie noch Futterrüben, die auf dem Hof angebaut wurden.

Holzmachen gehörte ebenfalls in die kalte Jahreszeit. Die Bäume waren trockener und ließen sich einfacher fällen. Die Laubbäume hatten keine Blätter, das machte es einfacher, die Stämme zu entasten. Aber vor allem: Claudias Vater hatte im Winter Zeit, auf seinem kleinen Traktor in den Wald zu fahren, den er allein bewirtschaftete. Dort fällte er die Bäume mit der Motorsäge, zersägte die Stämme, damit er sie auf den Anhänger laden konnte. Auf dem Hof hackte er das Holz in Scheite und stapelte es unter dem Vordach

der Scheune. Eine anstrengende, aber befriedigende Arbeit.

Im Haus roch es in diesen Monaten manchmal nach Bonbons, ein Winterduft, der wie so oft ein Kindheitsduft war. Dann mischte Claudias Mutter im Kochtopf Zucker, Milch und Butter und zauberte daraus Karamell.

Und ja, Weihnachten. Ein paar Tage vor Heiligabend holten sie den Weihnachtsbaum aus dem eigenen Wald. Die ganze Familie und Freunde zogen los, Glühwein für die Erwachsenen und Kinderpunsch im Gepäck. Nun brach der Wettstreit aus: Wer findet den schönsten Baum? Die Mutter hat es auf ihre Art gelöst. Sie ging schon Tage vorher los und band an „ihre" Tanne ein Taschentuch, damit sie diese schnell wiederfand.

Eine Allee führt aus Wilsede hinaus, ich mache mich auf den Rückweg. Die Dämmerung setzt ein, der Wind faucht immer noch. Ich genieße es, die kalte Luft zu atmen, eine warme Wollmütze zu tragen, den Winter zu spüren. Er lockt einen nach draußen, man muss ihm nur folgen.

Ich stoße auf eine kleine Herde Dülmener Pferde, ein seltener Anblick. Sie haben sich um eine Heuraufe versammelt. Die alte Wildpferderasse wird in der Heide zur extensiven Beweidung eingesetzt. Auf einem großen Gebiet streifen sie das ganze Jahr über frei umher. Zugefüttert werden sie nur bei wirklich harter Winterwitterung, so wie jetzt. Sie stehen dicht an dicht und haben ihr Hinter-

Heidschnucken sind die typischen Schafe der Heide. Sie sind sehr genügsam und finden auch bei Schnee noch ein paar Gräser zum Knispeln.

teil dem Schneegestöber zugedreht. Ihre Rücken sehen aus wie mit Mehl bestäubt.

❄

Bei Hanstedt ist der Weiher zugefroren, selten genug. Ich packe meine alten weißen Lederschlittschuhe ein. Außerdem Proviant, eine Picknickdecke und ein Winterbuch, das in den sibirischen Wäldern spielt: *Tiger*, geschrieben von der englischen Autorin Polly Clark (2020). Damit ich gemütlich Pause machen kann, nehme ich einen Schlitten mit. Ich muss sofort lächeln, als ich den zu-

gefrorenen See in der Sonne sehe. Alt und jung, schnell und langsam, in Gruppen, zu zweit oder allein, drehen sie ihre Runden. Die Kinder in bunten Skianzügen, ein Steppke an der Hand zwischen seinen Eltern. Eine Gruppe Jungs spielt Eishockey. Am Ufer sitzt ein Mann und spielt Gitarre.

Schlittschuhszenen sind Dorf- und Kindheitsszenen. Ich denke an eines meiner Lieblingswinterbilder: *Die Jäger im Schnee*. Der niederländische Maler Pieter Bruegel d. Ä. malte es 1565. Wie viel Wintertypisches für die damalige Zeit ist darauf zu entdecken!

Die Jäger, die begleitet von ihren Hunden durch den Schnee nach Hause ziehen. Sie haben nur wenig erlegt, wirken müde und enttäuscht. Von einer Anhöhe blicken sie auf das Dorf mit seinen zugefrorenen Teichen. Es herrscht winterliches Treiben. Die Dorfbewohner fahren Schlittschuh oder spielen Colf, eine Kombination aus Eishockey und Golf. Am Mühlrad hängen dicke Eiszapfen, es ist komplett eingefroren, als stünde die Zeit still. Kein Korn kann mehr gemahlen, kein Brot gebacken werden, Hunger droht. Schwarze Vögel sitzen in den kahlen Bäumen, hoffentlich keine Unheilsboten.

Ein grandioses Bild voller Gegensätze, das Vergnügen genauso zeigt wie die existenzielle Beschaffung von Nahrung. Die Farben sind kalt, Grau, Weiß und Eisblau dominieren, bis auf das rotbraune Fell zweier Hunde, das Feuer vor einem Hof und die Backsteine der Häuser. Von Mitte des 15. bis Mitte des 18. Jahrhunderts herrschte in Europa die Kleine Eiszeit. Es war bitterkalt, das Getreide erfror auf den Feldern oder wuchs erst gar nicht richtig. Im Winter bedeckte dickes Eis monatelang die Seen, Flüsse und Grachten. In einem so wasserreichen Land wie den Niederlanden entwickelte sich Schlittschuhlaufen zur praktischen Fortbewegungsart, gleichzeitig entstand daraus eine beliebte Freizeitbeschäftigung.

Auf seinem Gemälde *Winterlandschaft mit Eisläufern und Vogelfalle* (1565) rückt Bruegel näher an das Schlittschuhgeschehen heran. Die Farben sind wärmer, die Menschen

wirken fröhlicher, manche scheinen auf dem Eis zu tanzen. Vielleicht breiten sie aber auch nur die Arme aus, um das Gleichgewicht zu halten. Fast meint man, das Kratzen der Kufen zu hören, die damals schon nicht mehr aus Tierknochen, sondern Eisen gefertigt waren. Sie wurden mit Schnüren an den Schuhen befestigt. In die Eisfläche ist ein rundes Loch gehauen, vielleicht um zu angeln oder Wasser zu holen. Am Ufer ist eine Vogelfalle aufgebaut, Nahrung war knapp.

Das Motiv des Eislaufens, überhaupt der Winter, war im 17. Jahrhundert fester Bestandteil der flämischen Malerei. Dicke Flocken schneit es in der *Winterlandschaft* von Lucas van Valckenborch. Sein Schneegestöber von 1586 wirkt fast impressionistisch. Schneefall wurde zu jener Zeit nicht oft gemalt. Im 20. Jahrhundert schufen Max Liebermann (*Schlittschuhläufer auf dem zugefrorenen See im Berliner Tiergarten*, 1919) und Ernst Ludwig Kirchner (*Schlittschuhläufer*, 1924/25) Eislaufszenen. Sie galten oft auch als Sinnbild des Lebens. Die Menschen bewegten sich auf rutschiger, unsicherer Fläche, man konnte darauf entlanggleiten, hohe Geschwindigkeiten erreichen, Pirouetten drehen, aber auch stürzen und einbrechen.

Ich setze mich auf meinen Schlitten und ziehe die Schlittschuhe an. Begeistert drehe ich meine Runden. Für ein paar seltene eisige Tage hat sich Norddeutschland in ein Schlittschuhparadies verwandelt. Aber nur, wer sich

Besenheide: Im Winter kann man sich kaum vorstellen, dass sie im Sommer lila leuchtet.

dafür interessiert, bekommt es auch mit. Ein junger Mann hat in Ufernähe ein Loch ins Eis gehackt. Lediglich mit einer Badehose bekleidet lässt er sich ins Wasser gleiten. Schon bald ist nur noch sein Kopf zu sehen. Eine Gruppe Schaulustiger steht um ihn herum. Vermutlich auch ein Freund, der ihm im Notfall hinaushelfen könnte.

Eisbaden und Winterschwimmen werden seit ein paar Jahren immer beliebter. In den skandinavischen Ländern ist beides schon immer ein Ritual, um gesund durch die dunkle Jahreszeit zu kommen. Bei uns sorgt der Anblick meist noch für ein gewisses Aufsehen. Als Eisbaden gilt das Baden in Wasser mit einer Temperatur von 5 Grad und darunter. Und das passiert dabei im Körper: Durch die plötzliche Eiseskälte ziehen sich die Blutgefäße zusammen, später beim Aufwärmen weiten sie sich wieder. Im kalten Wasser steigen Puls und Atemfrequenz. Ein Training für Herz- und Kreislaufsystem. Durch die Kälteexplosion produziert der Körper verstärkt Endorphine und setzt Hormone wie Cortisol frei, das entzündungshemmend wirkt. Es werden Botenstoffe ausgesandt, die das Immunsystem stärken. Regelmäßige Winterschwimmer berichten, dass sie kaum mehr erkältet sind. Für den Rest des Tages sind sie hellwach und sie fühlen sich stressresistenter. Kein Wunder: Wer es schafft, in eisiges Wasser zu steigen, der traut sich vermutlich auch andere Herausforderungen zu.

Es gibt Regeln, an die man sich unbedingt halten sollte, etwa dass man nie komplett un-tertauchen darf. Am besten, man schwimmt den ganzen Sommer über und im Herbst einfach weiter. So gewöhnt sich der Körper langsam an die immer kälteren Temperaturen. Auf keinen Fall darf man zu lange im Wasser bleiben, Unterkühlung ist gefährlich.

Die kanadische Schriftstellerin Jessica J. Lee beschreibt in ihrem Buch *Mein Jahr im Wasser* (2017), wie sie zwölf Monate lang jede Woche in einem der vielen Berliner Seen schwimmt. Sie promovierte in Umweltgeschichte, ihr Spezialgebiet ist Limnologie (Gewässerkunde). Ihre Kenntnisse fließen in ihre persönlichen Erlebnisse mit ein. Lee sehnt sich regelrecht „nach dem unermesslichen Schwarz des Sees, wenn er am kältesten ist". Dafür klopft sie mit einem kleinen Hammer eine Schneise in die Eisdecke, bis sie das offene Wasser erreicht. Sie beschreibt den anfänglichen Schock, den Schmerz im eisigen Wasser und die Euphorie, die erst einsetzt, wenn man es wieder verlässt, als „eine unerklärliche Leichtigkeit".

Ich habe nicht auf die Uhr geschaut, wie lange der Mann im Wasser war. Vielleicht zwei Minuten? Mir kam es wie eine Ewigkeit vor. Jetzt steigt er souverän aus seinem Eisloch, trocknet sich ab und zieht sich wieder an.

Ich drehe noch ein paar Runden. Schlittschuhfahren gibt Erwachsenen etwas von ihrem kindlichen Übermut zurück. Später stelle ich meinen Schlitten an einen der Bäume in Ufernähe, so habe ich eine Rückenlehne. Bei heißem Tee und Keksen lese ich in meinem Buch, ab und zu blinzele ich in die Sonne.

Advent und die Sehnsucht nach Licht

Werben an der Elbe ❄ Naumburg an der Saale

VORIGE SEITEN Abendlichter in der Hansestadt Werben.
RECHTS Winterliche Elbaue, die Enten harren aus.

Alles singt – ein Ort verzaubert sich

Es herrscht eine feuchte Kälte, die hartnäckig versucht, in meine Jackenärmel zu kriechen. Aber ich bin gut angezogen für einen Wintertag an der Elbe. Meine Handschuhe sind weich gefüttert und reichen weit genug über die Handgelenke, mein Daunenmantel ist dick, darunter trage ich einen Wollpullover. Nur meine Gesichtsmuskeln frieren schnell ein, das Sprechen klingt dann etwas vernuschelt.

Vom Deich blicke ich über weite Auen. Die Bäume stehen bewegungslos. Wo sonst die Weiden im Wind rascheln, herrscht Stille, der Silberpappelhain schließt sich dem Schweigen an. Oben in den kahlen Bäumen hängen Misteln. Große Kugeln, auf den ersten Blick könnte man sie für Vogelnester halten. Mit ihren Wurzeln dringen sie ins Holz der Bäume ein. Sie ernähren sich von ihrer Wirtspflanze, aber Blattgrün bilden sie selbst. Die Mistel ist zu einer Zeit grün, in der die meisten anderen Pflanzen ihre Blätter verlieren. Das machte sie bei den Germanen und Kelten zu einem Symbol der Fruchtbar-

keit. In der dunklen Zeit ließ sie auf Leben hoffen. Schon in der Antike schrieb man ihr Heilkräfte zu. Hildegard von Bingen empfahl die Birnbaummistel bei Lungenbeschwerden. Doch der Mistel wurden noch andere Kräfte nachgesagt: Man hängte ihre Zweige gegen Blitzeinschlag unter das Dach, an der Haustür schützten sie vor bösen Geistern. Der Druide Miraculix bei *Asterix und Obelix* erntet sie mit einer goldenen Sichel für seinen Zaubertrank. Die Samen der Pflanze sind klebrig und verbreiten sich durch Vögel. Daher wachsen Misteln in den Bäumen oft weit oben. Unerreichbar, ich hätte sonst gern welche mitgenommen.

Mistelzweige zieren in diesen Adventstagen so manche Haustür, ihre weißen Beeren schimmern wie Perlen. In England dürfen sie in keiner Weihnachtsromanze fehlen. Dort gibt es den Brauch, dass man eine Frau küssen darf, wenn sie unter dem *mistletoe* steht. Die Anzahl der Küsse richtet sich nach der Anzahl der Beeren. Dem küssenden Paar, so heißt es, bringt die Mistel Glück.

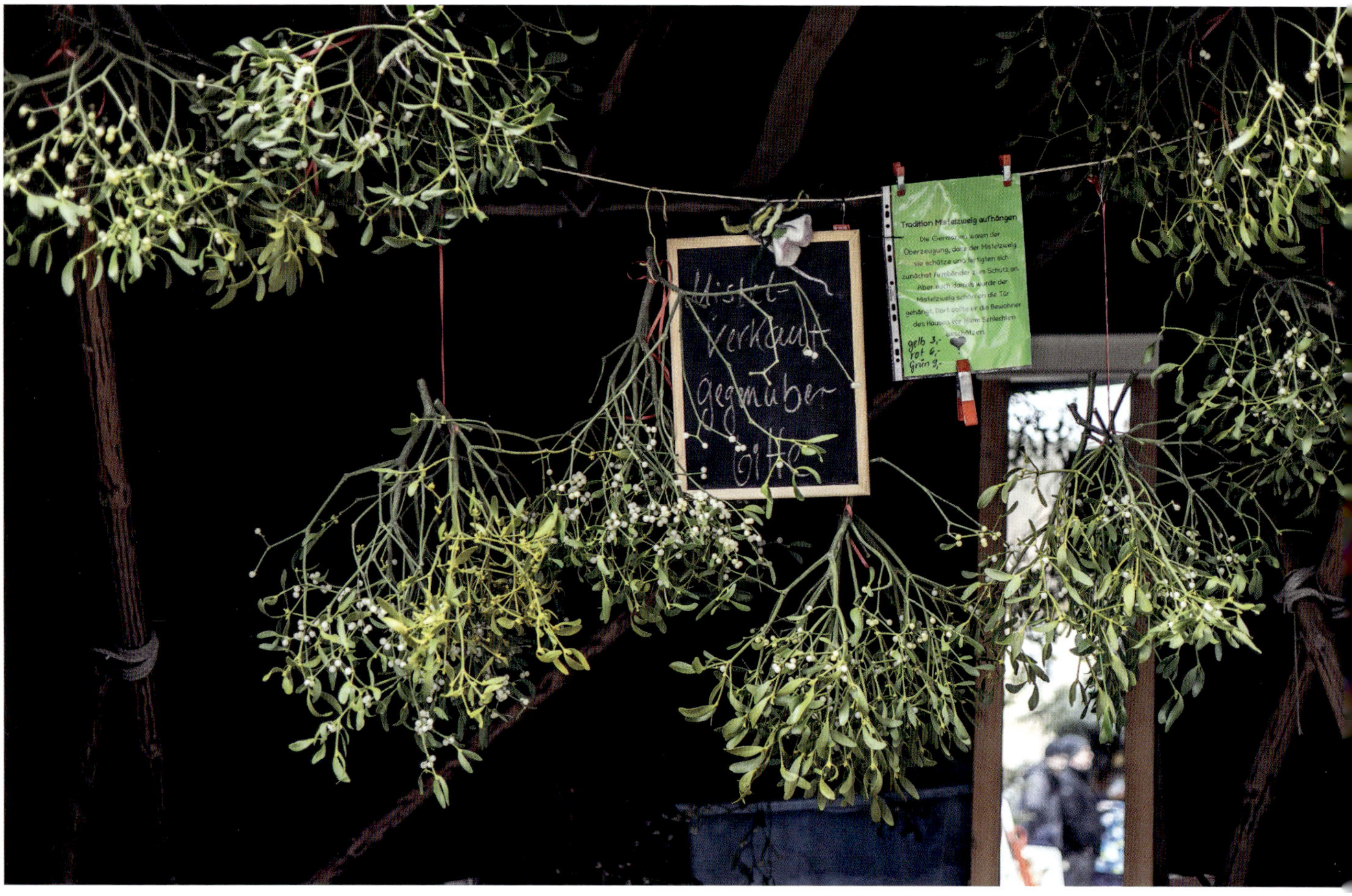
Tradition Mistelzweig aufhängen
gelb 3,-
rot 6,-
Grün 9,-

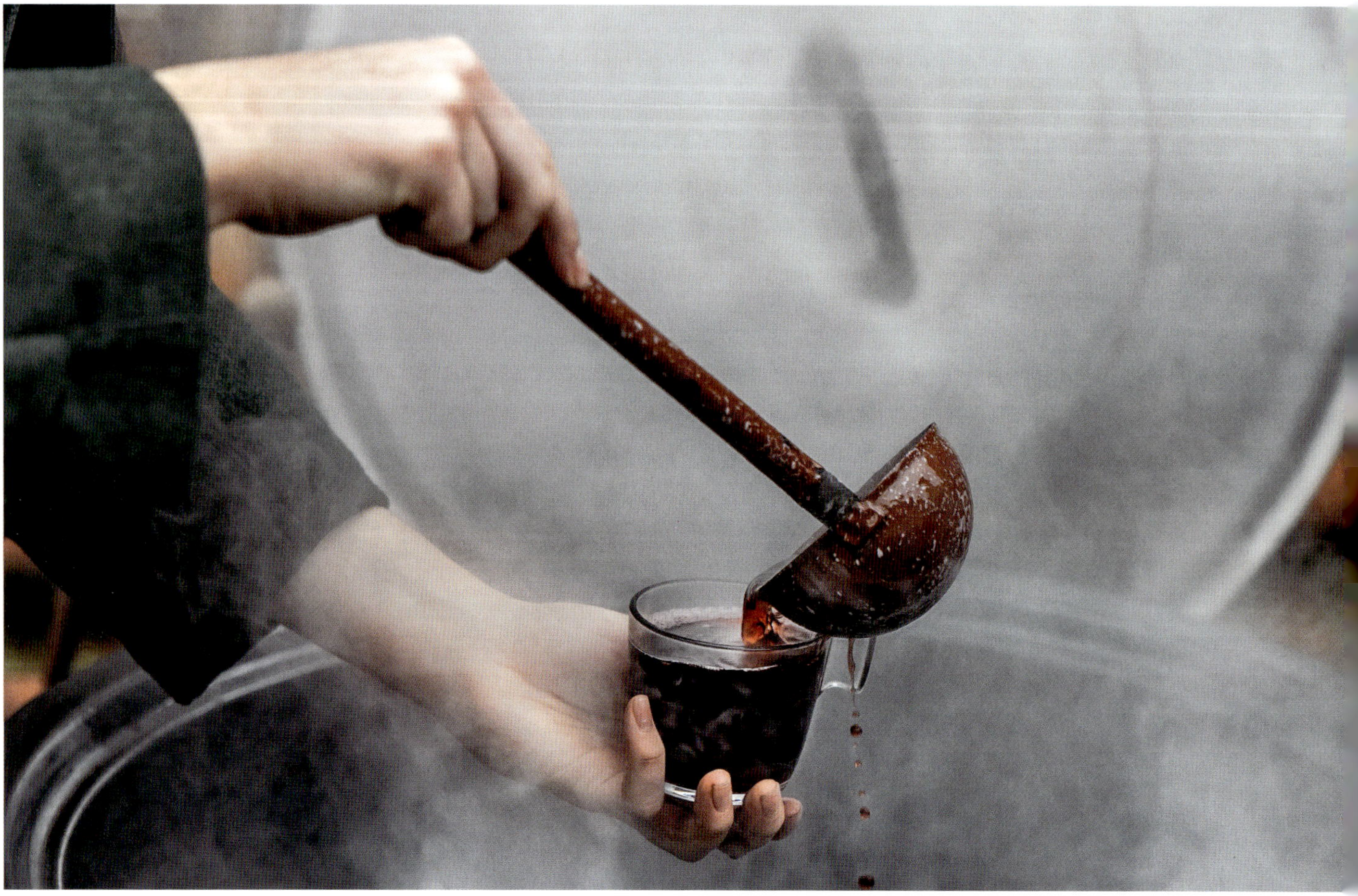

OBEN Immergrün: Misteln wachsen auf den Elbwiesen gern auf Weiden, Eichen und Pappeln.
UNTEN Zaubertrank: An den Ständen des Adventsmarkts in Werben wird ausgeschenkt und genossen.

Die Weite der Elbwiesen lässt mich durchatmen, eine erstarrte Welt in Sepiafarben. Lediglich der Krause Ampfer leuchtet kupferrot. Schilfgürtel säumen die Böschungen und kleinen Seen, auch im Winter sind sie ein guter Schutz für Tiere. Von zwei Rehen sieht man nur die Ohren. Eine Flutmulde friert buchstäblich vor meinen Augen zu, als ob sich das Eis langsam auf der Oberfläche entlangschiebt. Ein Trupp Enten fliegt schnatternd auf. Noch ein paar Schritte und ich stehe am Ufer der Elbe. Am Horizont reißt kurz die Wolkendecke auf. Bisher schien es schon um 14 Uhr tiefer Nachmittag zu sein. Krähen krächzen ihr Winterlied. Zwei Silberreiher fliegen über meinem Kopf, Gänseformationen ziehen rufend Richtung Fluss. Sonst ist alles still, winterstill. In der Ferne ist der Kirchturm von Werben zu sehen. Dorthin will ich noch zum Adventsmarkt.

Die letzten Meter nach Werben hinein führen über Kopfsteinpflaster, passend zu der kleinen Fachwerkstadt, die schon um 920 eine Grenzfeste gegen die Wenden war. 1151 erhielt Werben Stadtrecht, im 14. Jahrhundert wurde es Mitglied der Hanse. Damals lag es noch direkt an der Elbe. Einige Häuser sind liebevoll renoviert, andere vom Verfall bedroht. „Rette mich, wer kann" steht auf einem Schild an einem Gebäude, das mit Glück eines Tages ein Schmuckstück sein kann. Heute leuchtet und glänzt die Stadt, die

mit ihren 650 Einwohnern kaum größer als ein Dorf ist. Menschen in Biedermeiertracht flanieren durch die Gassen.

Jedes Jahr am dritten Adventswochenende findet rund um die Kirche der nostalgische Werbener Biedermeier-Christmarkt statt. Bodenständig, ohne Effekthascherei, mit regionalen Produkten aus der Altmark. Äpfel liegen geschützt unter Jutesäcken, Walnüsse warten in einer Holzkiste auf Käufer. Ein Marktstand bietet Wintergemüse an: Grünkohl, Rotkohl, schwarzer Rettich und Pastinaken, alles frisch in der Kälte geerntet. Manches Gemüse wie die beiden Kohlsorten schmeckt sogar am besten, wenn es einmal Frost abbekommen hat. Der spaltet bestimmte Enzyme, wodurch das Gemüse seinen typischen, etwas süßlichen Geschmack bekommt.

Was nicht alles sonst noch an den Holzständen angeboten wird: ein hübscher Pferdeschlitten, den bei Schnee ein Pony über die Elbwiesen ziehen könnte. Ein Kinderwagen aus Korbgeflecht. Hirschgeweihe. Ein Zylinder, Töpferware, Tee und Marmeladen aus Wildfrüchten. Bratwurst, die richtig gut aussieht, und viele Sorten heißer Punsch: aus Sanddorn, Apfel, Schlehe, Brombeere und Aroniabeere. Aus einem gusseisernen Backofen zieht ein Mann ein Rost mit Bratäpfeln. Über einem anderen Ofen werden Forellen geräuchert. Der Duft von Holzfeuer liegt in der Luft. Und an einem der Stände hängen Mistelsträuße zum Verkauf – vielleicht stammen sie von den Bäumen der Elbwiesen.

An den Adventsständen tragen die Werbener Biedermeiertracht.

Die mächtigen Backsteinmauern der St. Johanniskirche spenden dem Platz Geborgenheit. Markgraf Albrecht der Bär schenkte die Kirche 1160 dem Johanniterorden. Über 250 Jahre wurde an ihr gebaut. Die ältesten ihrer mittelalterlichen Glasfenster stammen von 1380, die Kanzel aus Sandstein von 1602.

An den Häusern leuchten gelb und rot Herrnhuter Sterne, die schönsten Adventssterne, die es gibt. Auf den Fensterbrettern stehen Schwibbögen aus dem Erzgebirge. Hinter einem Fenster ist ein Märchen nachgestellt: Hänsel und Gretel, die Hexe lockt sie gerade ins Haus. In einem anderen ist die Weihnachtsgeschichte aufgebaut. Nichts wirkt kitschig, sondern so, als ob es einfach in diese Zeit gehört.

Es wird von Minute zu Minute kälter. Ich kaufe mir einen Punsch, um meine Hände am Becher zu wärmen. Richtig warm wird mir aber erst wieder im Kellergewölbe des Kommandeurhauses, in dem es Kaffee und Schmandkuchen gibt. Das Gebäude wurde über die Jahre von seinem Besitzer mit viel Liebe zum Detail restauriert. Der Hausherr steht mit Biedermeier-Zylinder hinter seinem Stand in der Hofeinfahrt und erinnert mich daran, Salz auf mein Schmalzbrot zu streuen.

Jeder in der Stadt scheint sich an diesem Adventswochenende dafür zu engagieren, einen Ort der Gastfreundschaft zu schaffen. Vielleicht geht es gerade darum im Advent: Freunden und Fremden zu zeigen, dass sie

willkommen sind. Vor 20 Jahren hat sich der Arbeitskreis Werbener Altstadt gegründet, um die kleinste Hansestadt der Welt aus dem Dornröschenschlaf zu wecken. Es scheint ihnen auf imponierende Art gelungen. Einwohner, aber auch zugereiste Künstler, Musiker und Restauratoren setzen sich ein. Einige von ihnen wohnen mittlerweile zumindest zeitweise hier. Sie stehen in Rock, mit Schürze oder Weste gut gelaunt hinter weihnachtlich geschmückten Ständen, erteilen Auskunft in den kleinen Gassen, betreiben ehrenamtlich das Café Lämpel am Kirchplatz oder singen im Kirchenchor.

Im Kommandeurhaus findet im obersten Stockwerk ein Konzert statt. Lehmputz an den Wänden, Holzdielen und dicke Eichenbalken schaffen eine einladende Atmosphäre. Es ist mollig warm, der Raum füllt sich schnell. Angekündigt ist ein Gambenkonzert mit Christiane Gerhardt. Viola da Gamba ist ein Streich-Zupf-Instrument, wie die Musikerin erzählt, das in der Renaissance und im Barock an den Höfen von Ludwig XIV. und Friedrich II. dem Großen gespielt wurde. Dann verschwand es für viele Jahre in der Versenkung, bevor es im Biedermeier in der Salonmusik wiederauftauchte.

Seit einigen Jahren gibt es den Trend, Werke mit den Originalinstrumenten ihrer Zeit aufzuführen. Sie klingen manchmal zarter als die modernen Instrumente. Im Orchester würden sie untergehen, aber als

Adventlich gestimmt: Schöner als in der Kirche in Werben kann ein Weihnachtskonzert nicht sein.

kleineres Ensemble verzaubern sie. Für einen Raum wie diesen ist die Viola da Gamba wie gemacht.

Christiane Gerhardt verknüpft in ihrer kurzen Einführung Musik und Geschichte auf eine Weise, die Wunderbares erwarten lässt. Und so kommt es auch. Es werden nicht nur Werke aus Renaissance und Barock von Komponisten wie Carl Friedrich Abel und Angelo Michele Bartolotti gespielt, sondern auch aus der orientalischen Musik. Ihr deutsch-persischer Begleiter Rusbe Torkashvand-Nezhad ist ein Meister der Santur, eines der ältesten

Instrumente der Welt. Er erzählt, dass sie bereits 600 v. Chr. am Hof von König Nebukadnezar gespielt wurde. Von dort verbreitete sie sich in alle Welt. Sie wird in Indien gespielt und in Bayern als Hackbrett. Nun mischen sich die Klänge, abendländische Tonleitern mit ihren Ganz- und Halbtonschritten mit orientalischen Tonleitern, in denen es Vierteltöne gibt. Die Santur ist aus Walnussholz, ihre 72 Metallsaiten werden mit Holzklöppeln geschlagen, deren Köpfe mit Filz bezogen sind. Sie klingt mal glockenhell, dann wie eine Harfe, sie nimmt sich zurück, dann hört man ihre Akkorde wieder deutlich. Christiane Gerhardt streicht über die sechs Saiten ihrer Viola da Gamba, die warm, manchmal etwas heiser wie ein Cello klingt, aber eben doch anders. Manchmal zupft sie die Saiten wie eine Gitarre.

Die Instrumente lassen sich Raum. Die beiden Musiker lauschen einander, öffnen dem jeweils fremden, anderen Klang ihre musikalische Tür. Ich denke an das Weihnachtslied *Macht hoch die Tür* aus dem 17. Jahrhundert und verstehe plötzlich, warum dieses Konzert so gut in die Adventszeit passt. Das Publikum spürt, dass hier gerade etwas sehr Besonderes geschieht.

Als Christiane Gerhardt mit einer Stimme, der man gerne lauscht, eine Weihnachtsgeschichte von Selma Lagerlöf vorliest, untermalt Rusbe Torkashvand-Nezhad sie mit orientalischen Klängen. Mir wird klar: Das passt perfekt, denn dort, im Orient, hat sich die Geschichte zugetragen. In Selma Lagerlöfs Version schneit es in der Heiligen Nacht, ein besonders heller Stern scheint über dem Stall. Maria melkt die Kuh, um Milch für ihr Kind zu bekommen. Dann legt sie es in die mit Stroh gefüllte Krippe des Pferdes. Lagerlöfs Sprache ist klar, schlicht und gerade dadurch voller Poesie. Wir sitzen mucksmäuschenstill und lauschen dieser uralten Geschichte, die sich in Bethlehem zugetragen hat. 2000 Jahre überliefert, von einer schwedischen Autorin aufgeschrieben, in Deutschland vorgelesen, dabei von persischen Klängen untermalt: Und alle verstehen sie.

In der orientalischen Musik hat jede Tonart eine besondere Bedeutung. Rusbe spielt eine, die für ihn salzig klingt. Nach dem Konzert sage ich ihm, wie erstaunt ich war, dass sich zwei völlig verschiedene Musikrichtungen so gut ergänzen. „Ja", meint er, „das tun sie. Die Grenzen finden meist nur in unseren Köpfen statt."

Gibt es typische Wintermusik? Ich finde schon. Die Tage sind kürzer, man bleibt öfter zu Hause, kommt mehr zum Nachdenken. Hört vielleicht ruhigere Musik und horcht in sich hinein. Aber wie immer bei Musik ist der Eindruck subjektiv. Für mich passt Barockmusik gut in den Winter. Die Harmonien sind beruhigend, gleichzeitig klingen sie froh. „Alles nicht so schlimm", scheinen sie zu sagen, „es gibt einen Gleichklang, der bleibt, auch wenn es draußen kalt ist und stürmt."

In Antonio Vivaldis *Vier Jahreszeiten* (um 1725) klingt der Winter ganz anders als der hellere Frühling. In f-Moll, melancholischer, manchmal auch zart, dann wieder dramatisch. Es wird in der Kälte gezittert, sich am Ofen aufgewärmt und Schlittschuh gelaufen, bis der Eisläufer einbricht. Die Szenen hat Vivaldi über seinen Noten vermerkt. 1827, in der Romantik, komponierte Franz Schubert ein Jahr vor seinem Tod den Liederzyklus *Winterreise*. Den Text schrieb der Dichter und Schriftsteller Wilhelm Müller. Ein von seiner Geliebten Verlassener klagt darin: „Nun ist die Welt so trübe / Der Weg gehüllt in Schnee." Von seinen Wangen fallen gefrorene Tränen. Der Winter ist hier ein Tableau für tiefste Verzweiflung, aber die Melodien, viele in Moll, sind anrührend schön.

Draußen ist es mittlerweile dunkel. In der ganzen Altstadt sind am Gehweg Gläser mit Kerzen aufgestellt, die Werbener haben sie alle mit der Hand angezündet. Ich folge der Gambenspielerin zur St. Johanniskirche hinüber, wo sie gleich mit dem Kirchenchor spielen wird. Das Publikum muss noch kurz vor dem Portal warten, dann öffnet sich die Tür – es ist magisch. Die Kirche ist nur von Kerzen erleuchtet, der Altar schimmert golden. Am Anfang jeder Bankreihe brennt eine weiße Kerze, das ganze Kirchenschiff ist ein Lichtermeer. Chor und Ensemble singen und spielen sich schon ein. Ich kann die Stimmung kaum fassen und suche mir einen Platz. An der Decke stehen drei Jahreszahlen, die für den Kirchenbau bedeutend waren: 1466, 1614, 1868. Kaum vorstellbar, was diese Kirche alles erlebt hat. Die Reformation, den Dreißigjährigen Krieg, die Einquartierung französischer Soldaten 1813, zwei Weltkriege. Wie die Menschen die Vorweihnachtszeit wohl damals begingen?

Mantel, Handschuhe, Mütze, ich lasse alles an. Es ist eisig, aber das macht nichts. Der Chorleiter eröffnet das Konzert mit einem kurzen Stück an der Orgel. Und dann erklingen sie, die schönen alten Weihnachtslieder. Der Chor singt sie mal mit, mal ohne Begleitung. Gamben in verschiedenen Größen, eine Traversflöte, ein Vorläufer der Querflöte

aus Holz, sie alle bringen die Kirche zum Klingen. Sie spielen *Alle Jahre wieder*, Georg Friedrich Händels *Tochter Zion*, eines meiner Lieblingsweihnachtslieder, genauso wie *Es ist ein Ros entsprungen*, bei dem ich als Kind immer dachte, es sei ein Ross über den Zaun gesprungen; auch unbekanntere Lieder wie *Lieb Nachtigall, wach auf* und *Weihnachtsstern. Kommet ihr Hirten* wird erst von den Musikern gespielt, dann steigt der Chor ein. Seit ich Kind bin, habe ich bei diesem Lied das Bild der Hirten bei ihren Schafen vor Augen, die Nacht dunkel und doch gleichzeitig lichterhell.

Der Chorleiter singt mit einer Sopranistin im Duett *Josef, lieber Josef mein* so gut in einer dermaßen anspruchsvollen Version, dass mir das erste Mal Zweifel kommen, ob es sich hier um einen normalen ländlichen Chor handelt. Und nun wird es gespielt: *Macht hoch die Tür*. Was sind das nur für Lieder, Hunderte von Jahren alt, die uns immer noch so berühren? Untrennbar mit unserer Kindheit verknüpft, wenn vor der Bescherung noch stundenlang gesungen wurde, obwohl man schon längst Geschenke auspacken wollte. Als man die Melodien fürs Krippenspiel wochenlang probte. Später singt man sie den eigenen Kindern vor.

Es sind Lieder, die von einem Wunder in der Heiligen Nacht erzählen, von Stille und Frieden, vor allem aber immer wieder von Hoffnung. Die Nachtigall, die Rose, sie stehen dafür, dass mit der Geburt Jesu immer auch ein Wiedererwachen der Natur verbunden

Märchenhafte Scherenschnitte, etwa aus *Rumpelstilzchen*: Kann man aus Stroh Gold spinnen?

war. Die ganze Adventszeit mit ihren Lichtern war ein einziges Warten darauf, dass die Tage wieder heller wurden. In Schweden, wo es im Winter noch viel länger dunkel ist als bei uns, verkörpert die Heilige Lucia mit ihrem Lichterkranz diese Sehnsucht.

In Deutschland entwickelte sich im 15. Jahrhundert der Brauch, einen Tannenbaum als christliches Symbol aufzustellen (zunächst in protestantischen Haushalten, um 1730 bekam er seine Kerzen). Vorläufer war das heidnische Ritual, sich in der dunkelsten Zeit des Jahres grüne Zweige ins Haus

zu holen, um die Wintergeister zu vertreiben. Grün als Zeichen des Lebens, Lichter zur Wintersonnenwende, Heiligabend, irgendwann fiel alles an einem Tag zusammen.

Wenn wir diese Weihnachtslieder singen, denken wir an leise rieselnden Schnee, an unsere Kindheit, an Geborgenheit und Vorfreude in der Weihnachtszeit. An Familienrituale, daran wie man Spitzbuben buk und wie der Baum geschmückt war. An einen ewig wiederkehrenden Zyklus, dessen Höhepunkt der Heilige Abend war – und ist. Vielleicht singen wir deshalb diese Lieder heute noch

LINKS Dunkel war's, der Stern schien helle … Ein Herrnhuter Stern beleuchtet den Heimweg.

OBEN Der Duft von Bratäpfeln aus dem gusseisernen Ofen zaubert Kindheitserinnerungen zurück.

Bratäpfel
mit Nüssen und Marzipan

Für 6 Portionen

75 g gehackte Mandeln
75 g gehackte Walnüsse
1 EL Rosinen
1 EL gehackte Datteln
60 ml Orangensaft
1 TL Zimt
1 Msp. gemahlene Nelken
6 große feste, säuerliche
  Äpfel (z. B. Boskop)
200 g Marzipan

Zur Dekoration
6 Rosmarinzweige

Bratäpfel passen wunderbar zum Adventskaffee oder für den Nikolaus-abend, wenn der süße Duft aus dem Ofen die Gäste begrüßt. Dafür Mandeln und Walnüsse in der Pfanne rösten (dabei regelmäßig wenden). Rosinen und Datteln mit Orangensaft mischen. Alles vermengen, Zimt und Nelkengewürz dazugeben. Den Backofen auf 200 Grad Ober- und Unterhitze vorheizen.

Die Äpfel waschen. Einen etwa 2 cm breiten Deckel von jedem Apfel abschneiden. Das Kerngehäuse mit einem Messer herausstechen und den Apfel noch etwas mehr aushöhlen. Das Fruchtfleisch mit Marzipan und der Füllung vermengen. In jeden Apfel etwa 1 Esslöffel davon geben und den Apfeldeckel wieder auflegen.

Die Äpfel in eine Auflaufform setzen und etwa 20 Minuten im Ofen backen (je nachdem wie bissfest man sie haben möchte). Mit Stäbchenprobe kontrollieren.

Zur weihnachtlichen Dekoration in die fertigen Bratäpfel noch einen Rosmarinzweig stecken.

Dazu schmeckt Vanillesoße, Walnuss- oder Vanilleeis. Oder man serviert die Bratäpfel ganz anders: zu Gänse- oder Entenbraten. Dann je nach Belieben ohne Marzipan.

mit solcher Hingabe, ihre Melodien haben wir für immer abgespeichert. Auch Menschen, die sonst nie singen, trauen es sich in Gemeinschaft. Bei *Alle Jahre wieder* dürfen wir miteinstimmen. Der Chorleiter gibt uns vor jeder neuen Strophe ein Stichwort, damit uns der Text wieder einfällt. In der Kirche ist es so kalt, dass ich meine Atemwolken sehe. Aber auch wenn es kitschig klingt: Die Musik wärmt. Vielleicht ist es die Gemeinschaft beim Singen, auch das ist Advent.

Draußen leuchten immer noch die Herrnhuter Sterne, sogar in dem spitzen kleinen Turm auf dem Kirchdach. Menschen in Biedermeierkostümen, hoffentlich mit Skiunterwäsche unter den Röcken, steigen die Stufen zu ihren Häusern mit den farbigen Holztüren hoch. Ihre Bewohner haben für ein Wochenende eine Winter-Biedermeierwelt zum Leben erweckt.

Am nächsten Tag treiben Schneeflocken durch die Luft. Der Sand am Elbstrand ist gefroren. Ein Hagebuttenstrauch zündet mit seinen Beeren ein kleines Farbfeuerwerk. Die Flutmulden sind alle zugefroren, weiße Schneeaugen. In den Buchten zwischen den Buhnen bildet sich in Ufernähe ebenfalls Eis.

Ein Fasan schreckt keckernd auf und fliegt über den Deich. Ein Biber hat es eilig, die Böschung zu einem der Teiche hinunterzulaufen, tagsüber ein seltener Anblick. Oben haben er und seine Kompagnons eine Eiche angenagt, zwei Drittel des Stamms haben

sie schon geschafft. Frische Späne liegen um den Baum verstreut. Was machen die Nager eigentlich im Winter? Mit ihrem dicken öligen Fell sind sie hervorragend gegen Kälte geschützt. Sie halten keinen Winterschlaf, sind aber längst nicht so aktiv wie im Sommer. Wie viele andere Tiere fahren die Biber ihren Energiehaushalt herunter. Die meiste Zeit verbringen sie in ihren Bauten, die sie durch einen Eingang unter Wasser erreichen. Ihre Höhle haben sie zur Vorbereitung auf die kalte Jahreszeit mit einer Schicht aus Schlamm isoliert, ebenso Vorräte aus Zweigen und Knospen angelegt. Trotzdem tauchen sie zwischendurch draußen auf, nagen an Rinde oder fressen Stängel und Wurzeln. In den Biberbauten putzen sie sich gegenseitig ihr Fell und kuscheln sich mit ihrer Familie aneinander.

Auch am zweiten Tag gibt es auf dem Christmarkt wieder einiges zu entdecken. Portweingläser, in denen sich der Schnee sammelt, ein Nussknacker passt auf sie auf. In der Gasse Schadewachten kaufe ich Brombeerwein, den man heiß trinkt, und esse Zimtwaffeln mit Apfelkompott und Sahne. Ich treffe den Chorleiter von gestern in Biedermeiertracht, fast hätte ich ihn nicht wiedererkannt. Inzwischen habe ich erfahren, dass er Jochen Großmann heißt und Musikprofessor an der Universität der Künste in Berlin ist. Er wohnt in einem alten Fachwerkhaus hinter der Kirche und verbringt viel Zeit in Werben. Ich frage ihn nach dem Titel eines der Lieder von gestern.

An der eisigen Elbe. Bei der Kälte lassen sich kaum
Tiere blicken.

Weihnachtsstern, sagt er mir, sei ein Motiv
aus der Sinfonie *Aus der Neuen Welt* (1893)
von Antonín Dvořák. Wir gehen ein paar
Schritte nebeneinander her und summen die
Melodie.

Am Kirchplatz liegt das Café Lämpel in
der 300 Jahre alten restaurierten ehemaligen Dorfschule. In der Winterpause wird es
von Ehrenamtlichen für den Adventsmarkt
geöffnet. Es ist nach Wilhelm Buschs Lehrer
Lämpel benannt, in dessen Pfeife Max und
Moritz Flintenpulver stopften, mit dramati-
schen Folgen. In der Epoche des Biedermeier
(1815–1848) gab es politisch nicht viel zu
lachen, daher zogen sich die Menschen in
ihr Zuhause zurück. Das heißt aber nicht,
dass das kulturelle Leben zum Erliegen kam.
Im Gegenteil: Franz Schubert und Robert
Schumann komponierten ihre romantischen
Werke, Heinrich Heine verfasste seine bis-
sigen Bücher, Wilhelm Busch zeichnete und
dichtete seine Satiren. Es entstanden die berühmten Möbel, wie sie auch im Café Lämpel
stehen. Dort fängt mich die Atmosphäre eines
Biedermeier-Wohnzimmers sofort ein. Die
Wände sind grün gestrichen, die Dielen aus
Holz. Ich setze mich an einen einladenden
Tisch, auf dem Schalen mit köstlichen Weih-
nachtsplätzchen stehen. Alles auf der Karte
klingt verführerisch: Petersilien-Quiche und
Biedermeier-Kaffee mit Eierlikör und Sahne;
heiße Winterschokolade mit Chili und Karda-
mom, Granatapfelkuchen und Apfel-Aronia-
Punsch. Man kommt leicht ins Gespräch, ein
Adventszuhause.

UNESCO-Welterbestätte: Der Naumburger Dom mit
seinen vier Türmen stammt aus dem 11. Jahrhundert.

Weihnachtsoratorium und ein Fluss friert zu

Die Bäume sind mit Raureif überzogen, es war eiskalt heute Nacht, bis zu –14 Grad. In Mittel- und Norddeutschland wird es eine der kältesten Nächte in diesem Winter sein. Schnee im Weinanbaugebiet Saale-Unstrut gibt es nicht so oft. Er passt gut zum Adventsfest in den Naumburger und Roßbacher Weinbergen, das immer am vierten Adventswochenende stattfindet. Gut 20 Weingüter öffnen dann ihre Höfe für Besucher. Jedes Gut veranstaltet seinen eigenen Vorweihnachtszauber. Die Winzer und ihre Helfer haben Weihnachtsbäume aufgestellt, über den Hofeinfahrten hängen Sterne. In den Höfen sind Stände und Buden aufgebaut. Die Bewohner haben tagelang Kuchen gebacken, die jetzt auf langen Tischen stehen. Es gibt auch Herzhaftes: Wildgulasch vom Wildschwein und Hirsch aus der Region, Rostbratwürste und Suppen. In Feuerschalen knistern die Scheite, ein Bläser-Sextett spielt Weihnachtslieder, warme volle Klänge.

Bereits vor 1000 Jahren haben Mönche in der Saale-Unstrut-Region Wein angebaut. Erst die Benediktiner, dann Anfang des 13. Jahrhunderts die Zisterzienser des nahen Klosters Pforte. Ende des Mittelalters gab es zwischen Bad Kösen und Roßbach 58 Weinberge. Viele Jahrhunderte später, im Winter 1986/87, ist bei starkem Frost ein Großteil der Weinstöcke erfroren. Seit etwa 30 Jahren reben die Winzer nun wieder auf. Restaurierte Mauern ziehen sich die Hänge entlang. Mit knapp 800 Hektar liegt an Saale und Unstrut eines der kleinsten Weinanbaugebiete Deutschlands, mit perfektem Untergrund für Qualitätswein: Muschelkalk und Bundsandstein.

Ich steige die Stufen zum Weingut Luisenberg hoch. Das Haus ist ein Blickfang, die Terrasse adventlich. Hinter einem Tisch stehen Familie und Freunde des Winzers und verkaufen selbst gebackenen Schoko-Mohn- und Rotweinkuchen. Die Besucher können sich auf verschiedenen Terrassen niederlassen. An einem Stand gibt es hellen und roten Glühwein, außerdem nicht-alkoholischen Quittenpunsch mit Vanille, davon trinke ich zwei Becher. Der Winzer erzählt mir, dass oben im Weinberg sieben Quittenbäume stehen, aus deren Früchten sie Liköre brennen lassen. Ich nehme eine Flasche als Weihnachtsmitbringsel mit.

„Was macht der Winzer im Winter?", frage ich ihn. „Die Reben schneiden", sagt er und erklärt mir, dass man immer zwei Triebe beschneidet und festbindet und einen Trieb nach oben wachsen lässt. Früher ließen vorsichtige Weinbauern sogar zwei Ruten stehen: die Fruchtrute und die Frostrute. Eine von beiden würde die kalten Nächte hoffentlich unversehrt überstehen. Beim Winterschnitt entscheidet der Winzer, wie viele „Augen" er an der Fruchtrute stehen lässt. Davon hängt ab, wie viele Triebe sich entwickeln und wie viel sie später trägt. Je weniger, desto besser für die Qualität, da der Weinstock dann weniger Trauben versorgen muss. Außerdem arbeiten die Winzer in den Wintermonaten im Weinkeller. Sie kümmern sich um die Jungweine, etikettieren Flaschen und versenden sie. Auf dem Luisenberg bauen sie Raritäten aus der Steillage an, unter anderem Spätburgunder Spätlese, die ein Jahr im Eichenfass reift.

Die Weinlagen am linken Saale-Ufer sind Südlagen, noch liegen sie in der Sonne. Ich steige die verschneiten Treppen empor. In der Ferne ist der mächtige Naumburger Dom mit seinen vier Türmen zu sehen.

Abends spaziere ich durch das weihnachtliche Naumburg, eine Stadt mit über 1000-jähriger Geschichte. 1012 das erste Mal urkundlich erwähnt, war sie ein wichtiger Handelsplatz an der Via Regia. Stolze Bürgerhäuser mit Renaissancegiebel künden vom Reichtum der ehemaligen Rats- und Bürgerstadt, die außerdem Bischofssitz war.

Ich habe eine Karte für das Weihnachtsoratorium im Naumburger Dom, dessen Bau 1028 begann. Ein Bauwerk, das man betritt und ehrfürchtig staunt. Steinsäulen ragen in den Kirchenhimmel, das romanisch-gotische Gewölbe birgt kostbare Kunstschätze, darunter die berühmten zwölf lebensgroßen Stifterfiguren des bis heute unbekannten Naumburger Meisters. Auf dem Adventskranz vorne beim Orchester brennen vier Kerzen. „Bitte denken Sie an warme Kleidung" stand auf der Rückseite der Eintrittskarte. Und ja, es ist so kalt, dass viele Besucher Wolldecken mit ins Konzert nehmen. Sie waren vorausschauender als ich. Neben mir trägt eine Frau zwei Daunenmäntel übereinander und wickelt sich in eine Decke ein. Skihüttenatmosphäre in einem klassischen Konzert.

„Jauchzet, frohlocket", jubiliert der Eingangschor, dann setzen die Pauken ein. Wie oft habe ich diese Anfangstakte schon gehört. Wie untrennbar gehören sie für mich in diese Zeit. Johann Sebastian Bach hat sein *Weihnachtsoratorium* 1734 komponiert. Das Werk wurde im selben Jahr am 25. Dezember in der Leipziger Nikolaikirche uraufgeführt. Sechs Kantaten, die für die sechs Festtage

Weinlagen oberhalb der Saale unter einer weißen Decke, während in den Weinkellern die edlen Tropfen reifen.

zwischen dem ersten Weihnachtstag und Heilige Drei Könige stehen. Heute Abend werden die Teile eins bis drei gespielt.

Die Musik ist erhebend. Der Chor jubelt, die Instrumente tragen ihn. Trompeten, die Streicher, der warme Klang der Traversflöten und die Barockoboen steigen in die Lobpreisung ein, um das Wunder der Weihnacht musikalisch zu erzählen. Der Tenor trägt die Geschichte vor, nach ihm setzt die Altstimme ein. Es folgen die erste Arie und immer wieder Choräle. Sie alle lassen den Dom erklingen. Und während wir im Publikum von

Minute zu Minute mehr einfrieren, lauschen wir gebannt, als hörten wir die Geschichte zum ersten Mal. Das Weihnachtsoratorium berührt etwas in uns, die Vorfreude, dass wir bald ein Fest feiern. In dieser Musik fühlen wir uns aufgehoben. Als das Konzert zu Ende ist, zieht das Publikum die Handschuhe aus, um zu klatschen.

❄

Nachts sinkt das Thermometer wieder auf –14 Grad. Grund genug, morgens zu trödeln, bevor es mich wieder an die Saale zieht. In

Wer Trauben für den seltenen Eiswein ernten will, muss nachts aufstehen. Sie werden gefroren gepresst.

Henne starte ich meine Winterwanderung. Es ist fast zu kalt, um stehen zu bleiben, aber auf der Brücke komme ich mit einem Hobbywinzer ins Gespräch. Er erzählt, dass es in der Gegend das erste Mal seit Langem wieder eine gute Eisweinernte gab. Im November war es schon einmal über einen längeren Zeitraum –9 Grad. So kalt muss es mindestens sein, um Trauben für diesen speziellen Wein zu ernten. Danach müssen sie sofort auf die Presse, denn nur wenn das Wasser in den Früchten gefroren ist, erhalten sie durch den Frost die typische Eisweinsüße. Die Weinlese findet daher manchmal schon um vier Uhr

morgens statt. Eine anstrengende Tätigkeit in bitterer Kälte, es wird ausschließlich von Hand geerntet. Aber aus dem kalten, hochkonzentrierten Traubensaft entsteht ein köstlicher Dessertwein.

Für die Weinbauern ist es ein Risiko, Trauben für Eiswein hängen zu lassen, denn wenn es nicht kalt genug wird, sind die Früchte verloren. Da es ihn nicht jedes Jahr gibt, ist Eiswein eine wirkliche Rarität. Für die Herstellung eignen sich gut Riesling, Blauer Zweigelt oder die seltene Rebsorte Hölder, die ebenfalls in der Gegend um Henne angebaut wird. Der Dessertwein passt hervorragend zu Tartes, ebenso zu Blauschimmelkäse wie Roquefort oder Stilton.

Zum Thema Genuss erfahre ich noch die Geschichte vom Naumburger Stollen. Zwar scheiden sich an Stollen die Geister, denn nicht jeder mag Rosinen oder Zitronat. Trotzdem ist er von einem Adventsteller nicht wegzudenken. Jeder kennt es: Man beißt hinein und hat Puderzucker an der Oberlippe oder auf dem Schoß. Und dann schmeckt das Gebäck eben doch nach Weihnachten.

Das war nicht immer so: Im Mittelalter war Stollen eine Fastenspeise aus Weizen, Wasser und Rapsöl, denn die 40 Tage vor Weihnachten sollten die Menschen weder Milch, Eier noch Butter essen. Die Geschichte des Naumburger Stollens reicht bis 1329 zurück. Damals räumte der Bischof den Bäckern der Stadt das Zunftprivileg ein. Die

Gegenleistung? Von nun an mussten sie ihm jedes Jahr „an des heiligen Christus Abende zwey lange weyssene Brothe, die man Stollen nennet", liefern. Dies wurde urkundlich festgehalten, 150 Jahre vor dem Dresdner Stollen. Sowohl das Fasten als auch das Rezept haben sich längst geändert. Der Naumburger Stollen wird heute mit Dinkelmehl gebacken, statt Rosinen verwenden die Bäcker in Kirschwasser eingelegte Kirschen.

Es ist so kalt, die Luft so trocken, dass der Schnee bei jedem Schritt unter meinen Stiefeln knirscht. Am Großjenaer Blütengrund stehen Obstbäume auf den Winterwiesen. An manchen Ästen hängen tiefgefrorene Äpfel, die Vögel freuen sich über die Kost. Die Weinberge der Steinlage Naumburger Sonneck ziehen sich die Hänge hinauf.

Ich überquere die Wiese vor zur Saale. Das Schilf liegt unter der Schneedecke flach am Boden und bricht mit leisem Knacken unter meinen Füßen. An den verbliebenen Stängeln bilden Eiskristalle Muster. Erstarrte Kunstwerke, nicht für die Ewigkeit, aber gerade das macht sie so kostbar. Die zarten Eissterne sind mit bloßem Auge nicht zu erkennen, aber jeder einzelne ist symmetrisch und hat sechs Ästchen, die sich weiter verzweigen können. Ein Eiskristall bildet sich, wenn sich in den Wolken Wasserdampf an Staubpartikel in der Luft bindet und kondensiert. Bei Temperaturen unter –10 Grad gefrieren die Tröpfchen. Sie ziehen andere

Wassermoleküle aus der Luft an, die sich an ihren Enden anlagern. Die Eiskristalle wachsen, verhaken sich ineinander und werden zu Schneeflocken. Welche Formen entstehen, hängt von Lufttemperatur und -feuchtigkeit ab: Türmchen, Prismen, filigrane Blättchen oder spitze Nadeln.

Am Boden frieren Wassertröpfchen schon bei null Grad. Eiskristalle bilden sich zuerst an Blatträndern, vertrockneten Blütenständen oder feinen Härchen, die sie an so eisigen Tagen wie heute in glitzernde Sträuße verwandeln.

Die Saale friert zu, ein seltenes Spektakel. Am Ufer hat sich bereits Eis gebildet, es knackt, wenn sich das Wasser darunter bewegt. Der Fluss fließt schnell, runde Eisschollen, die aussehen wie weiße Pfannkuchen, treiben mit. Wenn sie das Ufer streifen, knirscht es leise. Ich bin gebannt von dem in seiner Kälte etwas unheimlichen Fluss. Manchmal streifen die gefrorenen Pfannkuchen das Eis am Ufer etwas länger. Es scheint, als würde es nach ihnen haschen. Sie sträuben sich, reißen sich wieder los, drehen sich um ihre eigene Achse. Dann stoßen sie mit einer anderen Scholle zusammen und backen fest. Sie werden größer und unbeweglicher und jetzt – jetzt bleiben sie doch am Ufer hängen. Die Eisfläche ist wieder etwas größer geworden. Ich stehe unter einer hohen Weide und beobachte das Spiel, eingerahmt von überzuckerten Zweigen.

Auf dem Eis haben sich Enten versammelt. Sie sitzen unbeweglich, wie festgefroren. Das sind sie aber nicht, trotz ihrer federlosen Füße. Der Trick? Sie haben einen speziellen Blutkreislauf, der wie ein Wärmeaustausch funktioniert. Das etwa 40 Grad warme arterielle Blut fließt vom Herz zu den Füßen. In den dünnen Entenbeinen kommt es nah an den Venen vorbei, die in umgekehrter Richtung sehr viel kälteres Blut transportieren. An dieses gibt es Wärme ab und wird heruntergekühlt. Wenn es die Füße erreicht, hat es nur noch etwa null Grad. Kalt genug, dass das Eis unter den Schwimmhäuten nicht anschmilzt und bei erneutem Gefrieren die Enten festkleben. Gleichzeitig werden ihre Füße nicht so kalt, dass sie absterben, da ständig wärmeres Blut nachkommt.

Auch sonst sind Enten gut gegen Kälte gerüstet. Ihre Deckfedern lappen wie Dachziegeln übereinander und speichern dadurch Luft, die isoliert. Ihr Gefieder versehen sie mit einer ölhaltigen, wasserabweisenden Substanz aus ihrer Bürzeldrüse. Da sie sich von Wasserpflanzen und -tierchen ernähren, finden sie im Winter meist genug zu fressen. Sollte ihr Gewässer doch einmal zufrieren, suchen sich die Strichvögel einen besseren Standort, möglichst in der Nähe. Doch trotz alledem müssen sie mit ihrer Energie haushalten. Was treibt sie jetzt dazu, schnatternd davonzufliegen und sich im Fluss auf den kleinen Eisplatten niederzulassen? Wie auf Spielzeugflößen machen sie sich auf die Reise. Die, die bleiben, rufen ihren Gefährten quakend hinterher. Die ersten kommen bereits zurückgeflogen.

Die Saale strömt derweil weiter Richtung Elbe, und das würde sie auch, sollte sie tatsächlich zufrieren. Dann täuschen Flüsse unser Vorstellungsvermögen, denn sie hören unter einer Eisdecke nicht auf zu fließen. Früher, in kälteren Zeiten, froren auch größere Ströme wie Elbe und Rhein öfter zu. Schifffahrt war dann nicht mehr möglich. Gefährlich wurde es erst, wenn das Eis im Frühjahr aufbrach und sich die Schollen ineinander verkeilten. Das geschah oft an Brücken, die dabei manchmal umgesäbelt wurden. Es kam zu verheerenden Überschwemmungen, wenn das Wasser nicht mehr ungehindert abfließen konnte. Eisschollen, die ans Ufer gedrückt wurden, konnten erhebliche Schäden anrichten.

Immer wieder gehe ich in die Hocke, um die hauchzarten Eisplättchen aus der Nähe zu bestaunen. Wenn ich stehen bleibe, bekomme ich augenblicklich kalte Füße, ich hätte Lammfellsohlen in meine Stiefel legen sollen. Zurück auf dem Weg schreite ich zügig voran, um warm zu werden.

Die Straußwirtschaften machen Winterpause. Am Saale-Ufer sind zwei Schiffe vertäut und frieren gerade fest, eins der beiden heißt *Unstrutnixe*. Die Schifffahrt ist eingestellt, hier kommt man nicht mehr auf die andere Seite. Am Zusammenfluss von Saale und Unstrut kehre ich um. Ein Specht klopft und der Schnee knirscht immer noch. Es ist noch kein Grad wärmer geworden.

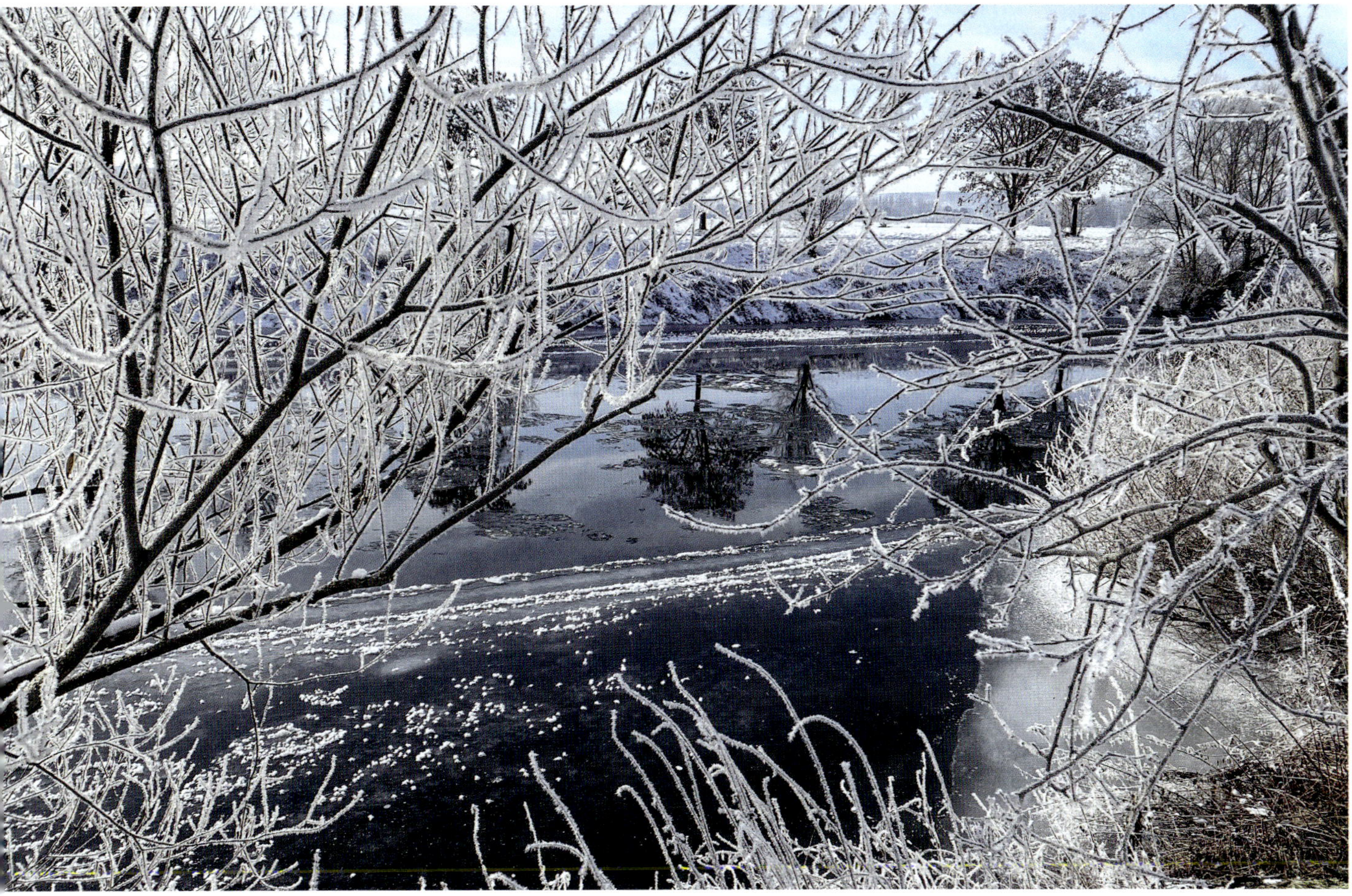

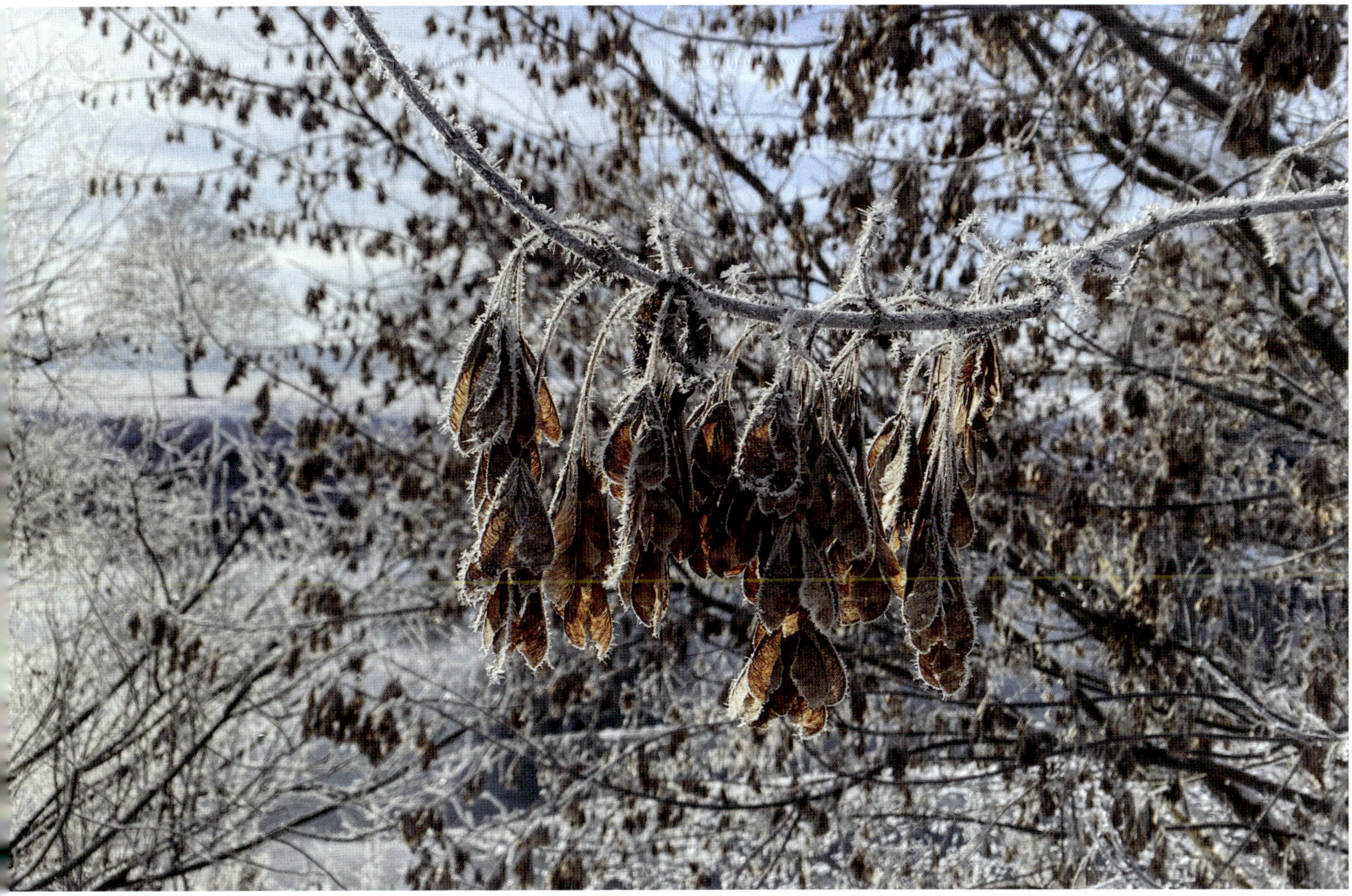

Wintergeister in den Raunächten

Lusen im Bayerischen Wald ❄ Hoher Meißner im Osthessischen Bergland

VORIGE SEITEN Stoff für unzählige Sagen: bizarre Baumfiguren.
RECHTS Blockmeer am Lusen: Wo einst der Teufel seine Steine auskippte. Im Hintergrund der Rachel.

Tanz ums Feuer und ein Felsenmeer

Die Menschen im Bayerischen Wald nennen ihren Wald „Woid" und damit meinen sie nicht nur die Bäume, sondern alles hier – ihre Heimat. Sie selbst sind die „Waidler". Ihr Leben wurde bis weit ins 20. Jahrhundert hinein von schwerer Holzfällerarbeit geprägt. Im Winter war es besonders hart. Ich fahre an Dörfern vorbei, über die sich in der Abenddämmerung der Nebel wie eine Bettdecke legt. Nur die Zwiebeltürme der Kirchen lugen noch hervor. Winter im Bayerischen Wald, den habe ich mir immer mit viel Schnee vorgestellt. An den Straßenpfosten sind orangefarbene Stangen befestigt, die auch bei hoher Schneelage noch zu sehen wären. Aber im Moment liegt kein Schnee, wie so oft in diesem Winter. Skiliftschilder sehen verwaist und irgendwie traurig aus, dabei hatte es im Dezember in der Gegend schon bis zu einem Meter geschneit – doch der ist bereits wieder weggetaut. Aber man muss den Winter nehmen, wie er kommt, in jeder Hinsicht. Und: Er kann auch ohne Flockentanz sehr spürbar sein.

Neuschönau ist ein kleiner Ort am Fuß des Lusen, ganz im Osten des Bayerischen Walds. Wildfremde Menschen begrüßen einen auf der Straße mit „Habe d'Ehre" oder „Griaß di", alle Viertelstunde schlägt die Kirchturmuhr. Am nächsten Tag wandere ich auf den Lusen, mit 1373 Metern einer der höchsten Berge im Nationalpark Bayerischer Wald. Ich nähere mich ihm entlang der Kleinen Ohe. Rinnsale und schmale Bäche plätschern die Hänge hinab, der Boden ist wie ein nasser Schwamm. Im Bayerischen Wald fällt das ganze Jahr über viel Niederschlag, in manchen Monaten sogar bis zu 200 Liter pro Quadratmeter. Bei großer Kälte versinkt das Mittelgebirge im Schnee.

Die Kleine Ohe schäumt energiegeladen durch den winterlichen Laubmischwald. Sie sprudelt und zischt um die Steine in ihrem Bachbett, eine kleine Ode an die Natur. Baumstämme liegen kreuz und quer, auf manchen sprießen winzige Fichten. Im Nationalpark lässt man dem durch Borkenkäfer-

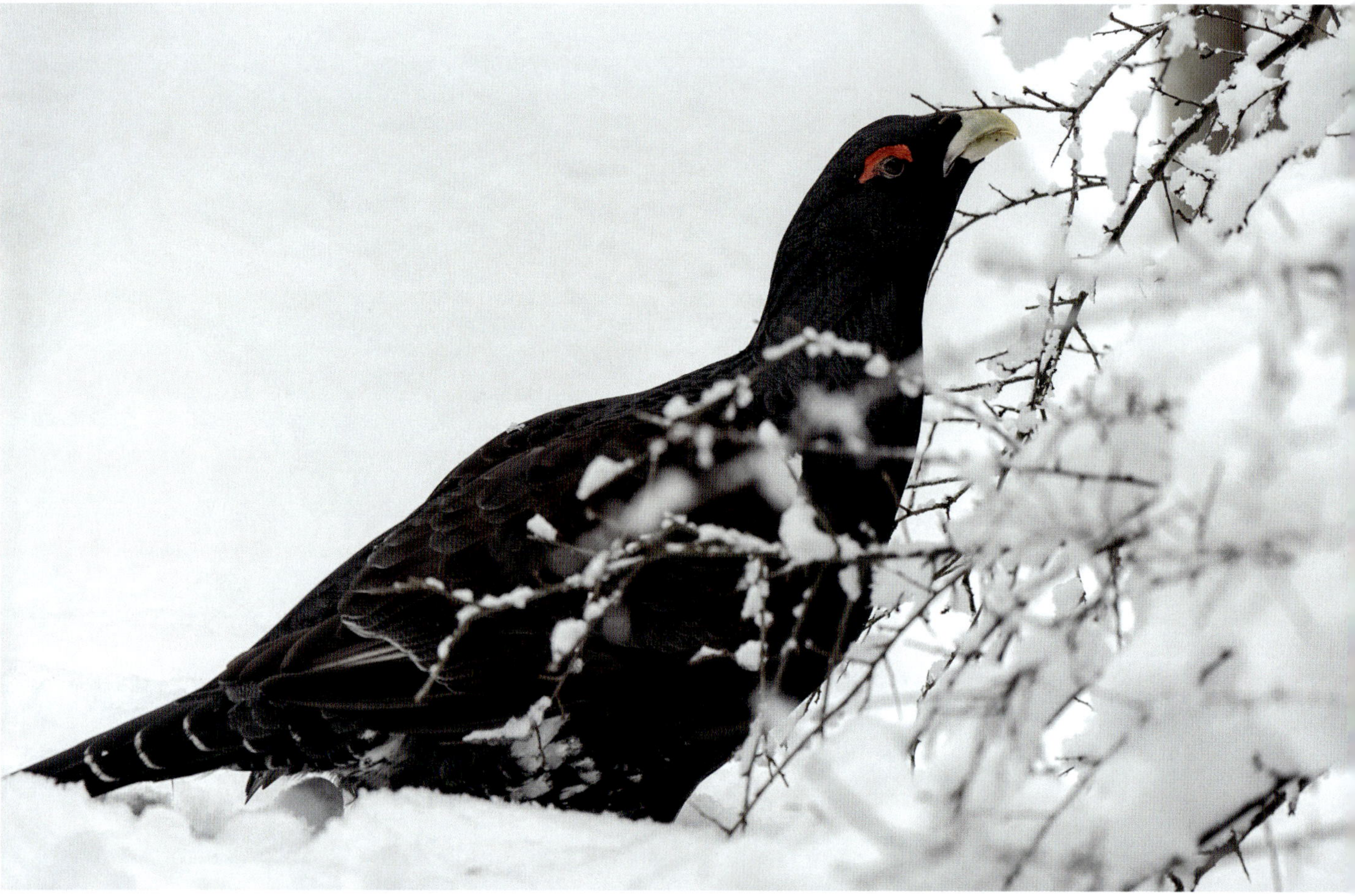

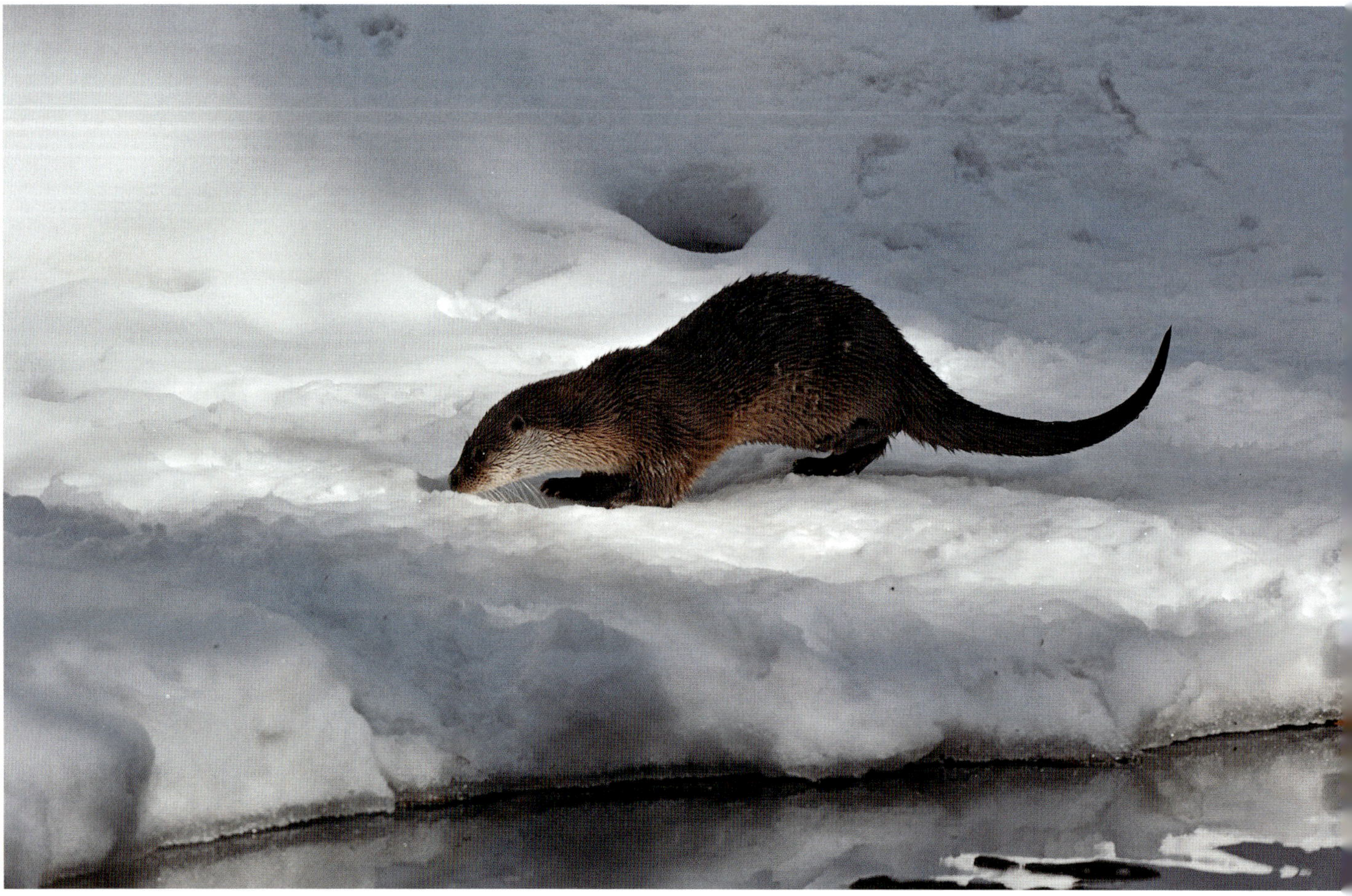

befall und Windfall geschädigten Wald die Zeit, die er braucht, um sich zu verjüngen. Am Totholz von Nadelbäumen lebt der Gebänderte Harzporling und mit ihm der seltene Harzporling-Ozellenkäfer, der genau diesen Baumpilz braucht. Seine Larven entwickeln sich erst im Winter zu Käfern, fast ein Dreivierteljahr später als andere Arten. Der Käfer hat spezielle Zucker und Proteine eingelagert, die wie ein Gefrierschutzmittel wirken. Durch die Zeitverschiebung in seinem Lebenszyklus hat er in den kalten Monaten keine Konkurrenz. In und an Bergbächen leben nur Tiere und Pflanzen, die an das harsche Klima angepasst sind. Wie auch Fischotter, die durch einen dicken Winterpelz gegen Wasser und Kälte geschützt sind. Dieser besteht aus über 60 000 Haaren pro Quadratzentimeter, die ineinander verzahnt sind und dadurch ein isolierendes Luftpolster bilden. Fischotter sind auch im Winter sehr aktiv, zur Fellpflege wälzen sie sich gern im Schnee.

Die Kleine Ohe hat das ganze Jahr über eine Wassertemperatur von 4 bis 5 Grad. Überhaupt ist es im Bayerischen Wald nicht besonders warm, im Januar schon gar nicht. Die jährliche Durchschnittstemperatur liegt bei etwa 8 Grad. Früher herrschten oft fünf, sechs Monate Winter, der Schnee lag manchmal bis zu drei Meter hoch.

Über den Waldweg schlängeln sich Wurzeln. Baumhöhlen bieten kleinen Tieren wie Haselmäusen Unterschlupf, die zur Familie der Bilche gehören und im Gegensatz zu Mäusen Winterschlaf halten. Dieser Wald ist urig.

In den Senken am Nordhang liegen noch Schneeflecken. Der schwarzgrüne See an der Martinsklause schimmert im diesigen Licht. Klausen sind kleine Seen, zu denen man einst die Bäche im Hochwald aufstaute. Oberhalb der Kleinen Ohe wurde im 19. Jahrhundert ein Damm errichtet. Man brauchte die Stauseen, um Baumstämme von dort oben ins Tal zu triften, so nannte man den Transport loser Stämme in den Bergbächen. Wenn es so weit war, öffneten die Waidler das Klausentor (die Schleuse). Der Bach rauschte mit großem Schwall bergab und riss die Stämme mit. Im Tal gelangte das Holz auf der Ilz nach Passau. Über die Donau wurde es von dort bis nach Wien verschifft.

Der Woid war wild und unheimlich. In den Hochwäldern Holz zu fällen war Schwerstarbeit. Im Winter wurden die Baumstämme auf langen Schlitten zur Martinsklause hinabgefahren. Es war eine lebensgefährliche Arbeit, sich mit der tonnenschweren Last einen Weg zwischen den Bäumen zu suchen. Im Nationalparkzentrum Lusen sind auf einem Foto drei Holzfäller mit ihren beladenen Schlitten zu sehen, in dicken Jankern und Stiefeln, mit Hut und ernstem Blick. Getriftet wurde im Frühling zur Schneeschmelze, wenn die Bäche sowieso mehr Wasser führten. Der Bedarf an Holz im Tal war unersättlich. Man brauchte es zum Heizen, um zu bauen, auch zur Glasherstellung. Für sich selbst „Holz zu machen" war den Dörflern nicht erlaubt.

Auf Bohlen durch den Hochwald im Nationalpark. Es herrscht Wegegebot, um keine Tiere aufzuschrecken.

Aber sie durften eine bestimmte Menge an Ästen und Zapfen für ihre Öfen aus dem Wald klauben. Die Geschichte einer ganzen Region wurzelt in diesen Wäldern.

Ich erreiche das Kerngebiet des Nationalparks. Ab hier herrscht im Winter Wegegebot, das unbedingt einzuhalten ist. Die Tiere brauchen diese Schutzzone, da sie mit ihrer Energie extrem haushalten müssen. Das gilt besonders für die gefährdeten Auerhühner. Bei jedem fluchtartigen Auffliegen müssen sie urplötzlich ihren Stoffwechsel hochfahren, was schlimmstenfalls zum Tod führen kann. Im Nationalpark Bayerischer Wald finden Auerhühner, die sonst in Deutschland vor allem im Alpenraum leben, alles, was sie brauchen: Laubmischwälder und natürliche Fichtenwälder, Beerensträucher, Lichtungen mit genügend Platz, um loszufliegen, Wipfel, auf denen sie übernachten können. Es sind wundersame Vögel: der prächtige Hahn mit einer Flügelspannweite von 90 Zentimetern. Sein Gefieder ist dunkelbraun und dunkelgrau, an der Brust schimmert es metallisch grün. Über den Augen trägt er einen roten Strich. Seine Balztänze im Frühjahr sind ein eindrucksvolles Spektakel. Die Auerhenne ist deutlich kleiner, hellbraun mit weißen Querbändern.

Auerhühner bleiben in der kalten Jahreszeit hier, haben es aber schwer, genügend Nahrung zu finden. Während sie sonst von Beeren und Knospen leben, weichen sie im Winter oft auf Fichtennadeln aus. Diese sind nicht besonders energiehaltig und schwer verdaulich. Daher nehmen die Auerhühner kleine Steinchen, sogenannte Magensteine, auf, mit denen sie im Muskelmagen die Nadeln zerkleinern. Auch sonst sind sie für den Winter gerüstet. Dichtes Gefieder bedeckt ihre Beine. Die Federn sind mit Afterfedern verdoppelt und isolieren dadurch besonders stark. Zwischen den Zehen haben Auerhahn und -henne kleine Hornstifte, sodass sie im Schnee nicht einsinken. Als Spur hinterlassen sie eine gerade Linie. Manchmal lassen sie sich einschneien, Schnee isoliert gut.

Es nieselt zwischendurch. Der Gebirgskamm des Bayerischen Walds ist weit und breit die höchste Erhebung, es gibt keine vorgelagerten Gipfel, an denen sich die Wolken vorher abregnen könnten. Wind und Sturm treffen die Berge ungebremst. Daher ist das Klima hier so rau, auch wenn das Mittelgebirge im Vergleich zu den Alpen nicht besonders hoch ist. Der Pfad führt durch Hochfichtenwald. Die Schneeflecken werden mehr, zwischen den Steinen sind sie zu blankem Eis gefroren. An einigen Stellen halte ich mich an Fichtenzweigen fest, um nicht auszurutschen. Wenn tiefer Schnee liegt, ist dieser Weg nicht zu begehen. Ich quere das Teufelsloch. Unter den Felsblöcken fließt einer der Quellbäche der Kleinen Ohe.

Weiter oben führt ein Bohlenpfad über die moorige Hochfläche. Hier stehen die

Seltene Farbtupfer an diesigen Wintertagen: Flechten auf den Felsen im Bayerischen Wald.

Königinnen der Fichten. Wie alt die Größten unter ihnen wohl sind? Hundert Winter oder älter, schätze ich. Sie alle haben meterhohe Schneelasten überstanden, unter ihren dichten Zweigen unzähligen Tieren Schutz gewährt. Fichten spenden auch Nahrung. Der Fichtenkreuzschnabel pult sich Samen mit seinem eigens dafür geformten Schnabel aus den Zapfen. Mäuse nagen sie ab, auch für sie sind sie ein wichtiger Bestandteil des Winterspeiseplans. Diese in der Wildnis wachsenden Fichten haben wirklich rein gar nichts mit den Monokulturen für Nutzholz zu tun. Viel-

mehr erinnern sie daran, dass in alten Sagen die Fichte als Lebensbaum galt. Ihre Nadeln wurden immer schon als Heilmittel verwendet: für Salben und Öle bei Erkältungen und Gliederschmerzen.

Hinter den Bäumen ragt eine Nebelwand auf. Irgendwo da oben thront der Lusen, ich nähere mich ihm auf der Himmelsleiter. Auf Felsstufen geht es steil bergauf. Der Wind treibt Nebelschwaden über die Wipfel, so schnell, dass ich ahne, wie stark es weiter oben weht. Vor mir öffnet sich ein riesiges Blockmeer. Mit Schwefelflechten bedeckte

Granitbrocken, 320 Millionen Jahre alt, ziehen sich zum Gipfel hoch. So etwas habe ich noch nie gesehen. Kein Baum, kein Strauch, auch kein zusammenhängender Fels. Nur Blöcke übereinander getürmt, dem Teufel aus der Schubkarre gekippt, erzählen die Sagen. Oder durch Frostverwitterung und Erosion entstanden, so die Geologen. Zwei Stangen ragen zwischen den Felsen hervor, um den Weg zu markieren. Trittsicherheit und Bergschuhe sind hier ein Muss. Ich freu mich auf einmal, dass kein Schnee liegt. Dieses Naturwunder hätte ich sonst nicht gesehen.

Oben am Gipfelkreuz faucht mich der Wind an. Auf die Stärke bin ich nicht gefasst, plötzlich verstehe ich, warum man von Wind*stößen* spricht. Ich gerate kurz aus dem Gleichgewicht. Keine andere Menschenseele ist zu sehen. Ich krame schnell Mütze und Handschuhe aus meinem Rucksack. Das Felspanorama ist atemberaubend, auch wenn die Sicht nicht weit reicht. Von Tschechien auf der anderen Bergseite ist überhaupt nichts zu sehen. Ich stehe über einem Felsen- und Nebelmeer. Der Lusen ist beeindruckend, kommt mir aber gerade auch sehr unwirtlich vor. Für Momente fühle ich mich einsam und verletzlich. Gleichzeitig bin ich dankbar, dass es solche wilden Flecken in Deutschland noch gibt.

Abends geht es in Neuschönau mit der Geistervertreibung los, der Wilden Jagd, wie die Koishüttler Lousnacht auch heißt. In einer Feuerschale lodert ein Feuer, aus einem Lautsprecher erklingen schaurige Geräusche. Das Heulen von Wölfen, die Rufe eines Waldkäuzchens – weh dem, der jetzt noch draußen in den Bergen ist. Die Zuschauer sammeln sich auf dem Platz vor der Kirche, in erster Linie sind es Einheimische. Man merkt sofort: Das ist kein Spektakel für Touristen, sondern von Dorfbewohnern für ihr Dorf organisiert. Sie erwecken Mythen zum Leben, die in ihrer Heimat seit Jahrhunderten durch die Wälder wehen. Aber noch ist die wilde Meute nicht zu sehen.

In alten Zeiten versuchten die Menschen, mit Lärm und Feuer die dunklen Geister loszuwerden, die sie den Winter über im Griff hatten. Vielleicht ging es bei all diesen Winterbräuchen hauptsächlich darum: die Dunkelheit und schwermütige Gedanken zu vertreiben, Kraft zu schöpfen für das neue Jahr. Die zwölf Raunächte sind die besonderen Nächte zwischen dem 25. Dezember und 6. Januar, die Zeit „zwischen den Jahren", wenn das Mondjahr schon zu Ende ist und das Sonnenjahr noch etwas weiterläuft. Für manche beginnen sie schon in der Thomasnacht am 21.12., für andere zur Herbstsonnenwende oder am Martinstag. Wie immer bei frühzeitlichen Bräuchen gibt es mehrere Deutungen. Die mystische Zeit endet in der wildesten Raunacht vom 5. Januar auf den Dreikönigstag. Sie wird vor allem im Alpenraum gefeiert. Jedes Tal hat seine eigenen Riten. So werden die Perchtenläufe, die nach den Perchten, den ungebändigten Wintergeis-

Koishüttler Lousnacht: Die wilden Wesen sehen so furchterregend aus wie die Geister, die sie vertreiben.

tern, heißen, oft schon im Dezember begangen. Früher hieß es, wen sie auf ihrer Jagd durch die Lüfte einholten, der solle sich flach auf den Boden legen und beten, dann habe er nichts zu befürchten. Sie wollten nichts Böses, nur Schabernack, aber man konnte nie wissen.

Um die Raunächte ranken sich viele Rituale und Legenden. Man durfte keine Wäsche aufhängen, damit sich die Geister nicht in den Laken verhedderten und wütend wurden. Die Menschen sollten ihre Schulden begleichen. Es war ratsam, Kerzen in die Fenster zu stellen. Und um Mitternacht in der Silvesternacht sprachen die Stalltiere mit menschlichen Stimmen. Sie erzählten von der Zukunft.

Es heult und krächzt, die Spannung steigt, dann „sogt der Dodama o" (an). Die Sagenfigur trägt einen langen Mantel und eine Laterne, auf dem Kopf einen Hut. Das ganze Jahr über steht der Dodama als Vogelscheuche auf dem Feld, aber in den zwölf Raunächten erwacht er zum Leben. Er weiß, was sich im vergangenen Jahr in den Tälern zugetragen hat. In Reimen in tiefstem Niederbayerisch, einem Singsang, der an eine kirchliche Predigt erinnert, erzählt er davon. Das meiste verstehe ich nicht, aber das macht nichts, denn die Stimmung kriegt man auch so mit. Der Dialekt passt perfekt zur Raunacht, die etwas Archaisches hat.

Von Ferne hört man das rhythmische Schlagen von Glocken, dann biegen sie oberhalb der Kirche um die Ecke: erst die Wolfs-

austreiber in zotteligen Fellwesten mit den schweren Glocken. Und dann kommen sie, die wilden Wesen unter ihren furchterregenden Masken. Sie stoßen Schreie aus, rennen über den Platz, manche drehen sich wie Derwische um die eigene Achse, Funken stieben. An verschiedenen Plätzen im Dorf tanzen sie rauflustig um die Feuer, darunter Fabelwesen, halb Mensch, halb Pferd und teuflische Gestalten. Sie haben glühende Augen und verfilzte Haare, aus ihren Mäulern ragen riesige Zähne und tropft Blut. Die wertvollen Masken sind aus Lindenholz geschnitzt und werden individuell für ihre Träger angefertigt. Es dürften wohl um die 50 Gestalten sein. Trommelklänge heizen ihnen ein.

Warum Lousnacht? Auch wenn die Namen ähnlich klingen, hat es nichts mit dem Lusen zu tun. Die Nacht heißt so, da die Götter das Schicksal neu verlosen (Lous steht für Los). Die Raunächte galten immer als günstige Zeit für Orakel. Auch das Bleigießen an Silvester wurzelt in dieser Tradition.

Es wird immer kälter. Die Menschen holen sich heiße Getränke an den Ständen am Straßenrand. An den Feuern wirbeln die Geister. Mit dabei ist der Woidhaus Mich, ein wilder Waldhirte, der für die Grafenauer Bauern im Sommer das Vieh in den Wäldern am Lusen hütete. Im Herbst trieb er es wieder in die Täler hinab. Jedoch waren es immer weniger Kühe als beim Aufstieg, weil er einige von ihnen mit seiner Eisenkralle riss und das

Die wildeste Raunacht ist immer die vom 5. auf den 6. Januar. Die Masken der Figuren sind handgeschnitzt.

Fleisch roh verzehrte. Wilde Tiere seien es gewesen, behauptete er in den Dörfern. Damit kam er durch, bis ihn die Wecklin verpetzte. Deren Liebe hatte er einst verschmäht und das war ihre Rache.

Auch die Wecklin tanzt um das knackende Feuer, sie taucht gleich in zwei Sagen auf. In der einen haut sie als Krämersfrau ihre Kunden übers Ohr und wird deswegen in die Wälder an Rachel und Lusen verstoßen. In der anderen steht sie als Freifrau mit dem Teufel im Bunde. Ein Kind, das Milch verschüttete, hat sie mit ihrem Pantoffel erschlagen. Dafür wurde sie nach ihrem Tod in den Rachelsee

verbannt und streift seitdem auf glühenden Holzschuhen durch die Lousnächte. Und natürlich treibt auch Frau Perchta ihr Unwesen. Sie ist doppelgesichtig. Mal blickt sie einem als strahlenumkränzte Sonne entgegen, dann wieder mit furchterregender Grimasse und dunklem Schopf. In anderen Gegenden Deutschlands ist sie als Frau Percht oder Frau Holle bekannt.

Der Dodama meldet sich wieder, die Wilde Jagd neigt sich dem Ende zu. Fehlt nur noch der Mühlhiasl, der Sohn eines Müllers, er sagte die Zukunft in Böhmen und Bayern voraus. Dabei hatte er so oft recht, dass klar war: Auch er stand mit dem Teufel im Bunde. Nach seinem Tod wurde er außerhalb der Friedhofsmauern begraben. Jetzt sitzt er auf einem Leiterwagen und streicht über seine Wahrsagerkugel. Jede seiner Prophezeiungen beendet er mit „Werd's scho seng". Wieder verstehe ich nur einen Bruchteil, aber es zieht mich in seinen Bann, wie er es sagt. Der Dodama lädt nun alle zur Lousnachtsuppe ein. Die Raunachtgestalten nehmen ihre schweren Masken ab. Erschöpft vom Treiben, aber fröhlich und hungrig begrüßen sie ihre Kinder und löffeln mit ihnen die herzhafte Suppe.

Die Raunachtbräuche reichen in vorchristliche Zeiten zurück. Mit ihnen wurden die Wintergeister ausgetrieben, aber sie hatten noch eine andere Bedeutung: innezuhalten. Die zwölf Nächte wurden als etwas Besonderes, nahezu Heiliges wahrgenommen. Dabei kommt die Silbe „Rau" nicht vom rauen Klima an Wintertagen, sondern von „Rauch" für räuchern. Denn einer der Bräuche bestand im Ausräuchern von Hof und Ställen, um alles für das neue Jahr zu reinigen. Dazu verwendete man Kräuter und Harze. Eine andere Theorie ist, dass „rauch" sich vom alten Wort für „haarig" oder „pelzig" herleitet. Die Gefährten der Frau Percht, die Perchten, trugen Felle auf ihrer Wilden Jagd.

Seit ein paar Jahren nimmt das Interesse an dieser spirituellen Seite der Raunächte wieder zu. Sie bewusst zu begehen, kann Klarheit, im besten Fall Zuversicht schaffen. Dabei helfen die „Rituale der zwölf Nächte", von denen jede für einen Monat im Jahr steht. Es geht darum, Altes abzuschließen, zu vergeben oder sich über die eigenen Gefühle klar zu werden. Das kann helfen, im neuen Jahr die richtigen Entscheidungen zu treffen. In der Koishüttler Lousnacht erzählt mir eine junge Frau vom „Ritual der 13 Wünsche". Man notiert seine Herzenswünsche auf kleine Zettel, die man zusammenfaltet. An jedem der 13 Tage zieht man ein Los. Zwölf Lose verbrennt man ungelesen in einer Feuerschale. Für diese zwölf Wünsche ist das Universum zuständig. Der 13. Wunsch wird nicht verbrannt. Man liest ihn und ist für die Erfüllung selbst verantwortlich.

Die Neujahrsnacht liegt in der Mitte der Raunächte. Feuerwerk erhellt den Himmel, Böller knallen zum Schrecken der Geister. Auch das wurzelt in uralten Traditionen, die in vielen Teilen Deutschlands den Winter vertreiben sollten und heute noch gefeiert werden. Nicht nur an Silvester: Im Februar lodern beim Biikebrennen auf den nordfriesischen Inseln große Feuer. Den Geistern bleibt nur die Flucht aufs Meer. Im Allgäu, Schwarzwald und am Arlberg werden in einem Holzturm die Funkenfeuer entzündet. Dazu gibt es Funkenküchle und Glühwein. Der Brauch geht vermutlich auf die Alemannen zurück.

Auch Masken werden bei Winterfesten an vielen Orten getragen, besonders beim Karneval im Rheinland und an Fasching im Alpenraum. Und noch etwas ist interessant an den Maskentraditionen: Jeder kann in andere Rollen schlüpfen, ohne dass ihn jemand erkennt. Endlich kann man mal frech sein ohne Folgen. Der Schüchterne spielt den Wilden, die immer Freundliche eine Hexe, der Mann eine Frau und umgekehrt. Auch darin liegt ein Geheimnis der Wilden Jagd: ein Gefühl von Freiheit.

Gegensätze bedingen einander in all den alten Riten. Ohne Dunkelheit würden wir das Licht nicht schätzen, ohne Winter uns nicht so auf den Frühling freuen. Frau Perchta hat ein Sonnengesicht und auf der anderen Seite ein dunkles Antlitz, vermutlich wie jeder Mensch. Auch in dieser Erkenntnis könnte ein Sinn der Raunächte liegen.

Bei den mythischen Gestalten im Bayerischen Wald dürfen die Arbermandl nicht fehlen, auch wenn sie am 40 Kilometer ent-

Die sagenhaften Arbermandl gibt es nur im
Bayerischen Wald: in Schnee verpackte Nadelbäume.

fernten Großen Arber leben, mit 1455 Metern
der höchste Berg des Mittelgebirges. Sie
zeigen sich allerdings nur im tiefen Winter,
bei ganz bestimmten Bedingungen: Wenn sich
die Wolken tagelang am Gipfel abschneien
und starker Ostwind den Schnee gegen die
Fichten und Latschenkiefern presst. Tagsüber taut er an, nachts friert er wieder zu
Eisschnee. Schicht für Schicht hüllen immer
neue Flocken die Bäume komplett ein und
verwandeln sie in Arbermandl (Mandl ist
bayerisch für Männer). Bizarre Figuren, mit
weißem Guss überzogen, wippen mit ihren
Zweigen im Wind, der dort immer über das
Gipfelplateau fegt.

Wilde Hunde, Waldpropheten, Goschen-
aufreißer (Großmäuler auf Hochdeutsch)
und die Bucklade (der Tod): Sie alle fängt
der geniale Kurzfilm *Arbermandl* (1985) der
Autorin und Schauspielerin Elfi Pertramer
ein. In urbayerischem Dialekt, mystisch und
mit philosophischer Tiefe, erzählt Pertramer
von der Zeitspinnerin, die den Faden für die
Ewigkeit spinnt, vom Muichstraßler aus'm
All, „den hat no nie koana gseng". Sie alle
führen ein Zaubertheater auf, von dem die
Pertramer weiß, dass es wie der Schnee, wie
alles, irgendwann vergehen wird.

Märchenhaft wie zu Zeiten der Brüder Grimm:
Buchen im Frau-Holle-Land.

Frau Holles Wilde Jagd durch die Nacht

Die Dörfer in der Gegend um den Hohen Meißner könnten einem Märchen der Brüder Grimm entsprungen sein. Die Häuser sind aus Fachwerk, die Gassen eng. Ich fahre an Hecken, Feldern und Wiesen entlang, die kleinen Straßen passen sich der hügeligen Landschaft an. Ich denke mir Märchenanfänge zu den Bildern aus, die an mir vorbeiziehen. Ein paar Schweine draußen auf einer Weide: Es war einmal ein Hirt, der sieben borstige Eber hütete. Das waren die verzauberten Söhne eines grausamen Königs. Oder: Es war einmal ein kleines Haus mit roten Balken, in dem lebte eine Familie. Sie waren sehr arm, aber herzensgut und hatten zwölf Kinder. So nähere ich mich dem Hohen Meißner im Geo-Naturpark Frau-Holle-Land, der mit seinen 753 Metern nicht besonders hoch, aber Wind und Wetter ziemlich ausgesetzt ist. Im Volksmund hieß es immer: Wenn es am Hohen Meißner neblig ist, wäscht Frau Holle. Wenn der Berg rot ist, backt sie, und wenn er weiß ist, dann natürlich schüttelt sie die Kissen und es schneit. Heute wäscht sie.

Winterzeit ist Märchenzeit. Draußen wird es früh dunkel, man hat mehr Muße vorzulesen oder selbst zu lesen. Winter und Märchen haben etwas Nostalgisches, gemeinsam entführen sie uns in unsere Kindheit. Sie können zauberhaft sein, glitzernd und sanft. Dann verschluckt der Schnee alles Laute. Aber Märchen können, genau wie der Winter, auch grausam und unbarmherzig sein.

Wenn eine Märchenfigur für den Winter steht, dann ist es Frau Holle, die die Federbetten schüttelt, sodass dicke Flocken fallen. Sie soll am Hohen Meißner gelebt haben und das schon lange bevor die Brüder Grimm ihre Geschichte aufschrieben. Jacob und Wilhelm Grimm lebten im nicht weit entfernten Kassel. Ab 1812 gaben sie ihre *Kinder- und Hausmärchen* heraus. Geschichten, die der Volksmund erzählte, die sie über viele Jahre sammelten, etliche stammten aus ihrer hessischen Heimat. Ein Schatz, in dem sich tiefe Wahrheiten verbergen. Märchen, in denen sich Freud und Leid, Sehnsüchte und Ängste der Menschen auf geheimnisvolle Weise widerspiegeln. Der dunkle Wald, der böse Wolf, das Spinnrad, der Spiegel: Diese alten Geschichten sind tief in unserem kollektiven Gedächtnis verankert und inspirieren bis heute Künstler und Schriftsteller zu ihren Werken.

Ab 1816 folgten die *Deutschen Sagen* der Brüder Grimm. Und während Märchen meist im Es-war-einmal-Reich spielen, sind Sagen an einen bestimmten Ort gebunden. So liegt der Ursprung des Frau-Holle-Mythos in vorchristlichen Zeiten verborgen und ist am Hohen Meißner verortet. Es ranken sich viele Legenden um die geheimnisvolle Figur. Die Brüder Grimm haben sich eine davon für ihre Märchensammlung ausgesucht. Die Geschichte von Goldmarie, Pechmarie und Frau Holle. Damit hat sie es bis heute in unseren Sprachgebrauch geschafft. Wenn es stark schneit, sagen wir: Da ist Frau Holle am Werk.

Ich wandere am Aussichtspunkt Schwalbenthal los. Im Wald ist mir etwas mulmig, da es in den Raunachtstürmen der letzten Tage viel Windbruch gegeben hat. Immer wieder blicke ich hoch in die Wipfel, doch heute halten sie still. Ein paar Pilze blitzen orange im Buchenlaub. Ich freu mich immer über Farbkleckse im Winter, ich sammle Winterfarben. In Märchen sind Farben immer auch Symbole, wie bei Schneewittchen. „Es war einmal mitten im Winter, und die Schneeflocken fielen wie Federn vom Himmel herab." Ihre Mutter sitzt

am Fenster und näht. Dabei sticht sie sich mit der Nadel in den Finger, ein Blutstropfen fällt in den Schnee. Die Farbe gefällt ihr so gut, dass sie sich eine Tochter wünscht: mit Haaren schwarz wie Ebenholz, Lippen rot wie Blut und einer Haut weiß wie Schnee. Darin ist schon die ganze Geschichte angelegt, mit dem Schnee als Symbol von Unschuld und Reinheit (wittchen kommt von weißchen). Das Schwarz steht für das Schlechte und die Bosheit der Stiefmutter (die dunklen Mächte). Das Rot für das Leben, die Kraft des Guten, die letztlich siegt.

Auch der Winter selbst spielt in Märchen eine vielschichtige Rolle. Er breitet eine weiße, manchmal glitzernde Decke aus, Natur und Menschen kommen zur Ruhe. Gleichzeitig kann er alles einfrieren. Oft stellt er eine Prüfung dar, die die Guten erst bestehen müssen, bevor sie ihr Glück finden. Meist sind es die bösen Stiefmütter, die ihre sanften Stieftöchter in den Winterwald schicken und hoffen, dass sie dort erfrieren wie in Grimms *Drei Männlein im Wald*. Ähnlich und wunderschön geschrieben ist Josef Wenzigs Märchen aus der Slowakei *Von den zwölf Monaten* (1857). Auch hier wird die arme Stieftochter in die Eiseskälte hinausgetrieben. Sie soll nacheinander Veilchen, Erdbeeren und rote Äpfel besorgen. „Der Schnee lag hoch, nirgends war eine Fußstapfe." Sie wird von Kälte geschüttelt und will schon aufgeben, als sie auf einen Gipfel gelangt. Dort sitzen zwölf Männer auf zwölf Steinen im Kreis um ein Feuer, jeder für einen Monat. „Der Eismonat

Rot wie Blut, weiß wie Schnee: Beeren des Gemeinen Schneeballs am Hohen Meißner.

saß obenan; der hatte Haare und Bart weiß wie Schnee." Um dem Mädchen zu helfen, tauscht er mit dem März seinen Platz. Dieser sorgt für einen kurzen Moment für Frühling, sodass sie ihre Veilchen pflücken kann.

Schneeweißchen trägt die Farbe der Unschuld und Güte schon im Namen. Mit ihrer Schwester Rosenrot und ihrer Mutter lebt sie in einem Häuschen im Wald. An einem Winterabend steht ein Bär vor der Tür, der sprechen kann und um Einlass bittet, damit er sich wärmen kann. Nach dem ersten Schrecken lassen sie ihn ein. Sie gewinnen ihn lieb

und als er sie im Frühling wieder verlässt, sind sie traurig. Was sie nicht wissen: Der Bär ist ein von einem bösen Zwerg verzauberter Prinz. Im Winter, wenn der Boden gefroren ist, muss der Wicht im Erdreich bleiben. Aber sobald es taut, taucht er wieder auf und führt nichts Gutes im Schilde. Der Winter zeigt im Märchen gelegentlich auch seine schützende Hand.

Wieder anders ist es im Märchen *Die Schneekönigin* (1844) des dänischen Dichters Hans Christian Andersen. Der Schnee symbolisiert die eingefrorenen Gefühle der kaltherzigen Königin, die den Jungen Kay auf ihre Winterfestung in der Nähe des Nordpols entführt. Sie küsst ihn auf die Stirn und „dieser Kuss war kälter als Eis und ging direkt in sein Herz, das mittlerweile bereits zur Hälfte zu einem Eisklumpen erstarrt war". Seiner Freundin Gerda gelingt es nach einer langen Suche, ihn mit ihrer Liebe zu retten. Andersens *Mädchen mit den Schwefelhölzern* (1845) erfriert in einer eiskalten Neujahrsnacht. Allerdings nicht, ohne vorher alle Hölzchen anzuzünden und das Licht der Liebe ihrer verstorbenen Großmutter zu sehen.

Da ist er wieder, der ewige Gegensatz, Dunkelheit und Kälte, Wärme und Licht, der einem vielleicht nie deutlicher wird als im Winter. Es sind aber nicht nur die Themen, die Jung und Alt in den Märchen verzaubern, sondern auch die Sprache. Einfach, ruhig und dadurch berührend, oft in etwas altmodischen Worten, wird das Erzählgarn gesponnen.

Der Wald wirkt starr und winterkahl. Hangwälder, Moorflächen und Wiesen wechseln sich mit sagenhaften Basalt-Blockmeeren ab. Am Hohen Meißner wachsen seltene Pflanzen wie Tannenbärlapp. Die immergrüne Pflanze wird auch Teufelskralle genannt und ist giftig. Hier leben bedrohte Tiere wie Geburtshelferkröten, die an Land überwintern, und Wildkatzen, denen die Kälte dank ihres dichten Fells nichts ausmacht. Sie können die Ultraschalltöne von Mäusen hören und finden daher im Winter genug Beute. Manchmal

bekommt das Weibchen sogar im Herbst noch Junge. Da sie nachtaktiv sind, sieht man sie fast nie. Wilde Katzen zogen übrigens einst den Jagdwagen von Frau Holle.

Dunkelgrün, von beigem Schilf umgeben, liegt der Frau-Holle-Teich unterhalb einer Bergflanke. Er ist nicht tiefer als drei Meter, aber mit Fantasie reicht er unendlich weit hinunter. Auf seinem Grund steht der Legende nach Frau Holles silbernes Schloss, umgeben von einem ewig blühenden Garten. Bereits um 1000 n. Chr. wurde die mystische Figur das erste Mal schriftlich erwähnt. An ihrem Teich am Hohen Meißner wurden altrömische Münzen gefunden. Er war eine uralte heilige Stätte, lange bevor Wilhelm Grimm ihn 1821 besuchte. Sein Bruder Jacob sah im Frau-Holle-Mythos unter anderem eine Verbindung zu Kulten um die römische Göttin Diana.

Wie immer bei alten Mythen und Sagen gibt es verschiedene Auslegungen und auch Frau Holle hat mehrere Gesichter. In Bayern heißt sie Frau Percht oder Perchta (die Prächtige). Sie wurde auch Frau Holda (die Huldvolle) genannt, ebenso Frau Fricke. Möglicherweise besteht ein Zusammenhang mit der nordischen Göttin Freya. Als Erdgöttin war Frau Holle die Göttin der Tiere und Pflanzen und sorgte dadurch für Nahrung. Bis ins 15. Jahrhundert hinein wurde sie als Lebensspenderin verehrt, sie spielte das ganze Jahr über eine wichtige Rolle. Als mythologische Figur wechselt sie die Farben: Im Frühjahr ist sie weiß, im Sommer rot, im Winter schwarz, da zeigt sie ihre dunkle Seite.

Frau Holles Teich war schon zu römischen Zeiten eine Kultstätte. An seinem Grund soll ihr Schloss stehen.

Das Wechselspiel der Jahreszeiten ist auch in der Märchenfigur Frau Holle angelegt. Nachdem Goldmarie bei dem Versuch, ihre Spindel herauszuholen, in den verwunschenen Brunnen gefallen ist, wacht sie auf einer Blumenwiese auf (Frühling). Das gutherzige Mädchen holt das Brot aus dem Backofen, damit es nicht verbrennt (Sommer), und befreit den Apfelbaum von seiner Last (Herbst), bevor sie selbst die Kissen schüttelt (Winter). Das alles steht für die natürliche Ordnung der Welt, über die Frau Holle als Gebieterin der Naturgewalten (Schneefall) wacht.

Doch während Frau Holle im Märchen eine alte Frau ist, die Daunenbetten ausschüttelt, gibt es auch den Mythos, der sie als junge unabhängige Frau zeigt. In den Raunächten spielte sie einst eine wichtige Rolle. In weißen Gewändern und mit wehendem Haar brauste sie in ihrem Wagen auf der Wilden Jagd durch die Lüfte. Ungebändigte Gefährtinnen begleiteten sie. Sie suchten nach sündigen Menschen, die sie bestraften, und sammelten die Seelen der Verstorbenen ein. Die Menschen hüteten sich davor, ihnen in die Quere kommen. Frau Holle mit ihrem

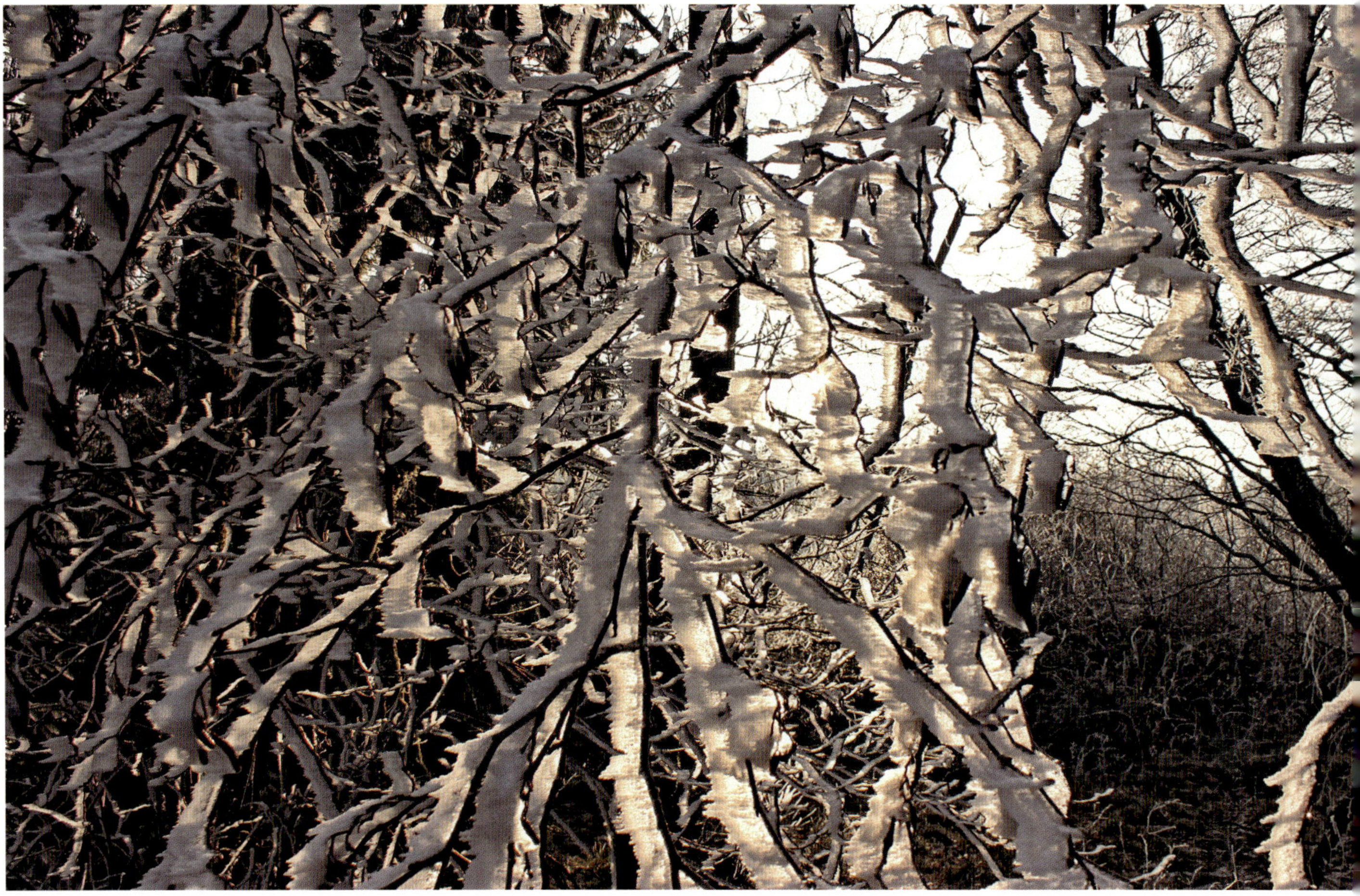

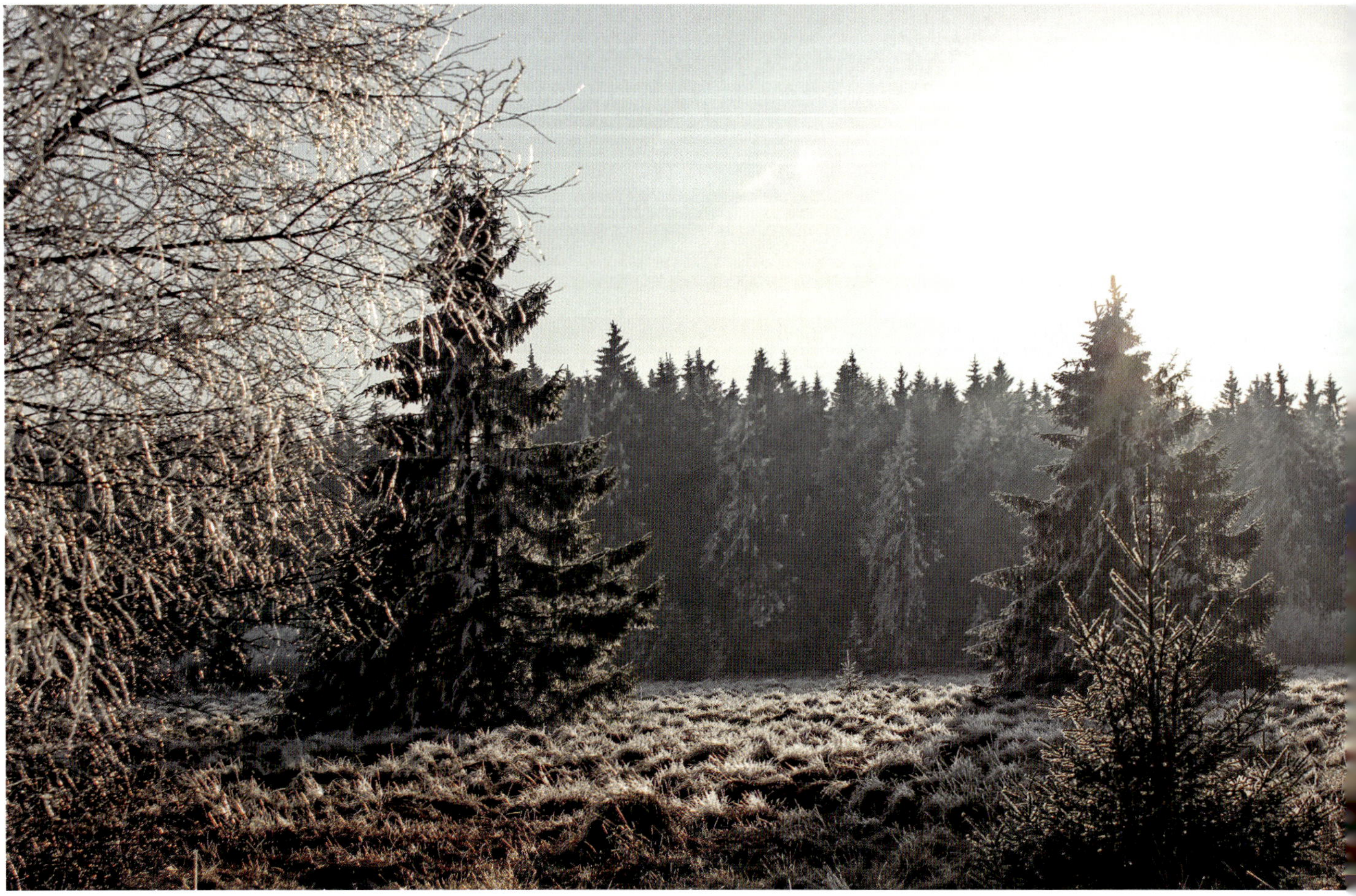

Über den mystischen Mooren und Wäldern am Hohen Meißner zog Frau Holle in den Raunächten durch die Lüfte. Begleitet wurde sie von ihren Gefährtinnen.

freien Leben war Vorbild für so manchen Frauenkult.

Die Raunächte galten vielen damals als eine unheimliche Zeit. In einigen Gegenden ließen die Menschen sie bereits an Allerseelen beginnen, wenn zur Winterzeit hin an die Toten gedacht und die Tür zur Anderswelt geöffnet wurde. Um diese Nächte ranken sich dunkle Geschichten. Von Theodor Fontane gibt es das grausame Gedicht „Silvesternacht", in dem ein junges Mädchen stirbt. Sie hat zur Mitternachtsstunde für einen unbekannten Geliebten den Tisch mitgedeckt. Heißt es doch, wer das tue, bleibe im nächsten Jahr nicht allein. Der Unbekannte, wohl der Teufel, nahm sie kurzerhand mit. Was hatten die Menschen in diesen dunklen Nächten einst für Angst.

Vom Teich führt der Eulenstieg zur Hohen Kalbe hinauf. Das Winterlicht ist fahl, die Luft an Frau Holles Waschtag feucht. Wie es sich für einen echten Märchenwald gehört, leben Eulen am Hohen Meißner, fünf verschiedene Arten, die im Winter bleiben. Darunter der Sperlingskauz, der in der kalten Jahreszeit Nahrungsdepots anlegt. Bei Frost taut er sie mit seiner Körperwärme wieder auf. Der Kauz jagt kleine Vögel und Mäuse, seine Beute bewahrt er ohne Kopf auf. Der Uhu ist mit einer Spannweite von bis zu 1,80 Meter und seinen Federohren der König der Nacht. Im Herbst legt er sich eine Speckschicht zu, um für den Winter gerüstet zu sein. Er ist stark genug,

um junge Füchse und Waschbären zu greifen. Der Waldkauz stößt nachts den schaurigsten Ruf aus, er galt daher früher im Volksglauben als Totenvogel. Vier Mäuse am Tag decken seinen Nahrungsbedarf. Bleiben noch der Raufußkauz, dessen Fänge bis zu den Zehen befiedert sind, und die Waldohreule, die ebenfalls Büschel über den Ohren trägt. Wie alle anderen Eulen fliegen und jagen sie nahezu lautlos. Auch das macht die nachtaktiven Vögel, die man fast nie zu Gesicht bekommt, zu einem mystischen Tier. Eine Eule flog in den Raunächten Frau Holles wildem Jagdzug voran.

Tief unten liegt der Kalbesee, Zeugnis der jahrhundertelangen Bergbautradition am Hohen Meißner.

Frau Holle soll zwölf Mädchen um sich gehabt haben, die ihr das Jahr über halfen. Den Winter über verwandelte sie ihre Gefährtinnen in Katzen und brachte sie in die Kitzkammer, eine Höhle mit eindrucksvollen Basaltsäulen an der Westflanke des Hohen Meißner. Im Frühling ließ sie die Mädchen wieder frei, um mit ihnen die Natur aufzuschließen. Denn Frau Holle ist nicht nur die Anführerin der Wilden Jagd im Winter, sie ist auch zuständig fürs Leben. Aus ihrem Teich kamen die neugeborenen Babys. So manchem Bauernpaar in den Dörfern um den Hohen Meißner erfüllte sie ihren Kinderwunsch.

Immer wieder spielen das Spinnen und die Spindel in Frau-Holle-Mythen und anderen

Eingehüllt wie eine Schneekönigin:
Der Winter spielt in vielen Märchen eine Rolle.

machen und aus den Zweigen der Weide Körbe flechten. Er aber habe nichts beizusteuern. Sie hatte Mitleid und gab ihm einen Namen: Holunder – Hollerbusch. Dazu bekam er weiße Blüten im Frühling und rote Beeren im Sommer, die im Herbst zur Ernte schwarz werden. Frau Holles Farben.

Fehlt nur noch ein Märchen, das zwar nicht im Winter spielt, aber trotzdem mit seinem puderzuckerschneeverzierten Häuschen dazugehört. *Hänsel und Gretel*, die von ihren Eltern ausgesetzt wurden und sich im Wald verirrten. Die Hexe mit ihrem Lebkuchenhaus, das sie baute, um die beiden in die Falle zu locken. Und da knusperten sie an den Dachschindeln aus Kuchen, an den Fensterrahmen aus Zucker, so wie die Kinder es heute in der Weihnachtszeit nachbauen. „Knusper, knusper, knäuschen, wer knabbert an meinem Häuschen?" Die Antwort der Geschwister lässt nicht lange auf sich warten: „Der Wind, der Wind, das himmlische Kind." Wieder ein Märchen über archaische Ängste: sich verirren, Hunger, Hexen. Aber auch hier gewinnt das Helle über das Dunkel, als Gretel die Hexe in die Flammen des Ofens stößt.

Märchen eine Rolle (siehe *Dornröschen*). Wie die Schicksalsgöttinnen in der griechischen Mythologie spann Frau Holle den Schicksalsfaden, sie war die Göttin des Spinnens. In den Raunächten war den Menschen dieses alte Handwerk verboten, nur Frau Holle war dann dafür zuständig. Wer sich nicht daran hielt, dem drohte Schlimmes.

Doch sie war nicht immer streng: Eines Tages kam sie an einem weinenden Busch vorbei. Was denn sei, fragte sie ihn. Er sei traurig, antwortete er. Alle Pflanzen hätten einen Namen und seien nützlich, nur er nicht. Sogar aus Flachs könne man Kleidung

RAINER MARIA RILKE
(1875–1926)

Der Abend kommt von weit gegangen

Der Abend kommt von weit gegangen
durch den verschneiten, leisen Tann.
Dann presst er seine Winterwangen
an alle Fenster lauschend an.
Und stille wird ein jedes Haus;
die Alten in den Sesseln sinnen,
die Mütter sind wie Königinnen,
die Kinder wollen nicht beginnen
mit ihrem Spiel. Die Mägde spinnen
nicht mehr. Der Abend horcht nach innen,
und innen horchen sie hinaus.

Winterstürme
über den Meeren

Hallig Oland in der Nordsee ❄ Schönberger Strand an der Ostsee

Jede Minute ein anderes Licht

Ich fahre morgens um viertel nach sechs im Stockdunklen los, um rechtzeitig in Dagebüll an der Nordsee anzukommen. Die Tide, Ebbe und Flut, gibt den Zeitplan vor. Und das Wetter. Bis gestern Abend stand noch nicht fest, ob die Wattwanderung zur Hallig Oland überhaupt sattfinden würde. Wenn der Westwind zu stark ist, läuft das Nordseewasser auch bei Ebbe nicht genug ab. Aber wir haben Glück, Wind und Wasser bleiben zahm, was Ende Dezember keine Selbstverständlichkeit ist.

Etwa 20 Kilometer von der Küste entfernt mache ich eine Pause und habe sofort den Geruch von Meer in der Nase, es riecht nach Algen und Salz. Cecilienkoog, Reußenköge, hinter Husum beginnt das Theodor-Storm-Land mit seinen Deichen, von Menschen über Jahrhunderte errichtete Bollwerke gegen die See, durch die sie fruchtbares Marschland gewannen. Theodor Storms *Der Schimmelreiter* spielt in Nordfriesland. Vorbild für die Novelle von 1888 war eine Flutkatastrophe im Oktober 1756, bei der 600 Menschen ertranken.

Halten bei einer Sturmflut die Deiche? Von dieser Frage hängen Leben und Tod der Küstenbewohner ab. Der Deichgraf Hauke Haien in Storms *Schimmelreiter* hat von den Schutzwällen andere Vorstellungen als die Dorfbewohner. Mit mathematischen Berechnungen findet er heraus, dass man die der Nordsee zugewandte Seite der Deiche sanfter ansteigen lassen muss als bisher. So halten sie der Gewalt der Brecher besser stand, da sie diese länger auslaufen lassen.

Hauke Haien setzt gegen alle Widerstände den Bau eines neuen Deichs durch. Den Aberglauben der Dorfbewohner, an der Schnittstelle zwischen neuem und altem Wall einen lebendigen Hund zu begraben, unterbindet er. Er reitet die Deiche auf seinem Schimmel ab, den er einem unheimlichen Mann auf der Durchreise abgekauft hat. Die Nachbarn sind sich einig: Der Schimmel ist ein Tier des Teufels. Dieser hat das Pferdegeripppe, das auf der verlassenen Hallig Jeverssand lag, wiederbelebt. An Allerheiligen tobt eine Sturmflut. Der alte Deich bricht,

das Dorf versinkt in den Fluten. Ebenso Haukes Frau und Tochter, die ihm mit einer Kutsche auf den Deich gefolgt sind. Er stürzt sich daraufhin samt Pferd in die rasende Nordsee. Den Schimmelreiter aber haben die Menschen noch Jahrhunderte später auf der Deichkrone gesehen.

Ich stehe in Dagebüll oben auf dem Deich und blicke auf die Nordsee. Gerade setzt die Ebbe ein. Am Horizont liegt die Hallig Oland, nur schemenhaft als kleine Erhöhung zu sehen. Halligen sind kleine Inseln ohne alten festen Gesteinskern. Sie entstanden ursprünglich aus Marschboden, der von der Nordsee immer weiter aufgeschlickt wurde, und erheben sich nur knapp über dem Meeresspiegel. Gewaltige Sturmfluten, die sich tief ins kollektive Gedächtnis der nordfriesischen Küstenbewohner eingruben, trennten sie einst vom Festland.

Schwere Sturmfluten können entstehen, wenn mehrere Faktoren zusammenkommen. Ausgeprägte Tiefdruckgebiete über dem Atlantik ziehen aus den Gebieten um Island und den Färöern nach Skandinavien, wilde Nordweststürme im Gefolge. Wenn diese bei Flut auf die relativ flache Küste stoßen, türmen sich immense Wellenberge auf. Herrscht bei Neumond zusätzlich Springflut, da die Anziehungskräfte von Sonne und Mond zusammenwirken, steigt der Wasserstand noch weiter. Die Deutsche Bucht zählt weltweit zu den Gebieten mit den meisten sehr schwe-

ren Sturmfluten (mehr als zwei Meter über mittlerem Wasserstand), im Winterhalbjahr 2023/24 traten besonders viele auf.

Während der ersten *Groten Mandränke* (das „große Ertrinken", auch als *Zweite Marcellusflut* bekannt) im Januar 1362 traf die Nordsee mit unvorstellbarer Kraft auf die Küste. Die Menschen hatten in der Gegend etwa 1000 n. Chr. damit begonnen, Deiche zu bauen, aber die Nordsee überragte die Deichkrone in jener Nacht um über zwei Meter. Laut Überlieferungen brachen 21 Deiche, die See holte sich große Gebiete des tieferliegenden Marschlands. Sie spaltete Inseln in zwei Teile, das sagenumwobene Rungholt versank in den Fluten, auch andere Halligen wurden für immer überspült. Mehr als 8000 Menschen ertranken, die Überlebenden hatten ihre Häuser, ihr Vieh, ihre Weiden verloren. Kurz vor dem Winter standen sie vor dem Nichts.

Die Küstenbewohner errichteten neue, bessere Deiche. Ihre Höfe und Häuser hatten sie vorher schon auf Warften, künstlich aufgeschüttete Hügel, gebaut. Auf den Halligen sind sie heute noch gut zu sehen. Knapp 300 Jahre später schlug die Nordsee in ähnlichem Ausmaß zu. Bei der *Burchardiflut* (*zweite Grote Mandränke*) von 1634 mit mehr als 10 000 Toten stand das Meer vier Meter über dem mittleren Tidehochwasser. Die Insel Strand brach auseinander, ein Teil ist heute die Hallig Nordstrandischmoor. Die Küstenlinie wurde durch die Kraft des Meeres über Jahrhunderte immer wieder verändert.

Die Nordsee ist nicht oft so spiegelglatt. Am Horizont liegt die Hallig Oland als Schattenriss.

❄

Oland ist mit dem Festland (und zur anderen Seite hin mit der Hallig Langeneß) über einen schmalen Damm verbunden. Mit Loren, kleinen Transportwaggons, können die Bewohner Baumaterialien und Lebensmittel vom Festland auf ihre Hallig transportieren oder Feriengäste abholen. Ansonsten müssen sie die Fähre nehmen, deren Fahrplan sich nach den Gezeiten richtet. Im Winter fährt sie seltener als im Sommer, bei Stürmen gar nicht. Eins vergisst man am Meer nie: Die Natur ist im Zweifelsfall stärker als der Mensch.

Wir marschieren unter Obhut eines Nationalpark-Wattführers los. Niemand hat an diesem Dezembertag zwischen den Jahren mit Sonne gerechnet, doch sie findet zwischendurch in der Wolkendecke eine Lücke. Der Himmel spiegelt sich in der Wattfläche, auf der noch eine Handbreit Wasser steht. Beige-, Blau- und Grautöne wechseln sich bis zum Horizont ab. Der Maler am Himmelszelt hat in einen ähnlichen Tuschkasten gegriffen. Ich trage wasserdichte Stiefel mit hohem Schaft, in die ich Wärmesohlen gelegt habe. Zwischendurch gehen kurze Schauer nieder.

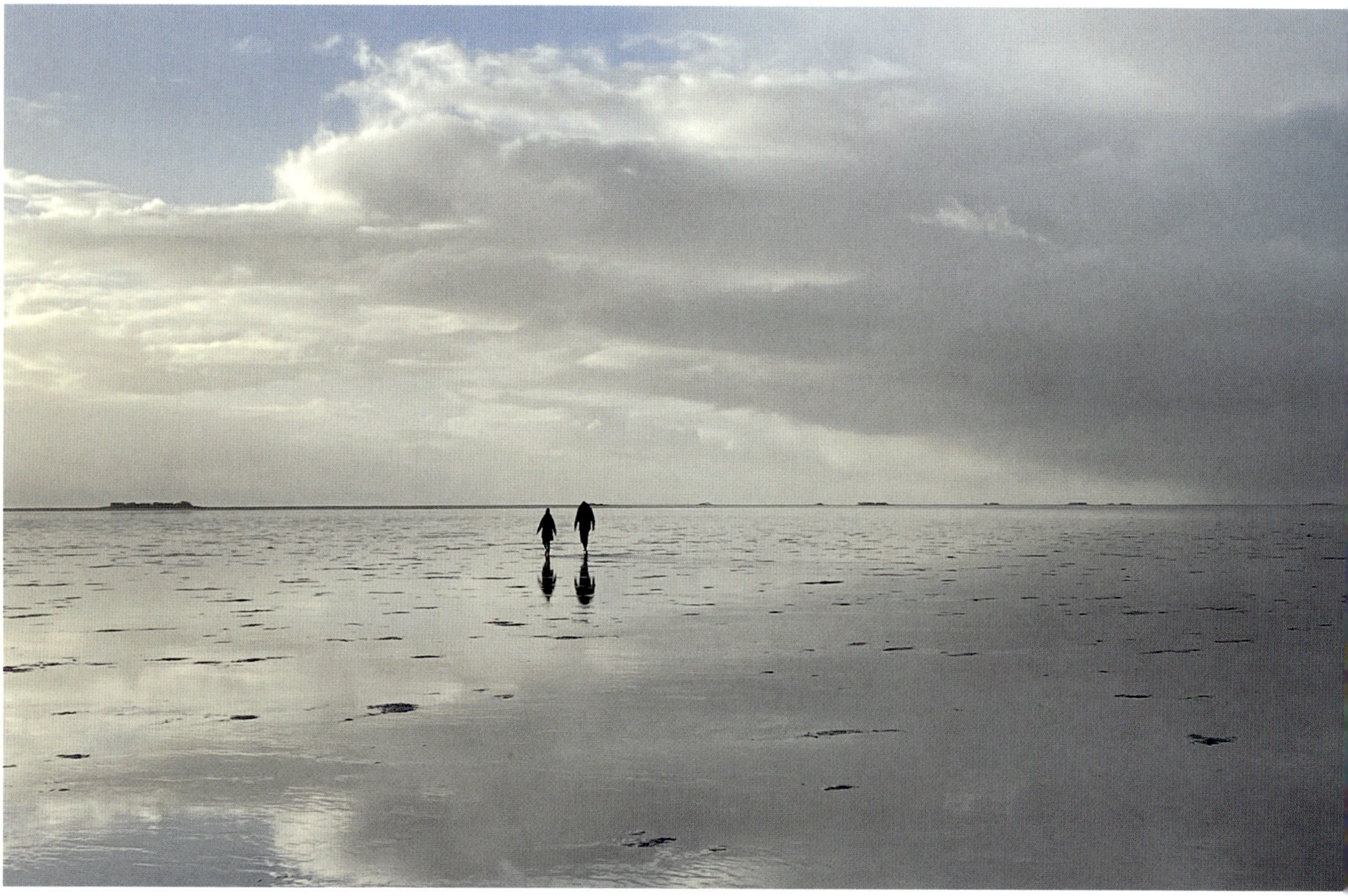

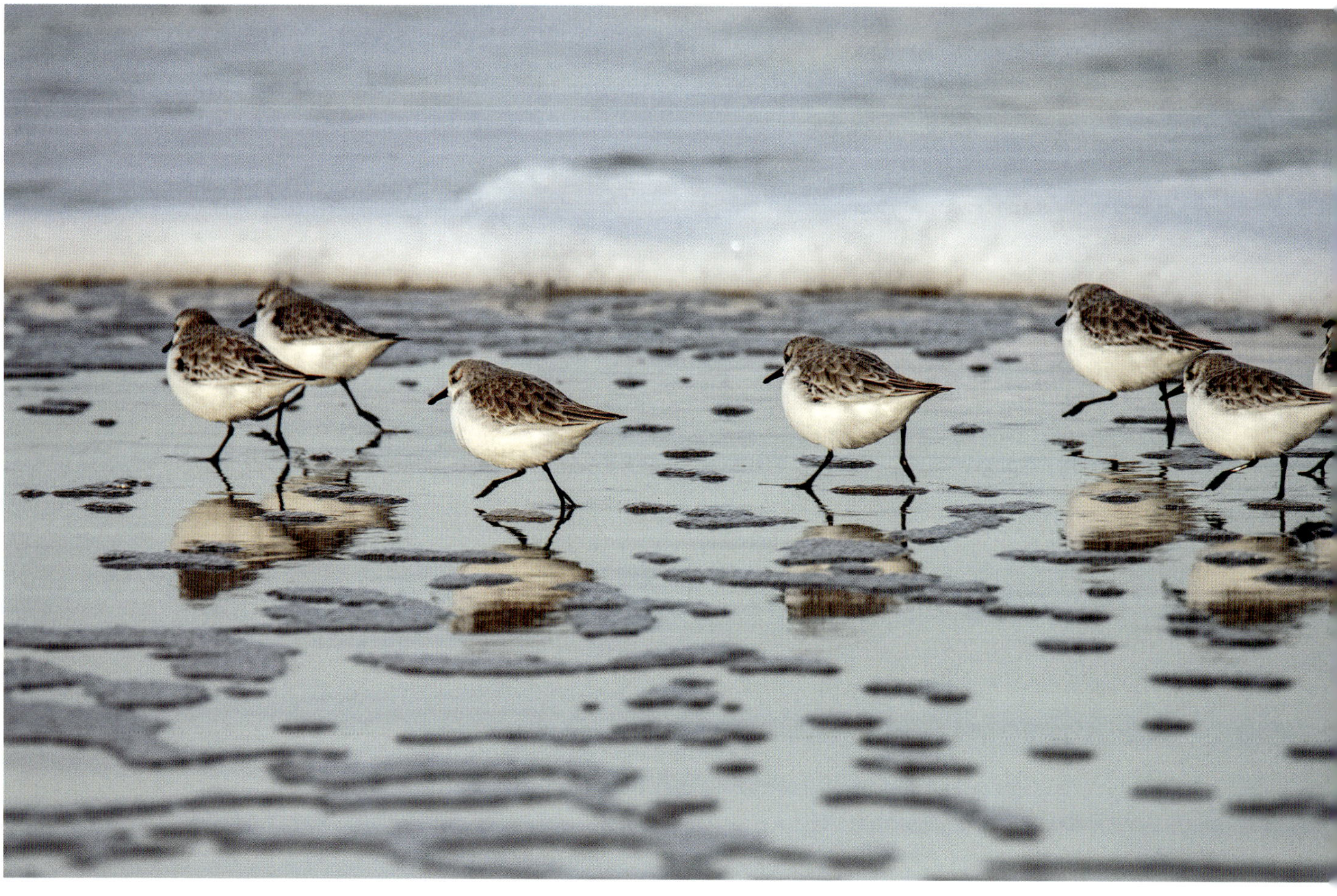

Rufe der Seevögel erfüllen die Luft. Der Nationalpark Schleswig-Holsteinisches Wattenmeer ist zusammen mit dem angrenzenden niedersächsischen und Hamburger Wattenmeer Rast-, Durchzugs- und Brutgebiet von etwa zehn Millionen Wat- und Wasservögeln. Darunter der Alpenstrandläufer, der zur Brutzeit sein Nest in den Salzwiesen baut, und der Knutt, der im Watt kleine Muscheln frisst. Damit verdoppelt er sein Körpergewicht, bevor er weiterfliegt. Auch Seeschwalben, Säbelschnäbler und Löffler, um nur einige Arten zu nennen, kommen hier vor. Es ist ein weltweit einmaliges Schutzgebiet, in dem vom Schweinswal bis zum Stranddreizack etwa 10 000 Tier- und Pflanzenarten leben, viele im Meeresgrund verborgen, über den wir gerade wandern. Immer größere Sandflächen tauchen aus dem Wasser auf. Sie sind erstaunlich fest, man kann gut darauf gehen. Das Licht ändert sich im Minutentakt.

Im Winter sind die Nordsee und damit der Wattboden kälter als im restlichen Jahr. Der Stoffwechsel des wechselwarmen Wattwurms ist dadurch verlangsamt. Die spiralförmigen Sandhäufchen, die er ausscheidet, nachdem er den Sand gefressen und alle organischen Inhaltsstoffe aufgenommen hat, sind seltener zu sehen als im Sommer. Aber immer noch leben auf einem Quadratmeter 100 Wattwürmer. Unser Wattführer gräbt einen etwa zehn Zentimeter langen Vertreter dieser Art aus und erzählt: Der wundersame Wurm ist perfekt an seinen Lebensraum angepasst, für den er existenziell wichtig ist. Er filtert Schadstoffe aus dem Sand, sorgt für die Durchlüftung des Bodens, ist Nahrung für die Vögel. Er kann noch in 40 Zentimeter Tiefe leben, wo der Sand keinen Sauerstoff mehr enthält. Dies gelingt ihm, da sein Hämoglobin außergewöhnlich viel Sauerstoff speichert. So viel, dass in seinen Röhren noch andere, kleinere Organismen von dem Oxygen leben, das er abgibt. Wir sehen zu, wie der Wattwurm sich im Zeitlupentempo wieder eingräbt.

Viele andere Wunder finden sich in dem unscheinbaren Beigegrau zu unseren Füßen. Denn die Organismen haben sich nicht nur an den sechsstündigen Wechsel von Wasser und Trockenheit angepasst, sondern auch an immense Temperaturunterschiede. Miesmuscheln liegen im Winter im eiskalten Nordseewasser, im Sommer in der prallen Sonne. Sie passen ihren Herzschlag an. Andere Muscheln erhöhen ihren Salzgehalt, wenn sich in Ufernähe Eis bildet, und frieren deshalb nicht ein. Wir wandern durch ein großes Naturlabor.

Im klaren Wasser der Pfützen liegen Herzmuscheln, auch sie leben normalerweise eingegraben im Watt. Um zu atmen, strecken sie zwei kleine Fühler aus dem Schlick. Aber: Der Austernfischer erspäht die Sauerstoffbläschen mit seinen scharfen Augen und pickt genau zwischen die Fühler, dorthin, wo unter dem Sand die Muschel einen winzigen Spalt weit geöffnet ist. Damit hat er sie geknackt. Bei Ebbe ist der Wattboden für die Vögel

Von Eisschollen umgeben ist die Hallig Oland nur selten.
In der Einbuchtung liegt der Fähranleger.

gedeckt. Die Möwe frisst Muscheln mitsamt ihrer Schale. Ihr Muskelmagen verdaut sie auch so.

Millionen Organismen leben unter dem Wattgrund. Sie sind Teil einer Nahrungskette, in der sich kleine Krebse von dem millimetergroßen Nachwuchs der Sandklaffmuschel ernähren, Silbermöwen und Lachmöwen wiederum von Krebsen. Fehlt ein Glied, reißt die ganze Kette auseinander, wobei natürliche Schwankungen in den Beständen schnell wieder ausgeglichen werden. So herrschte 2018 ein besonders kalter Winter, in dem ein Großteil der Herzmuscheln erfror. Die Überlebenden produzierten in der folgenden Laichsaison überdurchschnittlich viel Nachwuchs, im Sommer war das Watt von ihnen übersät. Das ist jetzt fünf Jahre her und bei vielen der herzförmigen Muscheln, die wir heute finden, sind auf den Schalen fünf Ringe zu erkennen. Wie bei Baumringen lässt sich daran das Alter ablesen.

Die Weite hier ist unfassbar. Ich atme die Seeluft bewusst tief ein, zwischendurch vergesse ich, dass ich auf dem Meeresgrund unterwegs bin. Bei Hochwasser (Höchststand der Flut) ist die Nordsee hier mehr als drei Meter tief. Die Silhouette von Oland rückt langsam näher, ansonsten hat das Auge kaum Fixpunkte. Der Wattboden ist geriffelt, von den Wellen modelliert. Am Himmel strahlt die Sonne graue Wolkentürme an und zwischen Langeneß und Föhr kommt eine schwarze Regenwand auf uns zu.

Wir erreichen Oland über eine Treppe im Steinwall, der die Hallig als Schutz vor der nagenden Nordsee umgibt. Oland, altes Land, hieß das Eiland schon 1231, als es unter dänischer Herrschaft stand. Die Hallig ist knapp drei Kilometer lang und zwischen 500 und 900 Meter breit. Viele Halligbewohner arbeiten im Küstenschutz, um gegen Stürme wie *Xaver* gerüstet zu sein. Dieser brachte im Dezember 2013 Orkanböen aus Nordwest mit bis zu elf Windstärken, das Wasser stieg und stieg. Die Steinkanten können Überflutungen nicht verhindern, aber sie sollen dafür sorgen, dass von schweren Brechern kein Land abgerissen wird, wie es an den Stränden von Sylt und Norderney regelmäßig passiert. Die Halligen wiederum bilden eine Art natürlichen Schutzwall vor der Küste.

In manchen Wintern heißt es bis zu zehnmal „Land unter". Dann steht die Hallig buchstäblich unter Wasser – bis auf die Warften mit den Häusern und Höfen der Bewohner. Diese erhöhte Position half meistens, aber nicht immer. Bei Jahrhunderthochwassern wie 1825 oder 1976 wurde auf Oland auch der Ringdeich der Warft überspült und die Nordsee strömte ins Dorf. Auf jeder Hallig gibt es aus diesem Grund Schutzräume, sonst darf sie im Winter nicht bewohnt werden. Sie liegen im oberen Stockwerk der Gebäude, sind aus Beton und sitzen auf Betonpfeilern, die tief in den Boden reichen. Oland hat Schutzräume in drei Häusern, einer davon befindet sich im ersten Stock des Gasthauses „Kiek in" (Schau rein).

Dorfmittelpunkt: Das historische Süßwasserreservoir
der Hallig nennt man Fething.

Die Warft sieht aus der Ferne aus wie eine
Burg ohne Turm, obwohl das nicht ganz
stimmt, denn Oland hat einen Leuchtturm. Er ist mit 7,45 Metern der kleinste in
Deutschland. Wir betreten einen zauberhaften Dorfflecken. In einem Schaukasten
hängt eine Ankündigung: „Leewe Halliglüüd!"
(Liebe Halligleute), sie weist auf die nächste
Arztsprechstunde hin. Zweimal im Monat
kommt der Doktor aus Föhr mit der Fähre.

Etwa 20 Menschen leben das ganze Jahr
über in 15 Häusern auf Oland, in der Saison
können sie 40 Feriengäste beherbergen. Reet-
gedeckte Backsteinhäuser sind um ein Rund
angeordnet. Sprossenfenster, alte Buntglas-
fenster, gemütliche Gauben, alles wirkt wie
aus einer anderen Zeit. In der Mitte liegt ein
Fething, das historische Süßwasserreservoir
der Hallig, das sich aus Regenwasser speiste.
Seit den 1960er Jahren ist die Hallig allerdings mit Wasserleitungen ans Festland ange-
schlossen. Stromleitungen gibt es schon seit
1954. Auch ein Notstromgenerator gehört zu
Oland. Bestimmt fiel der Strom früher oft in
den Sturmflutnächten aus. Wie abgeschieden
man auf einer Hallig lebte! Warum siedelten
sich Menschen dort an?

Ein Grund war, dass sie Torf als Heizmate-
rial abbauten. In einem aufwendigen Ver-
fahren gewannen sie außerdem Salz aus der
Asche. Das bescherte den Halligen ein gutes
Auskommen, durchlöcherte sie aber so, dass
der Boden schließlich absackte und das Torf-
stechen eingestellt werden musste. Später

verdienten die Männer ihren Lebensunterhalt
mit Walfang. Die nordfriesischen Kapitäne
waren berühmt für ihre Seefahrkünste. In der
Halligkirche von Oland lehnen jahrhunderte-
alte, verwitterte Grabplatten von Walfang-
kapitänen an der Wand.

Wir besichtigen die Kirche, in der noch
der Weihnachtsbaum steht. Der Halligpfarrer
hat an Heiligabend viel zu tun. Erst hält er
den Gottesdienst auf Langeneß, dann kommt
er mit der Lore nach Oland, danach fährt er
mit der Fähre hinüber nach Gröde, wo zehn
Menschen leben und es ebenfalls eine schöne
Kirche gibt. Ohne Gottes Beistand ging es
nicht, wenn man der tosenden Nordsee ausgesetzt war, wenn die Männer auf See waren
und man nicht wusste, wann sie zurückka-
men – und ob überhaupt. Oder wenn man bei
Notfällen und Krankheiten auf sich gestellt
war. Von der Decke hängt wie in so vielen
nordfriesischen Inselkirchen ein Schiff.

Neben der Eingangstür ist der Wasserstand
der Sturmflut von 1976 angezeichnet, kaum
vorstellbar, die Nordsee ist Hunderte Meter
entfernt. Der Standort der Kirche wurde
schon vor dem 18. Jahrhundert einige Male
versetzt. Nach jeder schweren Sturmflut,
die ihr kleines Gotteshaus beschädigt hatte,
bauten die Oländer es an einem anderen Ort
wieder auf.

Ob es hier schön still sei im Winter, frage ich
die Keramikerin, die in der ehemaligen Dorfschule einen kleinen Kunsthandwerks-

laden betreibt. Nein, sagt die Dame, still sei es nicht, da die Stürme um die Häuser pfeifen. Aber natürlich kämen weniger Gäste. Sie selbst ist vor sieben Jahren aus Hannover hierhergezogen. Erst hat sie zur Probe gewohnt, dann ist sie geblieben.

Vor dem Gasthaus spülen wir mit einem Schlauch den Schlick von den Gummistiefeln. Vorausschauende Wattwanderer haben ein zweites Paar trockene Schuhe und Strümpfe dabei. Im „Kiek in" gibt es Grünkohl, das vielleicht typischste norddeutsche Wintergericht. Zu Zeiten, als es noch keine Apfelsinen in jedem Supermarkt gab, war er im Winter der einzige frische Vitamin-C-Lieferant. Die Menschen wussten so etwas intuitiv, lange bevor der gesunde Kohl in Form von Smoothies ein Großstadttrend wurde. Jahrelang als rustikales Arme-Leute-Essen belächelt, das dank seiner deftigen Beilagen wie Bregenwurst, Kasseler und Schweinebauch relativ schwer im Magen lag, gilt Grünkohl heute als Superfood schlechthin, auch in modernen Rezeptvarianten. In Schleswig-Holstein genießt man ihn traditionell mit gekochten oder Bratkartoffeln.

An der Wand in der Gaststube steht ein Klavier. Die Tische sind mit friesisch blauweißem Geschirr eingedeckt. Sie haben das Gasthaus extra für uns Wattwanderer geöffnet, sonst ist es die Wintermonate über geschlossen. Ich sitze mit drei sympathischen Nordfriesen vom Festland zusammen. Sie erzählen von einem Bekannten, der als Kind auf Oland gelebt hat. Er erinnerte sich noch gut

an ein bestimmtes Weihnachten seiner Kindheit. Die Familie saß beim Mittagessen und schaute zum Fenster hinaus, als der Vater sagte, heute käme das Wasser. Die Sturmflut brach dann noch sehr viel schwerer über die Hallig herein als erwartet. Fluchtartig musste die Familie abends ihr Wohnzimmer mit dem Weihnachtsbaum verlassen und sich im oberen Stockwerk in Sicherheit bringen. Der Mann hat heute noch die Kugeln, die damals am Baum hingen. Sie waren aus Pappmaché und saugten sich mit Nordseewasser voll. Man sieht immer noch am salzigen Rand, bis wohin das Wasser stand.

Im Leuchtturm brennt mittlerweile das rote Licht. Von der Anhöhe aus sehen wir, dass die Nordsee zurückgekehrt ist. Die ganze Hallig ist von Wasser umgeben, eine eigenwillige Scholle, die sich gegen die Strömung stemmt. Der kleine Hafen an der Westseite lässt sich nur bei Flut anfahren. Die Fähre liegt schon am Pier. Auf dem Weg dorthin kommt man an einem Pfahl vorbei, an dem die Sturmflutwasserstände der vergangenen Jahrhunderte angezeichnet sind. Im Februar 1825 lag er 3,25 Meter über dem normalen Hochwasserstand. Damals gab es noch keine Wettervorhersage via Satellit, keine tägliche Windmeldung, kein Frühwarnsystem über Radio und Internet. Wenn der Wind nachts plötzlich drehte und die aufgepeitschte See auf Land traf, hatten die Menschen kaum Zeit zu reagieren. Im Stockdunkeln muss-

27.2.1990 2
.10.1634 2,70m 2. M
Xaver 6.12.2013 2

Sturmflutwassers
per normalem Hoch

Und immer wieder heißt es „Land unter": Pegelmarken der Sturmflutwasserstände.

ten sie das Vieh von den Wiesen retten und sich selbst im Obergeschoss der Häuser in Sicherheit bringen. Das klappte nicht immer. Heute ist man besser gerüstet, normales „Land unter" bringt die Halligbewohner nicht aus der Ruhe. Trotzdem sind sehr schwere Sturmfluten unheimlich, ein Rest Unsicherheit bleibt. Überflutungen haben aber noch eine andere Seite: Das Meer lässt jedes Mal Sedimente zurück. Die Hallig braucht diese Ablagerungen, auch wenn sie vermutlich nicht reichen werden, den durch den Klimawandel ansteigenden Meeresspiegel auszuglei-

chen. Das wird Auswirkungen auf die flachen Eilande haben.

Im Westen über Langeneß färbt sich der Himmel orange und gelb. Es brist auf und wird sofort kälter. Auf der Nordsee herrscht leichter Wellengang. Pricken, eingegrabene junge Birkenstämme, weisen der Fähre den Weg ins tiefere Wasser. Sie müssen nach jedem Winter neu gesteckt werden.

Winterschmuck: Solange die Herzmuschel lebt,
vergräbt sie sich im Meeresboden.

Schneegefunkel an der Küste

In Mitteldeutschland herrscht Schnee-
chaos. Der Verkehr auf den Autobahnen ist
zusammengebrochen, Schule fällt aus, Bahn
höfe und Flughäfen stehen still. In Schweden
herrscht arktische Kälte von bis zu −40 Grad.
Ausläufer für Schleswig-Holstein sind vorhergesagt, aber sie lassen sich Zeit. Wer weiß,
vielleicht biegen sie vorher auch ab. Doch
schon heute sind kleine Tümpel zugefroren.
Sie schimmern wie Milchglas in der Morgen-
sonne und tüpfeln die weißen Wiesen. Noch
ist es diesig, das Licht wird gestreut, dadurch
wirkt die Landschaft trotz klirrender Kälte
sanft. Die Bäume sehen aus, als wären sie mit
Zuckerguss überzogen.

Je näher ich der Ostsee komme, desto
weniger Schnee liegt. Aber auch an der Küste
ist es schneidend kalt und das, obwohl der
Wind nicht einmal besonders stark weht. Der
Strand bei Schönberg ist mit einer dünnen
Schneeschicht überzogen, der Boden darunter gefroren. Die Mütze tief ins Gesicht
gezogen, im Daunenmantel und mit Skiunterwäsche bin ich gut gerüstet. Ich weiß, wie es

im Januar am Meer sein kann – Sonne hin
oder her, die mir aus dem Wasser entgegen-
leuchtet. Ich laufe die hölzerne Seebrücke
entlang, die sich in die winterblaue Ostsee
erstreckt. Im Ort hinter dem Deich herrscht
Winterruhe.

Am Strand, das gleichmäßige Meeres-
rauschen im Ohr, habe ich den Blick auf die
Welt vor meinen Füßen geheftet. Myriaden
Schneekristalle funkeln mir entgegen, eine
dünne Schicht auf weißem Sand. Muscheln
und Steine sind mit Schnee überzogen oder
mit einem Eiskranz eingefasst, von einem
Goldschmied, der Winter heißt. Kormorane
sitzen auf den Buhnen, die Lachmöwen mit
ihren schwarzen Masken lachen, sie schreckt
der Winter nicht.

Das Meer wirkt friedlich. Ostsee eben, denkt
man, nicht die große Schwester Nordsee, die
so wild sein kann und in den unbezähmba-
ren Atlantik übergeht. Aber man sollte sich
nicht täuschen, auch das Binnenmeer kann

107

toben und von schweren Sturmfluten heim-
gesucht werden, vor allem im Winterhalbjahr
mit seinen unberechenbaren Stürmen. Es
ist noch gar nicht lange her, dass das Sturm-
tief *Babett* über die Nordsee zog und auf ein
Hochdruckgebiet über Skandinavien traf.
Dadurch bildete sich ein extrem starker Ostwind über der Ostsee. Der Orkan löste eine
schwere Sturmflut aus, die an dem Balti-
schen Meer korrekterweise Sturmhochwasser
heißt. Mit meterhohen Wellen, den höchsten
seit 150 Jahren, krachte sie an die Küste.
2000 Menschen mussten evakuiert werden.
Yachten sanken in den Häfen. Deiche, Stege,
Molen wurden zerstört oder stark beschädigt.
Teile von Flensburg und Kiel standen unter
Wasser. Die Fluten richteten millionenschwe-
re Schäden an.

Dabei waren die Sturmfluten an der Ost-
küste Schleswig-Holsteins nie so katastrophal
wie an der Nordsee. Dennoch gab es immer
wieder historische Sturmhochwasser, die
Menschenleben kosteten und großen Schaden verursachten. 1320 ist in der Lübecker
Chronik von der „grot watervlot" die Rede,
der großen Wasserflut. Auch 1694 ist eine
verheerende Sturmflut verzeichnet.

Sturmfluten an der Ostsee entstehen
meist durch den sogenannten Badewannen-
effekt. Starke, anhaltende Weststürme
drängen das Wasser zunächst von der Küste
weg und sorgen für Niedrigwasser. Von der
Nordsee, mit der die Ostsee nördlich von
Dänemark über das Kattegat verbunden ist,
drängt Wasser nach. Wenn der Sturm nach-

lässt, strömt es wieder Richtung Küste (es
schwappt zurück) und sorgt dort für extre-
mes Hochwasser. Anders als an der Nordsee
herrscht an der Ostsee kein starker Gezei-
tenwechsel, der bei Ebbe für einen spürbar
niedrigeren Wasserstand sorgt. Daher dauert
es länger, bis das Hochwasser zurückgeht.

So war es auch bei der Jahrtausendflut im
November 1872, mit einem entscheidenden
Unterschied: Nach dem extremen Weststurm
drehte der Wind und ein außergewöhnlich
starker Orkan aus Osten verstärkte den
Rückstrom zur Küste. Dort erreichte die
Flut mehr als 3,30 Meter über dem mittleren
Wasserstand, der höchste, der jemals an der
deutschen Ostseeküste gemessen wurde. 271
Menschen starben, 2850 Häuser wurden zer-
stört, darunter auch Fischerkaten und Höfe
in Schönberg.

Ich wandere am Stakendorfer Strand entlang
Richtung Hohenfelde. Ein Schwarm schnat-
ternder Enten zieht in einer langen Kette am
Himmel vorbei, vielleicht Pfeifenten, Winter-
gäste aus dem Norden. Im Winter rupfen sie
mit ihren kurzen Schnäbeln Seegräser im
Uferschlamm. Auf den Dünen wächst Strand-
hafer, winterhart bis −28 Grad, er ist so anspruchslos, dass er auf Sand wächst. Das beige
Süßgras, auch Seehafer, Sandhalm oder Sand-
rohr genannt, schützt die Dünen vor Erosion.

Das Naturschutzgebiet Strandseelandschaft bei Schmoel wurde einst als Aus-
gleichsgebiet für eine Deichverstärkung an

Freut sich über die starke Brandung im Februar: ein Surfer am Schönberger Strand.

anderer Stelle ausgewiesen. Der Deich wurde auf 1,2 Kilometer zurückgebaut, angrenzende landwirtschaftliche Flächen aufgekauft. Die Ostsee begann sofort, die Landschaft zu modellieren. Die Wellen schoben bis zu zwei Meter hohe Strandwälle auf, hinter denen Strandseen und Lagunen entstanden. Eingefasst von breiten Röhrichtgürteln bilden sie ein wichtiges Schutzgebiet für Wat- und Wasservögel. Für Brut- und Gastvögel, als Rast- und Mauserplatz und für all die Vögel, die ganzjährig hier leben. Auch die natürliche Vegetation kam schnell wieder, mit all

den robusten Pflanzen, denen salzhaltiges Wasser und regelmäßige Überflutungen nichts ausmachen: Salzmiere und Wiesen-Alant, Meersenf und Meerkohl. Zur Brutzeit und im Sommerhalbjahr ist der Strandabschnitt gesperrt, damit Sandregenpfeifer und Zwergseeschwalben, beides vom Aussterben bedrohte Vogelarten, aber auch Austernfischer in Ruhe brüten können.

Ein Wanderpfad führt um das Schutzgebiet herum, ein kostbares Stück sumpfige, un-

In den Naturschutzgebieten Strandseelandschaft bei Schmoel und Moorbrookwiese überwintern etliche Vögel. Sie finden in Schilf und Hecken Schutz und Nahrung.

zugängliche Wildnis. Die hohen Schilfgräser tanzen im Wind. Die Sonne strahlt ihre Büschel an, es sieht aus, als würden kleine Fackeln in der Winterkälte leuchten. Dahinter liegt starr der See. Dichte Hecken säumen den Weg, in Schleswig-Holstein Knicks genannt. Büsche wie Schlehen und Brombeeren sind dornig, vertrocknetes Gras bedeckt den Boden. Hier können Igel ungestört Winterschlaf halten. Marder, Iltis und Mäuse, die im Winter aktiv bleiben und höchstens bei großer Kälte in Winterstarre verfallen, können sich darin verstecken und finden dort Beeren.

Es ist fast mäuschenstill. Weiden und Erlen stehen in zugefrorenen Tümpeln, Gräben entwässern die angrenzenden Felder, die Natur ruht. An den Schwarzerlen hängen holzige Zäpfchen, deren Samen wichtiges Winterfutter für Erlenzeisig und Stieglitz sind. Wildrosen tragen Hagebutten, Winterkost für Drosseln, Finken, Zeisig und Steinmarder. Der Efeu, der sich an einigen Bäumen hochrankt, bleibt grün. Auch er bietet Schutz für Vögel und Kleinsäugetiere. Seine blauschwarzen Beeren sind Nahrung für Amseln und Drosseln. In seinem Blätterwerk überwintern Insektenarten wie Schwebfliegen, manchmal auch Zitronenfalter. Die Schmetterlinge verdanken ihre Winterhärte eingelagertem Glycerin, das das Gefrieren ihrer Körperflüssigkeit verhindert. Ein paar wärmende Sonnenstrahlen reichen aus, um sie zu wecken. Ab März flattern die Frühlingsboten auf Partnersuche an den Waldrändern. Die meisten Schmetterlinge werden nicht

älter als ein paar Monate, aber auch Tagpfauenauge und Kleiner Fuchs überwintern, allerdings am liebsten in geschützten Räumen wie Dachstühlen oder Höhlen.

Der schattige Weg ist schneebedeckt, hinter einer Kurve flattern drei braune Vögel davon. Einer lässt sich in einem hohen Busch nieder und bleibt unbeweglich sitzen, so gut getarnt, dass er kaum zu sehen ist. Vielleicht eine Rohrammer. Sie leben auch im Winter hier und ernähren sich von Samen und Knospen. Längst nicht alle Vogelarten haben sich auf den Weg in den Süden gemacht. Der Höckerschwan bleibt ebenfalls, im Winter äst er auf Raps- und Getreidefeldern.

An der Moorbrookwiese steht am Rand des Schilfgürtels ein Aussichtsturm mit Blick über einen weiteren See, der von einer dünnen Eisschicht überzogen ist. Das Röhricht raschelt, im Hintergrund rauscht die Brandung der Ostsee, die sich dunkelblau bis zum Horizont zieht. Tafeln informieren über die reiche Vogelwelt, die in der Gegend lebt, rastet, durchzieht oder brütet. Einige Arten bevorzugen die Strand- und Binnengewässer, andere Strand und Meer, etliche leben in beiden Biotopen und picken sich das Beste aus beiden Welten. Sie brüten wie der Gänsesäger in Baumhöhlen an Seen und ziehen die Brut dann an der Küste auf. Mit Geduld und Fernglas kann man Vögel erspähen, die der Winter nicht vertrieben hat. Bläss- oder Teichhuhn. Eiderenten, Trauerenten, Krick-

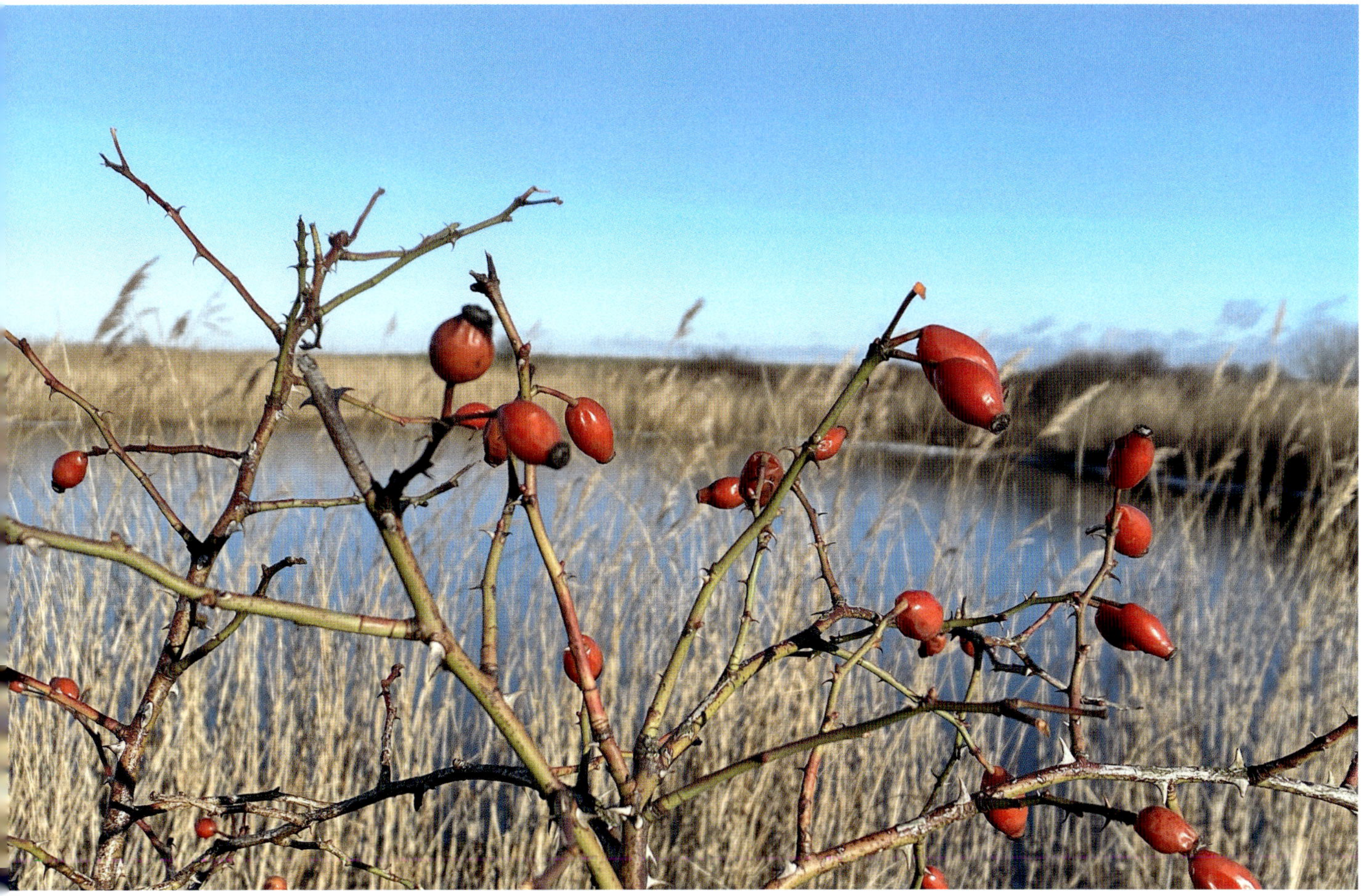

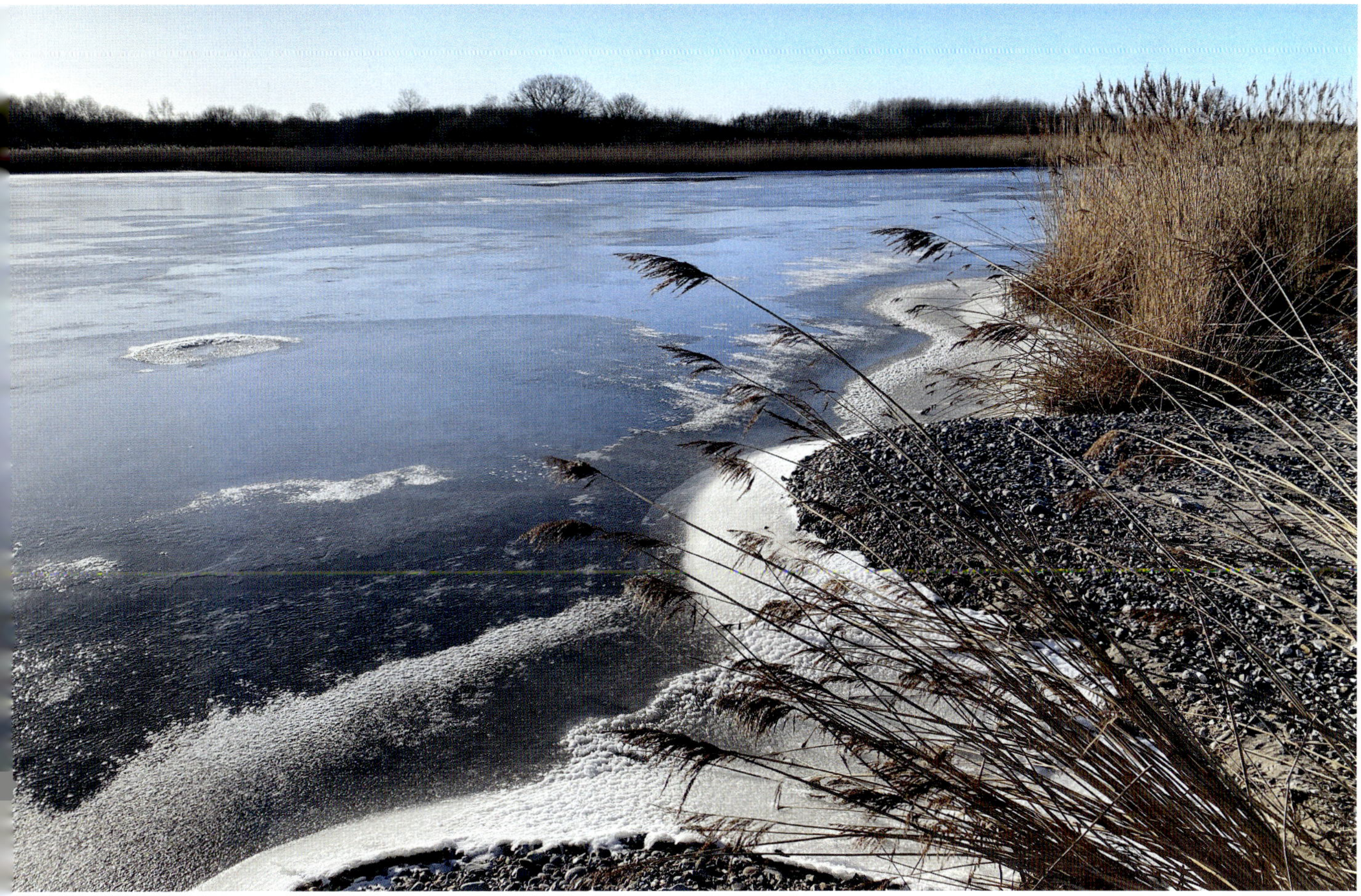

enten, von denen im Winter einige aus dem Norden dazukommen. Auch Sterntaucher mit ihrem dunkelrot gefärbten Hals.

In den Wintermonaten darf man das Schutzgebiet am Strand, der hier ein natürlicher Kiesstrand ist, auf einem zehn Meter breiten Streifen ab der Wasserlinie betreten. Draußen wippt ein Fischerboot auf den Wellen. Vor ein paar Tagen habe ich mich mit dem Maasholmer Fischer Jörg Detlefsen über Ostseefischerei im Winter unterhalten. Maasholm ist ein malerischer Ort an der Schleimündung mit einem bei Seglern beliebten Hafen, etwa eine Stunde Fahrt von Schönberg entfernt. Dort gibt es noch vier Fischer. Jörg Detlefsen fährt im Moment nicht hinaus. Das liegt an den Fangquoten, die er für diesen Monat bereits ausgeschöpft hat. Am 14. Januar beginnt außerdem die Dorschschonzeit.

In der kälteren Jahreszeit ziehen sich die Fische in tiefere Gewässer zurück. Solange es möglich ist, fährt Detlefsen mit seinem 16 Meter langen Kutter hinaus aufs Meer und fischt mit Schleppnetzen in 20 Meter Tiefe. Ein hartes Geschäft, da vor allem die Dorschbestände in der westlichen Ostsee in den letzten Jahren stark zurückgegangen sind. An ruhigen Tagen fischt er auch mit seinem kleineren, sechs Meter langen Boot im Flachen mit Stellnetzen Schollen. Die größte Sorge bereiten ihm die Kormorane mit ihrem unersättlichen Appetit. Mit ihrem hakenförmigen Schnabel jagen sie Fische wie Aal,

Dorsch und Hering. Auf ihren Tauchgängen können sie bis zu 16 Meter tief tauchen. Für die Fischer sind sie eine Katastrophe.

Ja, er hat schon Winterstürme auf See erlebt, Wellen, die über sein Deck rauschten, das Gehäuse vom Radar wegfegten. Der Sortiertisch flog übers Deck, es regnete, sie hatten keine Sicht. Der Sturm war dreimal heftiger als vorhergesagt. Einmal hat er mitbekommen, wie bei einem Gewittersturm mit Windhose ein Kutter untergegangen ist. Aber Jörg Detlefsen ist besonnen, er entscheidet immer erst morgens, nachdem er das Wetter gecheckt hat, ob er hinausfährt. Er fordert das Meer nicht heraus. Der Fischer hat Respekt vor der Natur, gleichzeitig vertraut er darauf, dass sie die Hand über alles hält. Mit 21 Jahren hat er sich seinen ersten Kutter gekauft, ein Leben lang Seemannserfahrung gesammelt. Bei besagtem Sturm fuhren sie auf dem Rückweg ganz langsam gegen den Westwind. An Deck hatten sie alles gründlich verzurrt und erreichten schließlich heil den Maasholmer Hafen.

Sibirisch kalter Ostwind hatte in den 1970er Jahren in Schleswig-Holstein drei Jahre hintereinander für Eiswinter gesorgt, die westliche Ostsee war zugefroren. Vor Schleimünde ragten bis April Eistürme auf. Die Schneekatastrophe von 1978/79, bei der etwa 80 Dörfer tagelang von der Außenwelt abgeschnitten waren, haben sie hier oben im Norden nicht vergessen. In den letzten Jahren hat sich die Ostsee durch den Klimawandel erwärmt. Trotzdem herrscht im Winter

Grünkohlquiche
mit Lachs

Für 4 Portionen

Für den Mürbeteig
250 g Mehl
125 g weiche Butter
1 Ei
2 EL Wasser
1 Prise Salz

Für den Belag
150 g Grünkohl (TK)
150 g Lachs (TK)
1 Zwiebel
80 g getrocknete
   Cranberrys oder Granatapfelkerne aus dem Glas
   (20 g zum Drüberstreuen
   beiseitestellen)
1 TL Dill
1 TL Chiliflocken
1 TL Paprikapulver
250 g Kochsahne
4 Eier
150 g geriebener Emmentaler
Salz und Pfeffer

Zu Marsch und den Meeren in Schleswig-Holstein passen Grünkohl und Lachs. Für die Quiche beides auftauen. Den Backofen auf 200 Grad Ober- und Unterhitze vorheizen.

Mehl, Butter, Ei, Wasser und Salz zu einem Mürbeteig kneten, etwa 10 Minuten kaltstellen. Eine Springform oder Auflaufform (ø 24 cm) mit Backpapier auslegen und mit dem ausgerollten Mürbeteig bedecken (auch den Rand). Etwa 10 Minuten blindbacken.

Das Lachsfilet würfeln und mit Pfeffer, Dill, Chiliflocken und Paprikapulver würzen. Die Zwiebel schälen, hacken und anbraten. Cranberrys oder Granatapfelkerne dazugeben und kurz mitbraten.

Kochsahne und Eier verquirlen, mit geriebenem Emmentaler vermischen. Lachs, Zwiebeln, Cranberrys und Grünkohl ebenfalls untermischen. Mit Salz und Pfeffer abschmecken.

Die Quiche 40–45 Minuten backen, nach etwa 20 Minuten mit Alufolie abdecken, damit sie nicht anbrennt.

Vor dem Servieren etwas abkühlen lassen. Restliche Cranberrys oder Granatapfelkerne als Garnierung über die Quiche streuen.

Statt Lachs schmeckt auch Kabeljau. Statt Grünkohl eignen sich auch Rosenkohl (dann vorkochen und halbieren), Spinat oder Mangold.

manchmal eisige Kälte. Ist die Ostsee richtig durchgekühlt, hat sie eine Temperatur von einem Grad.

Wenn die Fischer im Winter morgens aufbrechen, ist es nachtschwarz. Die Taue sind so steif gefroren, dass man sie hinstellen kann. Das Deck ist spiegelglatt. Jörg Detlefsen taut das Eis mit dem Deckschlauch auf und lässt ihn dann laufen, damit sich nicht ständig eine neue Eisschicht bildet. Die Fischer müssen die eingefrorene Winde lösen, damit sie später die Trommel mit dem Netz drehen können. Abends darf man nicht vergessen, die Schläuche zu entwässern. Detlefsen trägt Ölzeug über dem Overall, wattiert und mit Windstopp, darunter weite Kleidung, die wärmt, und natürlich Handschuhe. Den Fang aus den Stellnetzen verkauft er am Pier, das lohnt sich allerdings erst wieder nach Ostern.

Das schwere Sturmhochwasser im letzten Jahr hat auch in Maasholm große Schäden angerichtet. Detlefsen hatte Glück und seine Boote mit zwei, drei Leinen extra am Pier gesichert. Andere verloren ihre Schiffe. Trotz allem: Wenn es nicht zu sehr stürmt, mag der Fischer den Winter und Schnee. Wenn er auf seinem Boot Richtung Küste schaut und diese weiß schimmert oder in einer klaren Frostnacht der Vollmond über der Ostsee scheint, sagt er sich, dass das gerade kein Märchenland ist, sondern Natur.

Der Wind kommt auf dem Rückweg von vorne. Dort, wo die Entwässerungsgräben der Felder ins Meer münden, hat sich Eis am Strand gebildet. Draußen auf den Buhnen sitzt eine Vogelkolonie, auch Zwergtaucher könnten dabei sein. Der kleinste Taucher bleibt ganzjährig an seinem Standort. Er hat rostrote Wangen und ernährt sich von Insektenlarven und Krebstieren.

Die Buhnen helfen, die Strömung zu regulieren, aber jedes Jahr während der Winterstürme holt sich das Meer ein Stück von den Dünen. Mit jeder Welle werden Kiesel hin- und hergeschmirgelt, Sandbänke umgeschoben, Sand wird abgetragen, an anderer Stelle wieder angespült, der ewige Wandel an einer naturbelassenen Küste. Weiter draußen tragen die Wellen weiße Kappen. Das Fischerboot tuckert gegen den Wind, vermutlich Richtung Heimathafen. Auch in Schönberg gibt es einen Fischer.

Hinter dem Deich hat Omas Kaffeestuv (Kaffeestube) geöffnet. Die einstige Fischerkate stammt aus dem 17. Jahrhundert. Von 1860 bis 1872 wurde sie als Fischerkneipe benutzt. Damals überstand die Kate die Jahrtausendsturmflut. Das mit Schnee bestäubte Reetdach, die blau-weiß gerahmten Sprossenfenster, aus denen das Licht nach draußen scheint, die Teekanne auf dem Dach, all das verspricht holsteinische Gemütlichkeit. Schon vor der Tür duftet es nach frisch gebackenem Kuchen. Drinnen heizt ein hellblauer Kachelofen, während die Kellnerin Waffeln mit heißen Kirschen und Schlagsahne serviert.

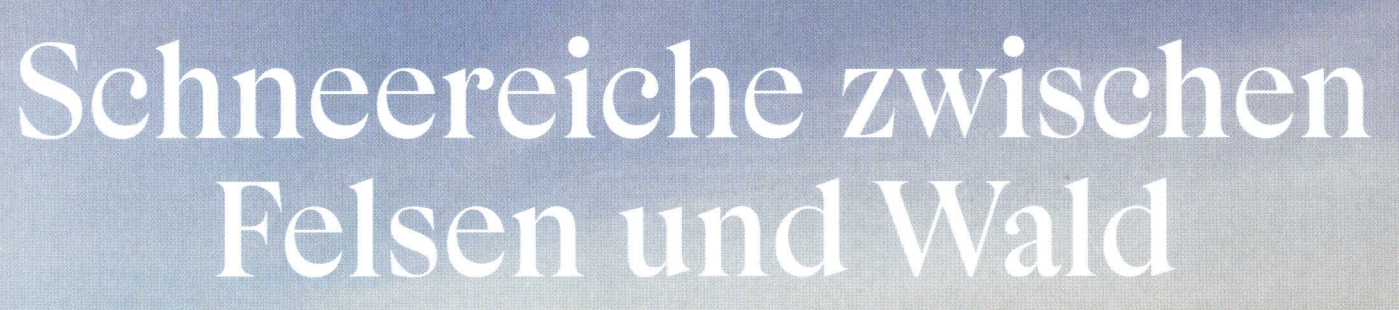

Schneereiche zwischen Felsen und Wald

Polenztal in der Sächsischen Schweiz ❄ Sankt Andreasberg im Harz ❄
Seiffen im Erzgebirge

Wenn die Flocken Fangen spielen

Das Kratzen einer Schneeschaufel ist das erste Geräusch, das ich morgens in der Sächsischen Schweiz höre. Voller Vorfreude breche ich auf. Im Polenztal ist der Schnee weiß, die Polenz schwarz, an den Sandsteinfelsen schimmern gelbe Schwefelflechten. Eiszapfen hängen von den Felskanten wie spitze Zähne eines Riesen.

Das Elbsandsteingebirge ist ein Reich aus Felsen und Wald. Wind und Wetter haben Kolosse aus dem Gestein geschliffen. In Risse eingedrungenes Wasser brachte bei starkem Frost die Felsen zum Bersten. Schluchten, Grotten und Höhlen entstanden, in denen Turmfalken und Waldkäuzchen leben. Auch Siebenschläfer finden Unterschlupf. Sie halten, wie der Name schon sagt, rund sieben Monate Winterschlaf. Alles ist still, nur Bachgemurmel ist zu hören. Ich bin ganz allein, im Sommer undenkbar.

Eine Wasseramsel landet auf einem Stein in der Polenz. Ihr weißer Brustlatz tarnt sie gut, wenn die Strömung um die Steine schäumt. Sie ist klein, dunkelbraun, schon schwirrt sie wieder davon. Wasseramseln gehören zu den wenigen Singvögeln, die schwimmen und tauchen können. Im Winter bleiben sie an ihrem Standort. Eisvögel kommen ebenfalls ganzjährig an der Polenz vor. Auch wenn ihr Name so gut zum Winter passt, haben es die schillernden Vögel schwer, sobald Gewässer zufrieren. Sie leben von kleinen Fischen. Wenn es zu kalt ist, trocknet ihr Gefieder nach den Tauchgängen nicht mehr richtig. Sie können es nicht mehr einfetten. Die Federn gefrieren, schlimmstenfalls friert der Schnabel zu.

Es ist feuchtkalt, um die null Grad. Der Schnee knarzt anders als bei trockener Kälte. Über Felsblöcke und uriges Wurzelgeflecht führt ein Pfad am Schindergraben entlang. Buchen und Fichten wachsen in den steilen Lagen, die Sonne werden sie nie sehen. Sandsteingebilde sehen mich aus Hunderten Augen an. Wabenverwitterung ist der geologische Begriff. Auch der Höhenweg ist von Felsen gesäumt. Auf der anderen Seite der Schlucht thront die Burg Hohnstein auf einem Plateau.

In strengen Wintern ist die zerklüftete Welt ein beliebtes Revier für Eiskletterer. Ein Rabe krächzt, eine Haubenmeise sitzt, ohne zu singen, auf einem Kiefernzweig. Es kommt mir so vor, als seien meine Sinne heute besonders geschärft. Die Welt ist weiß, nichts lenkt ab. Schlucht- und Hangwälder verschwinden im Schneenebel unten im Tal. Sie gehören zur Kernzone des Nationalparks Sächsische Schweiz. Die Stämme sehen aus wie mit Mehl bestäubt, die Zweige wie mit flauschiger Watte umhüllt.

Schnee ist nie gleich Schnee. Daher gibt es verschiedene Wörter für diesen Aggregatzustand von Wasser, besonders in Gegenden, in denen er viel fällt. Früher dachte man, die Inuit hätten besonders viele Wörter für Schnee, aber das hat sich mittlerweile als Mythos herausgestellt. In den Sprachen am Nordpolarkreis gibt es keine Unterscheidung zwischen Wörtern und Sätzen. Oft werden mehrere Zustandsbeschreibungen oder Aktivitäten zu einem Wort zusammengezogen. So bezeichnet *illusaq* den „zum Bauen eines Iglus geeigneten Schnee". *Qanik* heißt „fallender Schnee". Besonders viele Schneewörter gibt es auch in Schottland. *Feefle* ist „Schnee, der um die Ecke weht", was man sich in den stürmischen Highlands gut vorstellen kann. Auch die Finnen fassen nuancierte Beschreibungen in einzelnen Wörtern zusammen: eine „dünne Schicht Schnee auf dem Eis" nennen sie *iljanne*. Die Sámi, die im Norden von Skandinavien leben, sind darauf angewiesen, dass ihre Rentiere auch im Winter unter der Schneedecke genug zu fressen finden. *Áidu* heißt in ihrer Sprache „Schnee, der durch Rentiere gestampft worden ist".

Im Deutschen gibt es ebenfalls jede Menge unterschiedlicher Wörter für das weiße Wunder. Meist sind sie mit einem Hauptwort zusammengesetzt: Pappschnee, Pulverschnee, Schneebrett, Schneeeis. Je nach Beschaffenheit und Oberfläche trägt Schnee verschiedene Namen, die besonders Wintersportlern geläufig sind: Firn, Sulzschnee, Triebschnee. Und es gibt noch so viele mehr: Neuschnee, Flugschnee, Schmelz- und Bruchharsch, Schwimmschnee und Wildschnee, der bei Windstille und großer Kälte in einzelnen, feinen Körnern zur Erde rieselt.

Die schottische Autorin Nancy Campbell wurde durch Reisen in die Arktis zu ihrem zauberhaften Buch *Fünfzig Wörter für Schnee* (2021) inspiriert: „Als ich nach einiger Zeit genauer hinsah, stellte ich fest, dass Schnee nicht immer weiß ist. Als ich genauer hinhörte, merkte ich, dass Schnee nicht still ist." In ihrem Buch sammelt sie Wörter für das vielschichtige Weiß von Alaska über Israel bis Tibet. Sie schreibt, dass in den japanischen Alpen auf der Hauptinsel Honshu bis zu 40 Meter Schnee im Jahr fallen können. Man erfährt, dass es in Estland Straßen gibt, die übers Meereis führen. Und dass auf Sanskrit *himá* Schnee heißt und *a-laya* Wohnsitz. Himalaya ist daher der Wohnsitz des Schnees – und der Götter.

Blaue Stunde in Hohenstein. Die Geschichte der Felsenburg reicht bis ins 12. Jahrhundert zurück.

Die britische Musikerin Kate Bush er-gründet in ihrem Konzeptalbum *50 Words for Snow* (2011) auf ganz eigene Weise das Weiß. Im gleichnamigen Titelsong spinnt sie ein Netz aus vielen Assoziationen. *Drifting, twisting, whiteout.* Sofort hat man Bilder vor Augen, wie der Wind den Schnee vor sich hertreibt. Es folgen Umschreibungen, die augenblicklich meine Fantasie wecken: *hunter's dream* (der Jäger freut sich, wenn er die Tierspuren im Schnee sieht), *anklebreaker* (bloß nicht stecken bleiben), *vanilla swarm* (vermutlich weicher, cremefarbener Schnee)

und *vanishing world* (der Schnee schmilzt, Klimawandel). *Shimmerglisten* beschreibt lautmalerisch das funkelnde Weiß.

Die Gautschgrotte höre ich früher, als dass ich sie sehe. Sie liegt etwas abseits vom Weg, das Wasser rieselt 20 Meter weiter oben über eine Felskante. Bei lang andauerndem Frost entsteht eine bizarre Eiszapfenwelt, aber so weit ist es noch nicht. Es fängt an zu grieseln. Winzige Schneeflocken treiben ziellos wie ein Mückenschwarm durch die Luft. Ab und zu

Ein Blick wie gemalt von Caspar David Friedrich,
der oft durchs Elbsandsteingebirge wanderte.

wehen Böen Schneewolken von den Ästen.
Ich spüre die feinen, feuchten Flocken im
Gesicht. Mein Weg verläuft ein Stück auf dem
Malerweg. Der Fernwanderweg ist nach den
Malern der Romantik benannt. Sie entdeck-
ten Mitte des 19. Jahrhunderts die Sächsische
Schweiz für sich und wanderten von Dresden
aus dorthin. In den undurchdringlichen Wäl-
dern und Bergen fanden sie Motive, die ihre
romantische Weltanschauung und ihre innere
Gemütslage widerspiegelten. Das Geheimnis-
volle, Unbezähmbare, Einsame.

Caspar David Friedrich malte im Elbsandsteingebirge den *Wanderer über dem
Nebelmeer* (1818). Sein Thema war oft der
Mensch angesichts einer gewaltigen Natur. In
seinem Bild *Winterlandschaft* (1811) ist die
schneebedeckte Landschaft wüst, man muss
den Menschen mit der Lupe suchen. Er ist
mutterseelenallein, fast von der winterlichen
Umgebung verschluckt. Das ist alles andere
als romantisch, sondern gnadenlos. Denn zu
vergessen, dass die Natur, in diesem Fall der
Winter, stärker ist als man selbst, ist eben
Hybris.

In der Caspar-David-Friedrich-Ausstel-
lung in der Hamburger Kunsthalle (2023/24)
wurde in einem extra Stockwerk der Einfluss
des Malers auf die zeitgenössische Kunst
gezeigt. Darunter das Bild *In Remembrance
of Goethe* (2002) der schwedischen Künst-
lerin Ann Böttcher. Sie fängt mit Bleistift auf
Papier eine Schneelandschaft ein, die sich in
Unendlichkeit verliert. Lediglich ein paar ver-
sprenkelte Fichten ragen aus dem Weiß, der

Schnee hat längst jeden Kontrast getilgt. Ein Whiteout, der etwas Meditatives hat.

In der Videoinstallation *The Prelude* (2021) des US-amerikanischen Künstlers Kehinde Wiley laufen schwarze Menschen durch eine verschneite Berglandschaft. Steile, weiße Hänge ziehen sich hinab zu einem Fjord. Es herrscht Schneegestöber, die Landschaft weckt Ehrfurcht. Schnee und Berge bieten eine riesige Projektionsfläche, bis hin zu aktuellen Krisen wie dem Klimawandel.

Vor dem Ausflugslokal Brand-Baude sind Holzscheite aufgestapelt. Von der Terrasse, die auf 317 Meter liegt, reicht der Blick an klaren Tagen weit über die Sächsische Schweiz. Heute verliert er sich im grauen Dunst. Ich hänge meinen durchnässten Mantel zum Trocknen auf, esse eine Buttermilchplinse (Pfannkuchen) mit Zimt, Zucker und Apfelmus, trinke einen Pfefferminztee und schaue in die melancholisch anmutende Landschaft. Ein Kachelofen verbreitet gemütliche Wärme, meine Backen glühen.

Durch den Schulzengrund führen Stufen hinab zur Polenz, noch sind sie nicht zu glatt. Der Schnee hat Äste und Zweige in ein kunstvolles Geflecht verwandelt. Ich wandere bachaufwärts zurück. Die Polenztalwächter spähen mit ihren Felsköpfen über die Baumwipfel. Es schneit immer stärker.

Im Schneckentempo kurve ich die zugeschneite Straße nach Hohnstein hinauf. Es war noch kein Räumfahrzeug unterwegs. Die Ursprünge der Burg liegen im 12. Jahrhundert. Vom Schlossgarten blicke ich hinunter in dichtes Schneetreiben. Flocken wirbeln durch die Luft, als tanzten sie miteinander. Der Wind treibt sie manchmal wieder nach oben. Der Wald im Tal liegt hinter einem weiß getupften Vorhang. Wie hypnotisiert starre ich in das Spektakel.

Schneeflocken faszinieren die Menschen seit je. Es dauerte, bis man ihrer Gestalt auf die Spur kam. Kein Wunder: Fing man eine Flocke, schmolz sie, bevor man sie erforschen konnte. Walfänger zeichneten sie auf ihren Fahrten in den Polarmeeren im 17. Jahrhundert. In der arktischen Kälte blieben sie auf dem Deck liegen. Der Mathematiker Johannes Kepler verfasste 1611 sein Buch *Vom sechseckigen Schnee.* Auch der Philosoph René Descartes widmete sich der flüchtigen Materie. Aber vielleicht hat sich kein Mensch so intensiv mit Schneekristallen beschäftigt wie ein Milchfarmer aus Vermont.

Wilson Bentley wuchs in einer Gegend auf, in der es damals von November bis Mai schneite. Schon als Jugendlicher entdeckte er seine Liebe zu den Flocken. Seine Mutter schenkte ihm ein Mikroskop und später eine sehnlichst gewünschte Kamera, sodass er sich an sein vom Winter inspiriertes Werk machen konnte. Jahrelang experimentierte er in einer kalten Scheune, im Januar 1885 gelang es ihm das erste Mal, einen Eiskristall unter dem Mikroskop zu fotografieren. Im Lauf seines Lebens kamen mehr als 5000 Schneeflocken dazu, jede von ihnen ein Unikat. Denn keine

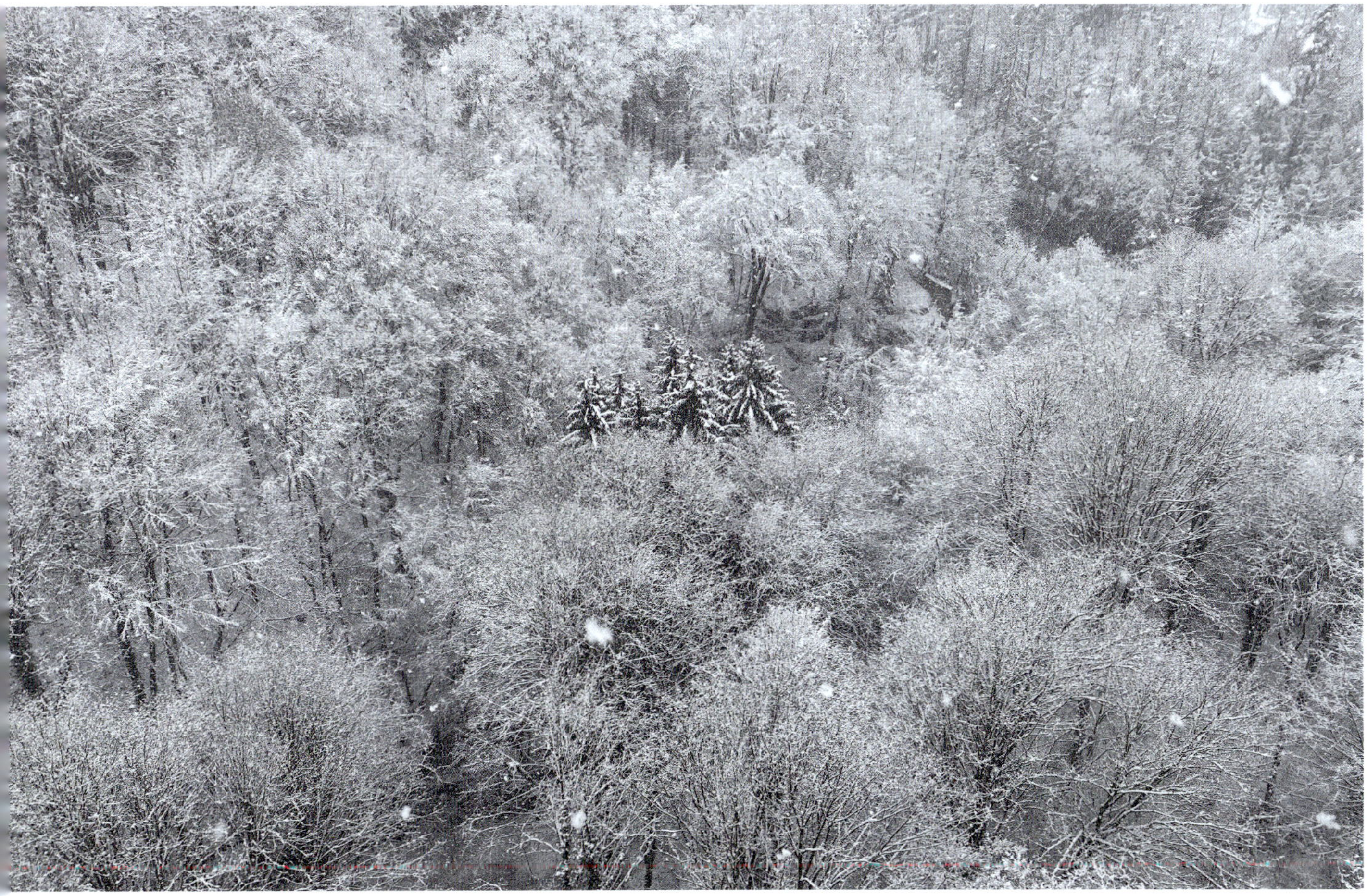

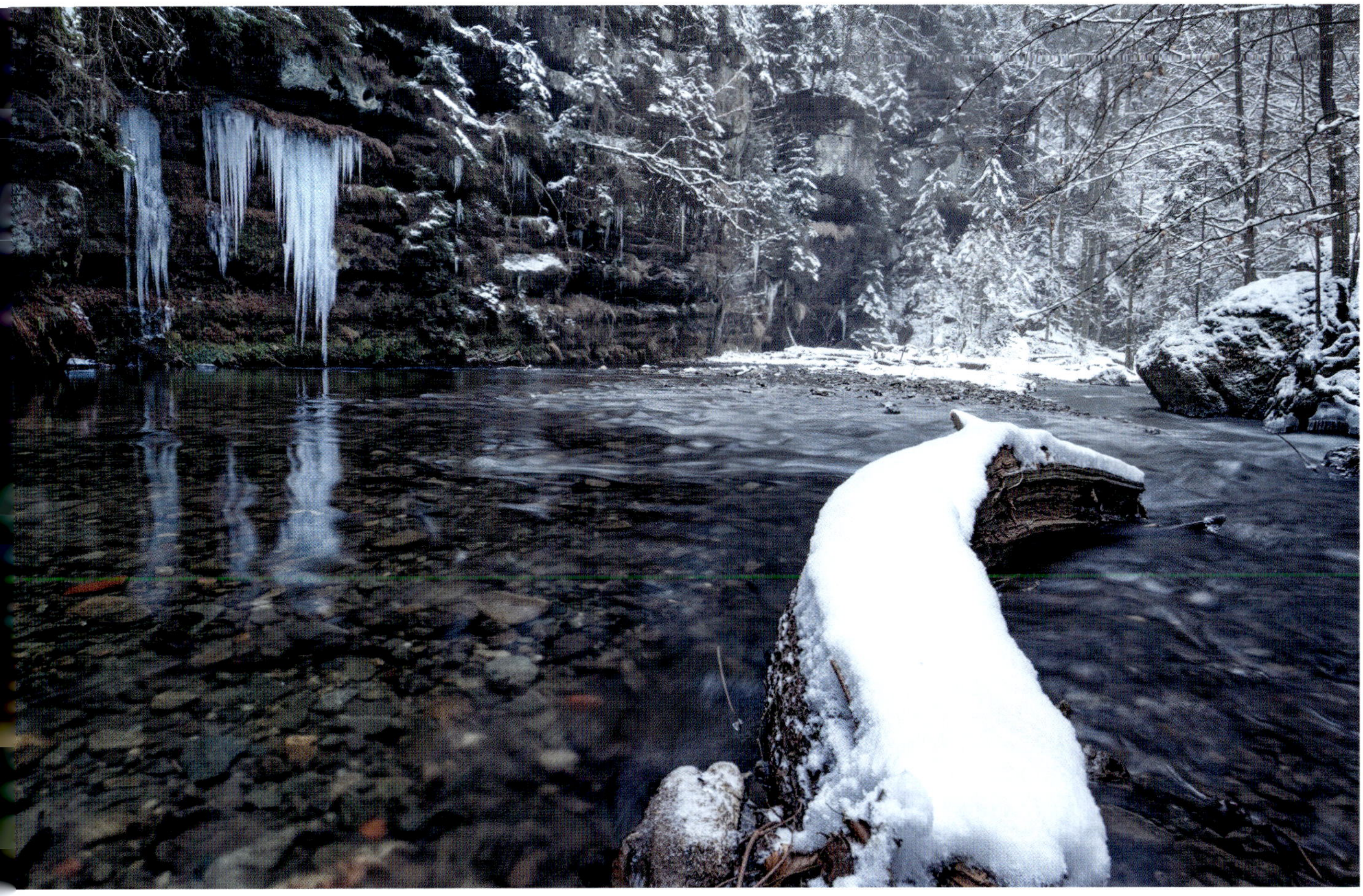

Flocke, die jemals fällt, gleicht einer anderen. Auf seinen Fotos fing er zarte Kunstwerke ein. Kristalle, gezackt oder gefächert wie filigrane Farne. Sie sehen aus wie Blüten oder Sterne direkt vom Himmel. Manche erinnern an Juwelen. Ein ganzes Winterfest könnte man mit ihnen ausstatten. Aber kaum waren sie verewigt, schmolzen sie dahin. Vielleicht ist es gerade diese Vergänglichkeit, ein ewiges Memento mori, das Eiskristalle so besonders macht. Sie erinnern uns an die Kostbarkeit des Winters. Von den akademischen Kreisen wurde der Milchfarmer lange ignoriert. Erst nach vielen Jahren erschienen seine Bilder in wissenschaftlichen Publikationen. 1931 veröffentlichte er schließlich sein Lebenswerk, sein Buch *Snow Crystals*, das man heute noch kaufen kann.

Das Wissenschaftlerpaar Helene und Thomas Hoffmann konserviert Schneeflocken auf eine andere Art. Die Physikerin und der Ingenieur überwinterten 2017 auf der Neumayer III Station in der Antarktis. Dort begannen sie neben ihrer Forschungsarbeit, Flocken vorsichtig zwischen zwei Glasplättchen zu kleben. In der Kälte härtet der Kleber schnell aus. Das Flöckchen verdampft im Lauf der Zeit und zurück bleibt sein Abdruck, der regelrecht plastisch wirkt. Mittlerweile umfasst ihre Sammlung Schneekristalle aus der Antarktis, der Arktis und den österreichischen Alpen. *Cryosity* heißt dieses Projekt, in dem sie Wissenschaft und Kunst verbinden. *Cryos* ist das griechische Wort für eiskalt, *curiousity* heißt auf Englisch Neugier.

Und hier treiben die Flocken nun und verzaubern mich und die Welt. Ihre Reise aus den Wolken kann Stunden dauern. Damit sie liegen bleiben, muss es um die null Grad sein.

Später nähere ich mich auf der anderen Talseite dem Aussichtspunkt am Hockstein von oben. Die mittelalterliche Felswarte, von der nur noch ein paar Überreste stehen, diente vermutlich im 16. Jahrhundert als Vorposten für die gegenüberliegende Burg Hohnstein. Ich wandere über ein zugeschneites Feld. Es ist mehr ein Gleiten, der Schnee fühlt sich so weich wie Schlagsahne an. Ununterbrochen rieseln trockene Flocken auf meine Schultern, sie sind deutlich zu hören. Es ist um einiges kälter als am früheren Nachmittag. Windzerzauste Kiefern krallen sich in die Felsen. Eine Brücke mit Stahlrost führt über eine tiefe Kluft, in der die Flocken Fangen spielen. Wie sehr dieser Ort Wind und Wetter ausgesetzt ist! Der Blick hinunter ins Polenztal ist spektakulär. Dort bin ich heute Morgen losgelaufen. Auf dem Boden der Hockwarte soll ein altes Mühlespiel eingelassen sein, das heute unter einer Schneedecke versteckt liegt.

Abends höre ich vor dem Fenster meiner Pension Schänke am Hockstein ein lange nicht gehörtes Wintergeräusch: das von durchdrehenden Reifen, wenn ein Auto im glatten Schnee nicht losfahren kann.

SARAH KIRSCH
(1935–2013)

Die Luft riecht schon nach Schnee

Die Luft riecht schon nach Schnee, mein Geliebter

Trägt langes Haar, ach der Winter, der Winter der uns

Eng zusammenwirft steht vor der Tür, kommt

Mit dem Windhundgespann. Eisblumen

Streut er ans Fenster, die Kohlen glühen im Herd, und

Du Schönster Schneeweißer legst mir deinen Kopf in den Schoß

Ich sage das ist

Der Schlitten der nicht mehr hält, Schnee fällt uns

Mitten ins Herz, er glüht

Auf den Aschekübeln im Hof Darling flüstert die Amsel

Rauer Brocken. Eisig pfeift der Wind in über
1100 Meter Höhe.

Eiszapfen im Hexenland

Der Harz ist das ganze Jahr über wild und mystisch. Im Winter ist er den Elementen besonders ausgesetzt. Auf dem Brocken erreichen Orkanböen Geschwindigkeiten von 150 Stundenkilometern. Auf dem 1141 Meter hohen Gipfel herrschen Temperaturen wie in den Alpen auf 2000 Meter Höhe: durchschnittlich 4 Grad. Wenn viel Schnee fällt, verwandeln sich die Hochwaldfichten in bizarre Figuren. Spätestens dann versteht man, warum sich Mythen und Sagen um den Harz ranken. In manchen Nächten flogen Hexen auf ihren Besen über die Gipfel, sodass die Menschen in früheren Zeiten lieber einen Bogen um die unheimlichen Berge machten, als sie zu durchqueren. Nicht so Johann Wolfgang von Goethe. Der bestieg im Winter 1777 zum ersten Mal den Brocken und ließ sich von Teufelskanzel und Hexenaltar zur Walpurgisnachtszene auf dem „Blocksberg" im *Faust* (1808) inspirieren.

Auch Heinrich Heine erklomm den unwirtlichen Berg, als er im Herbst 1824 als Student vier Wochen lang durch das Mittelgebirge wanderte. In seiner *Harzreise* (1826) staunt der Dichter über die „wildschroffe, tannendüstere Schönheit" des Oberharzes und die Granitblöcke, „Spielbälle, die sich die bösen Geister einander zuwerfen in der Walpurgisnacht". In Prosa und Gedichten verwebt er Mythen, Volksmund und Natur miteinander: Auf kalten Bergeshöhen ist im Winter alles im Schnee vergraben. Während Wichtelmännchen nachts im Haus Brot und Speck stehlen, schleicht die Katz', die in Wirklichkeit natürlich eine Hexe ist, „drüben nach dem Geisterberge".

In *Deutschland, ein Wintermärchen* (1843) erzählt Heine von einer anderen Reise. Der Winter bildet den Rahmen für eine beißende Bestandsaufnahme seiner Heimat, die der Dichter nach zwölf Jahren im französischen Exil das erste Mal wieder besucht. Er findet sie novembergrau.

Der Harz entstand vor etwa 300 Millionen Jahren. Wie ein Riegel liegt er in der norddeutschen Ebene. Unter der rauen Schale barg das Mittelgebirge einst unermessliche Bodenschätze, darunter Silbererz, Blei, Zink und Kupfer. Schon im Mittelalter bauten die Menschen dort Gesteine ab.

Ich schraube mich die gewundenen Straßen hoch, verlasse die schneebestäubten Wiesen und die braun-weiß geriffelten Felder im Tal und stecke auf einmal im tiefsten Winter. So einen Nebel habe ich noch nie erlebt. Keine zehn Meter weit reicht mein Blick. Hinter den Schneewällen an der Straße sind die Wälder nur zu erahnen. Es ist kurz nach 14 Uhr und es wirkt wie tiefe Dämmerung. Ich bin fassungslos und würde am liebsten anhalten, aber das würde an der Lage nichts ändern. Der Nebel hängt fest, als würde er sich nie wieder verziehen.

Einzelne hohe Fichten stehen auf verschneiten Wiesen vor dem Waldrand, in Weiß gehüllte Wächter, die aufpassen, wer das Reich von Rothirsch, Raufußkauz und Luchs betritt. Die Wildkatzen mit den Pinselohren wurden vor etwa 20 Jahren im Nationalpark Harz erfolgreich wieder angesiedelt. Ihr Winterfell mit der dichten Unterwolle und den bis zu sieben Zentimeter langen Grannenhaaren schützt sie perfekt vor Kälte. Man sieht die scheuen Katzen in freier Wildbahn fast nie, höchstens mal einen Riss oder im Schnee ihre Spuren: handtellergroß, wie an einer Schnur gezogen. Sie treten mit den Hinterläufen in die Abdrücke der vorderen Pfoten, das ist energiesparend. Die Überraschungsjäger schleichen sich lautlos an ihre Beute

an. Luchsen genügt ein Reh in der Woche, aber sie fressen auch Füchse und Hasen, zur Not Mäuse und Vögel. Durch ihre grauweiße Winterfärbung sind sie perfekt getarnt. Mit ihren dicht behaarten Pfoten können sie auch im tiefen Schnee gut laufen.

Es parken überraschend viele Autos am Straßenrand, bei Torfhaus im Oberharz herrscht regelrechter Stau. Aus dem Nichts tauchen große und kleine Gestalten mit Schlitten auf. Hier muss es irgendwo einen Hang geben, vom Nebel verschluckt, von der Straße aus nicht zu sehen. Es ist Sonntag und nach der langen schneelosen Zeit wollen viele Familien endlich mal wieder den Winter genießen. Mit diesem Wetter haben sie bestimmt nicht gerechnet, aber sie stapfen in Schneeanzügen voller Tatendrang Richtung graue Wand.

Ein Schlittentag ist sicher die beste Medizin gegen jede Art von Winterblues. Während November und Dezember noch durch Kerzen und weihnachtliche Vorfreude erhellt sind, können die dunklen Tage im Januar und Februar eine Herausforderung sein. Unser Tag-Nacht-Rhythmus wird durch das Hormon Melatonin gesteuert. Es sorgt dafür, dass wir abends müde werden. Licht blockiert normalerweise die Bildung des Hormons. Da wir im Winter oft zu wenig Tageslicht bekommen, wird diese Hemmung aufgehoben. Die Melatoninproduktion verschiebt sich oder wird verlängert. Müdigkeit, Schlafstörungen oder Winterdepressionen können die Folge sein.

Hexentanzplatz oder Brockenhaus im Nebel? Um Norddeutschlands höchsten Berg ranken sich viele Mythen.

Wenn es nach der Zeitumstellung im Herbst bereits um 17 Uhr stockfinster ist, hat man das Gefühl, der Tag sei fast zu Ende. Geist und Körper werden durch die Dunkelheit getäuscht. Es ist das Signal für die Nacht, auch wenn sie noch Stunden entfernt ist. Bei manchen stellt sich Wintermelancholie ein, die lähmend sein kann. Bewegung an der frischen Luft hilft. Mindestens einmal am Tag den Kreislauf richtig in Schwung zu bringen, ist wichtig. Aber vielleicht sollten wir gleichzeitig akzeptieren, dass der Winter ein eigenes, langsameres Tempo verursacht,

wenn nicht gar erfordert. Wir können uns eingestehen, dass uns Kälte und Dunkelheit Energie kosten (nicht nur Heizkosten).

Die Natur kommt im kalten Halbjahr zur Ruhe, die Pflanzen machen eine Wachstumspause. Die Tiere bewegen sich nur gerade so viel, dass sie nicht erfrieren und an genügend Futter kommen, um zu überleben. Oder sie halten gleich Winterschlaf. Unsere Vorfahren handhaben die dunklen Monate ähnlich. Wer draußen nichts zu verrichten hatte, wie etwa Holz zu hacken, der blieb drinnen. Kein Mensch wäre auf die Idee gekommen, im

Holzhäuser an den Hängen von Sankt Andreasberg. Die einstige Bergmannssiedlung ist heute ein Skiort.

Winter einfach so weiterzumachen wie im Sommer. Heute gönnen wir uns diese Ruhe oft nicht. Auch wenn es auf den ersten Blick wirkt, als würden wir genauso leistungsfähig bleiben wie im Rest des Jahres, gehen Wissenschaftler davon aus, dass unsere Physiologie in der kalten Jahreszeit hinunterreguliert wird und man sich daher im Februar und März oft erschöpft fühlt. Schlafforscher empfehlen eine Stunde mehr Schlaf. Wem es gelingt, die dunkleren Tage als das zu akzeptieren, was sie sind, nämlich eine Pause, der erhält ein Geschenk: Zeit für sich.

Die britische Autorin Katherine May schreibt in ihrem Buch *Überwintern. Wenn das Leben innehält* (2021) darüber, sich diese Zeit zu nehmen. Sie geht sogar noch weiter und schafft eine Analogie zwischen dem Winter draußen und ihrer eigenen psychischen Verfassung. „Winter ist nicht nur eine Jahreszeit. Auch im Leben kann es Phasen geben, die sich wie Winter anfühlen." Zeiten des Verlusts, Umbruchs oder Scheiterns. Wichtig ist ihrer Meinung nach, diese Phasen anzuerkennen. Diese persönlichen Winter sieht sie als Bewährungsprobe, sie zu meistern als

Kunst, die wir ein Stück weit lernen können. May kuschelt sich zu Hause ein, dann nimmt sie die Kälte an, geht im eisigen Meer schwimmen. Irgendwann hat sie ihre Starre überwunden und findet neue Energie.

Was meiner Erfahrung nach dabei helfen kann: Spaziergänge mit Gedanken, die wie Flocken schweben, mal hierhin, mal dorthin, Hauptsache ohne Ziel. Ein Abend vor dem Kamin, ein Buch auf dem Schoß. Etwas mit den Händen erschaffen, jetzt findet man die Muße dazu. Ein Instrument spielen, das den Sommer über verstaubt. Zeit für Gespräche, die man sonst nicht führt. Vielleicht gelingt es dann, den Winterblues in eine wohltuende Gemütsverfassung zu verwandeln. Melancholie meint übrigens explizit nicht Winter- oder eine andere Depression. Diese erfordern unbedingt medizinische und psychologische Hilfe. Manchen wird die Dunkelheit zu schwer. Von dem englischen Schriftsteller C.S. Lewis stammt das Zitat, Depression sei *„always winter, never Christmas"*.

Ich fahre über die Hügelkuppe langsam hinunter nach Sankt Andreasberg, dort wird es etwas heller. Der höchstgelegene Ort im Oberharz liegt auf 600 Meter. Er ist eng mit der Bergbautradition im Harz verknüpft. Glückauf-Weg heißt eine der steilen Straßen, die von ehemaligen Bergarbeiterhäuschen gesäumt sind. Die Holzhäuser sind in fröhlichen Farben gestrichen, hellgrün und rot, lila und blau, die Fenster in anderen Farben

abgesetzt. Ja, klar, jetzt weiß ich, woran mich das erinnert: an Skandinavien. Wenn die Winter lang sind, werden die Häuser bunt. Die Wetterseiten sind aus gutem Grund oft mit Schiefer verkleidet. Die Dächer sind steil, damit der Schnee gut abrutschen kann. In den Fenstern hängen Schilder, die vor Dachlawinen warnen. Zwischen zwei Scheiben blickt eine Hexe auf ihrem Besen hinaus. Einst fegten Hexen in der Walpurgisnacht den letzten Schnee vom Brocken. Der Brauch, in der Nacht zum 1. Mai die Wintergeister endgültig zu vertreiben, stammt aus dem Harz und wird dort heute noch an vielen Orten gefeiert, samt Hexenspektakel.

In Sankt Andreasberg wurde bereits im 15. Jahrhundert Bergbau betrieben. Der letzte Stollen schloss 1910. Zu ihrer Zeit war die Grube Samson mit 840 Metern einer der weltweit tiefsten Stollen. Der an Bergbau interessierte Goethe fuhr dort ein und war heilfroh, als er wiederauftauchte. In unvorstellbarer Knochenarbeit klopften Bergleute das Erzgestein von den Wänden und beförderten es nach oben. Dort wurde es in Erzwäschen aufbereitet, in Pochwerken auseinandergeklopft, dann eingeschmolzen, um vor allem das kostbare Silber zu gewinnen. Der Harz barg Reichtümer, nicht umsonst war Goslar Kaiserpfalz. Doch sie mussten den Bergen abgerungen werden.

Am Matthias-Schmidt-Berg in Sankt Andreasberg hört man das wintervertraute Surren der Skilifte, die endlich wieder laufen. Sie waren bisher nur einmal kurz im Dezember in Betrieb, das ist Wochen her. Snowboarder und Skifahrer haben ihren Spaß, auch wenn die Pisten nicht viel Schneeunterlage haben.

Am nächsten Morgen hüllt immer noch Nebel die höheren Lagen ein. Kein Wetter für eine Gipfeltour. Ich entscheide mich für eine Wanderung entlang dem Rehberger Graben. Dunkelbraun plätschert er mir am Fuß des Rehbergs entgegen, der immerhin 890 Meter hoch ist. Er wurde vor 300 Jahren angelegt, um den Bergbau in Sankt Andreasberg mit dem nötigen Wasser zu versorgen. Noch heute betreibt es dort unterirdische Turbinen und deckt damit 90 Prozent des lokalen Strombedarfs auf nachhaltige Weise.

Nach etwa einer Stunde Marsch stehe ich vor den Hohen Klippen und starre zu ihnen hinauf wie vor mir schon der Hobbygeologe Goethe. Auf seiner zweiten Harzreise 1783 kam er genau hier vorbei. Es tobte damals ein Gelehrtenstreit, ob Granit aus dem Meer stamme (was nicht stimmt) oder vulkanischen Ursprungs sei (was stimmt). Goethe war überzeugter Anhänger der Meerestheorie und sah sich durch die farbige Schichtung an den Klippen bestätigt. Heute sind die zerfurchten Felsen so vereist und zugeschneit, dass ich ihre Farben nur erahnen kann.

Lange Eiszapfen hängen von den Felskanten. Es klirrt, als ein paar Zapfen abbrechen und ich erschrecke, so still war es vorher. Auf dem Weg liegen Ahornflügel, die Samen der Bergahorne, Nahrung für Kernbeißer und

Meisen sowie etwa 20 weitere Vogelarten. Ein brauner Vogel mit weißer Brust und weißem Strich über den Augen verschwindet unter dem verschneiten Schutzdach einer Fichte. Er fliegt auf der anderen Seite wieder hinaus, flink läuft er einen Buchenstamm hinauf. Vielleicht ein Waldbaumläufer? Sie gehören zu den Vögeln, die im Winter bleiben, und picken nach Insekten unter der Rinde.

Unterhalb der steilen Waldhänge hat sich die Oder ins Tal gegraben. Der Schnee schluckt ihr Rauschen. Dafür gluckst hier oben der Rehberger Graben. Über ihm ragen Felsen empor, kleine Rinnsale rieseln unter dem Schnee über die Kante. Tropfen für Tropfen, dicht nebeneinander, wachsen von dort Eiszapfen hinab. Manche erreichen schon das Wasser. Sie sind so dick, dass sie fast eine Wand bilden. Dahinter schimmert Moos, in einigen sind Farne eingefroren.

Was für ein Schauspiel! Sie sehen aus wie Orgelpfeifen oder Klangstäbe eines Xylophons. Wie Register ziehen sie sich mehrstöckig nach oben. Fehlt nur noch, dass eine Eisprinzessin anfängt, darauf zu spielen. Die isländische Sängerin Björk zum Beispiel. Ihre Lieder *Frosti* und *Aurora* klingen, als entlockte sie einem solchen Instrument sphärische Töne. Eiskonzerte hört man manchmal auch, wenn aufgebrochene Schollen bei sanftem Wellengang an einem Seeufer aneinanderklirren. *Singing ice* nennt man diese Töne in Kanada.

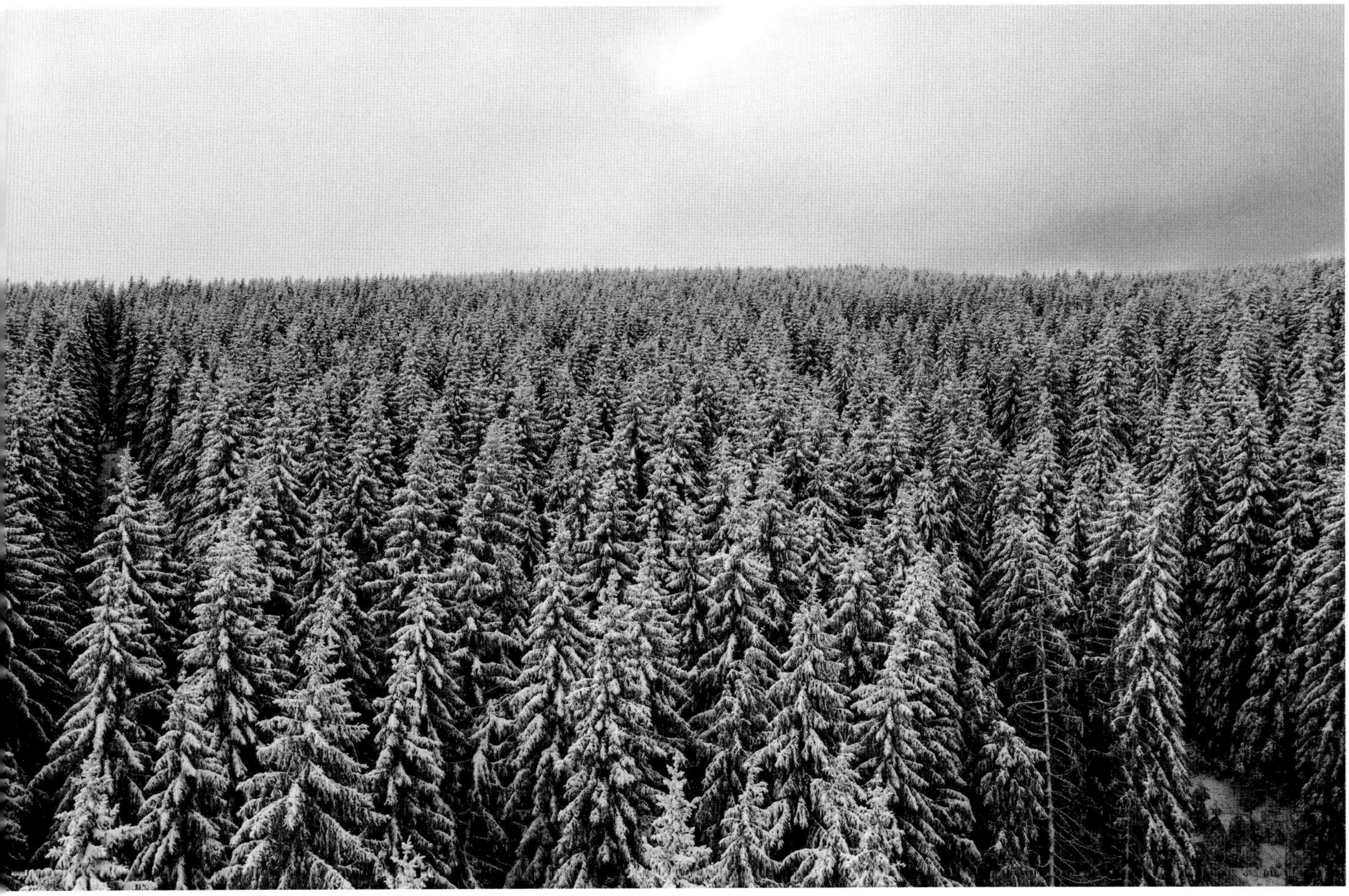

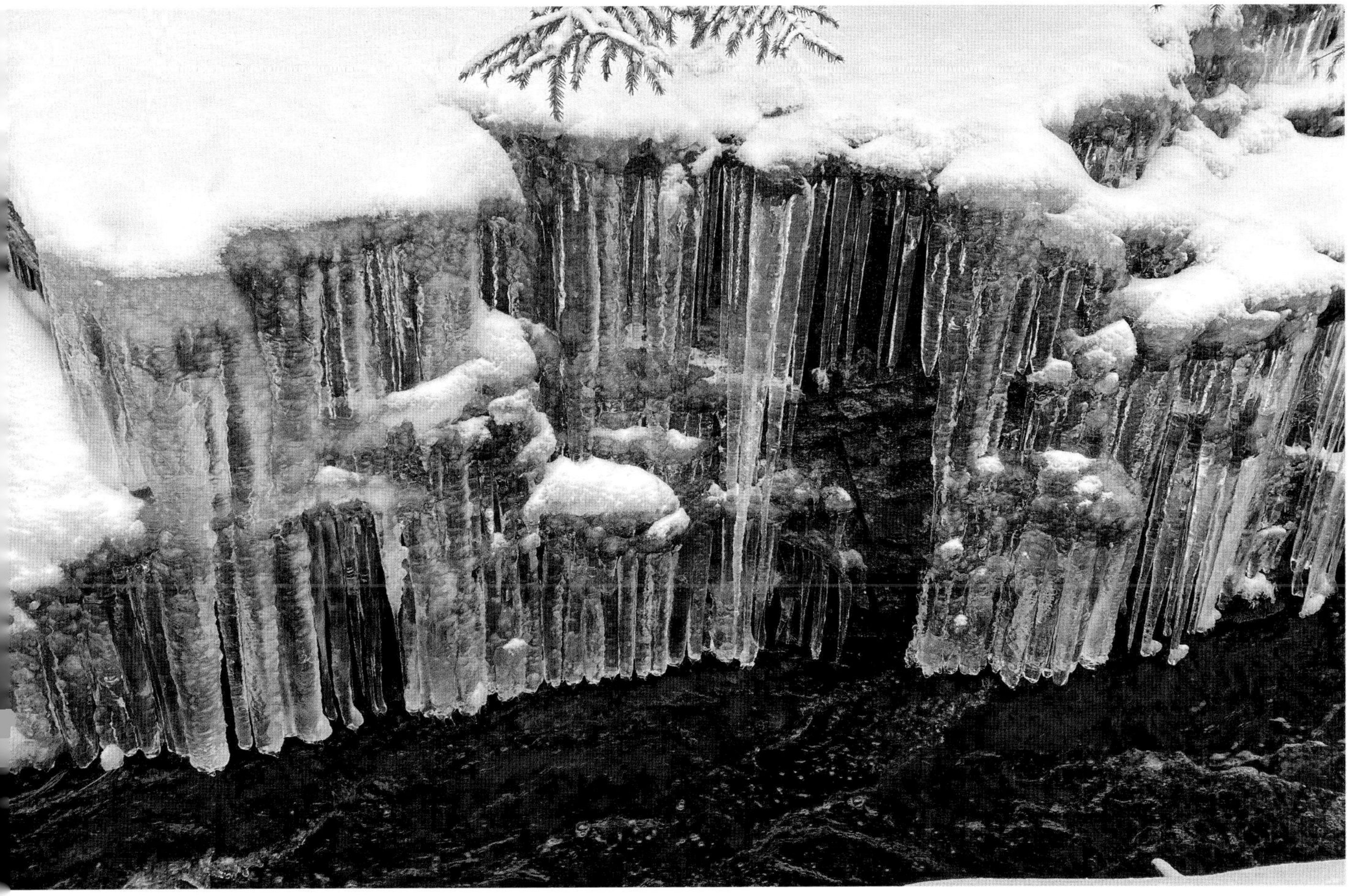

Hell erleuchtet: die achteckige Bergkirche in Seiffen.
Auf der Wetterfahne steht ein bronzener Bergmann.

Nostalgie im Weihnachtsland

Jetzt ist der Winter doch noch einmal zurückgekommen. Nicht überall in Deutschland, aber ganz im Osten. Ich fahre nach Seiffen im Osterzgebirge. Auf den Feldern sind grüne Netze aufgespannt, um zu verhindern, dass der Schnee auf die Straße weht. Auf Hügelkuppen, die hier Hübel heißen, stehen frostige Baumgestalten.

Auch Seiffen war jahrhundertelang ein Bergbauort. Im Erzgebirge verbargen sich, wie der Name schon sagt, kostbare Metalle im Gestein, vor allem Zinn und Silber. Das Silber machte so manchen sächsischen Fürsten unermesslich reich. In Seiffen wurde vor allem Zinn gewonnen. Als Mitte des 18. Jahrhunderts die Stollen nichts mehr hergaben, entwickelte sich ein anderer Wirtschaftszweig: die Holzwerkstätten.

Und so wird dort nun schon seit über 200 Jahren geschnitzt und gehobelt, gedrechselt und geschliffen. In gewisser Weise ist Seiffen ein Ort, an dem immer Weihnachten ist. Hier erfanden Kunsthandwerker die berühmten Weihnachtspyramiden, die sich drehen,

sobald man die Kerzen anzündet und warme Luft aufsteigt. Es wurden und werden Schwibbögen und Räuchermännchen gefertigt, auch entzückende kleine Engel, nach alten Vorlagen mit der Hand bemalt. Sie spielen Geige und Oboe, Triangel und Flöte. Ihre hellgrünen Flügel tragen weiße Tupfen. Seiffener Weihnachtskunsthandwerk war schon immer ein gut funktionierender Wirtschaftszweig. Auch zu DDR-Zeiten wurde kräftig exportiert. Sicher, die Hauptstraße wirkt ein bisschen wie ein großes Schaufenster. Aber es wird deutlich, wie tief die handwerkliche Tradition im Ort verwurzelt ist. Fast jedes Haus scheint eine eigene Werkstatt zu haben.

Der Tellerlift am Reicheltberg hat den Betrieb schon eingestellt. Irgendwo dort oben im Nebel verläuft der Kammweg durchs Erzgebirge. Ein paar Hügel weiter beginnt die Tschechische Republik. Die Kontakte hinüber nach Böhmen waren in der Gegend immer sehr eng. Die barocke Bergkirche Seiffen wurde 1779 gebaut, sie ist achteckig wie die Dresdner Frauenkirche. Die Wetterfahne ziert ein Bergmann aus Bronze. In einem Nebensträßchen entdecke ich eine Werkstatt, die alles in Miniatur herstellt. Winzige Holzfiguren in nostalgischen Szenen, aufgestellt in Streichholzschachteln: Tiere im Winterwald an einer Krippe, der Nikolaus mit seinem Sack zu Besuch bei Kindern. Es ist, als blicke man in unendlich viele Leben.

Dann komme ich am schönsten Haus von Seiffen vorbei, eine Reifendreherei. Die Werkstatt ist schon geschlossen, aber ich luge durch ein Fenster mit alten Bleiglasscheiben in einen Raum, in dem ein grüner Kachelofen und Drehbänke stehen. Auf dem Dielenboden liegen Hobelspäne, der Duft von frisch bearbeitetem Holz ist förmlich zu riechen. Ich drücke mir die Nase an den Scheiben des dazugehörigen kleinen Ladengeschäfts platt und entdecke ein Krokodil, einen Affen auf Rädern und einen Koch mit hoher, weißer Mütze. Ein Märchenland für Kinder und Erwachsene.

Am nächsten Morgen treiben kleine Eiskörner durch die Luft. Im Skiverleih heizen sie einen Bollerofen mit Holz, Langlaufski, Schuhe und Stöcke sind schnell ausgeliehen. Die Länge der Ski richtet sich nach dem Körpergewicht, die Stöcke sollen 30 Zentimeter kürzer als die Körpergröße sein. Ich bin wie immer eher leger als professionell ausgerüstet: keine Gamaschen, so viel Schnee liegt auch wieder nicht, dafür Skiunterwäsche, darüber das bewährte Zwiebelprinzip.

Am Waldgasthof Einsiedel starte ich meine Zwölf-Kilometer-Runde auf der Schwartenbergloipe. Ich steige gerade in die Bindung, als ein etwa zwölfjähriger Junge in rasantem Tempo an mir vorbeigeskatet kommt. Stirnband, rote Backen, selbstbewusster Blick. Er weiß, was er kann. Vielleicht trainiert er für den nächsten Schwartenberglauf, bei dem die Sachsenmeisterschaft im Skilanglauf ausgetragen wird.

Auf den ersten Metern ist die Loipe vereist. In der letzten Woche hat es tagsüber getaut, nachts ist der Schnee dann wieder gefroren. Bei jedem Schritt rutsche ich zunächst etwas zurück. Vermutlich hätten die Schuppenski etwas Wachs vertragen können. Auf der Loipe zeigt sich der ein oder andere Grasfleck, der stoppt, wenn man unkonzentriert darüberfährt. So liege ich nach ein paar Minuten das erste Mal auf der Nase.

Die erste Anhöhe erklimme ich mit V-Schritten. Im Wald heben sich die schwarzweißen Stämme der Moorbirken vom Schnee ab. Auf dem Kluge-Hübel habe ich mit 834 Metern den höchsten Punkt der Tour erreicht. Ich biege in unser Nachbarland ab. Die Loipe am Fuß des Teichhübels verläuft eben. Manchmal reicht ein Schub mit beiden Stöcken, um die Geschwindigkeit zu halten. An einem Unterstand mache ich Rast. Der Fichtenwald blickt mir wie aus einem böhmischen Märchen entgegen. Ich stecke die Stöcke in den Schnee, stülpe die Handschuhe darüber. Die Skier lasse ich an, während ich Tee aus meiner Thermoskanne trinke.

Kilometerlange Loipen ziehen sich durch die Wälder um Seiffen, so auch der Rundkurs der Schwartenbergloipe.

Vor 500 Jahren hätte man vielleicht das Geräusch von Axtschlägen und Stimmen gehört, einen Moment später das Krachen eines Baumes, der fällt. Vielleicht hätte der Geruch von Holzfeuern in der Luft gelegen, wäre eine Rauchwolke über den Wipfeln aufgestiegen. Die Menschen von Seiffen und aus der Umgebung betrieben in den Wäldern ihre Wanderglashütten. Sie fällten die Bäume, um die Glasöfen zu heizen und gleich vor Ort das Glas herzustellen. Wenn alle Bäume in der Umgebung gefällt waren, wanderten sie dem Wald hinterher, daher der Name. Köhler-

hütten, in denen man Holzkohle herstellte, wurden auf ähnliche Weise betrieben.

❄

Weiter geht's, bergab und immer schneller, die Loipe ist tief gespurt. Ich nähere mich einer Wegkreuzung, als ich vor mir eine offene Stelle mit Kieselsteinen erspähe. Viel Zeit bleibt nicht, um die Spur zu wechseln, ich gerate etwas aus dem Gleichgewicht. Schon flitze ich über die glatte Kreuzung, an der einige Läufer Pause machen. Statt es einfach weiterlaufen zu lassen, versuche ich,

139

Uraltes Kunsthandwerk: Reifendrehermeister Christian Werner in seiner Werkstatt in Seiffen.

mit leichtem Schneepflug zu bremsen. Zum zweiten Mal mache ich nähere Bekanntschaft mit dem Schnee. Ich stehe wieder auf, gerade noch rechtzeitig, bevor hinter mir ein Langläufer mit Karacho den Hügel hinuntersaust. Er legt sich ebenfalls hin. Seine Frau, die viel langsamer hinter ihm herfährt, schüttet sich aus vor Lachen.

Am Fuß des Brandhübels geht es noch eine ganze Strecke bergab. Ich fahre von vornherein mit ausgestelltem Ski und komme sicher unten an. Im Mittelalter, als sich der dunkle, dichte Urwald, den die Menschen

Miriquidi nannten, über das ganze Erzgebirge zog, waren die Bergkämme schwer zu überqueren. In der Gegend um Seiffen verliefen alte Handelsstraßen. Die Glasbläser transportierten ihre Ware an den Fürstenhof nach Dresden selbst, zu kostbar und zerbrechlich war ihr Gut, um es fremden Fuhrleuten anzuvertrauen.

Ich meistere einen vereisten Hügel bergab im Treppenschritt. Ob ich mich mit Schwung bei jedem Schritt abstoße und ins Gleiten komme, oder eher auf Skiern spazieren gehe, bleibt mir selbst überlassen. Abhängig von

Steigung, Puste und Untergrund wechsle ich zwischen beidem. Zweieinhalb Stunden habe ich tief durchgeatmet, meine Arme spüre ich auf angenehme Weise. Noch ein lang gestrecktes Feld, ein Birkenwäldchen und ich bin wieder am Ausgangspunkt. Ich fasse mir ein Herz und rufe den Reifendrehermeister in Seiffen an, obwohl Wochenende ist. Wann ich denn kommen möchte, fragt er mich.

❄

Christian Werner öffnet mir die Tür. Er trägt eine Zipfelmütze und Handwerkstracht: ein besticktes Hemd und eine Weste darüber. Das Werkzeug liegt griffbereit, ebenso die aus Baumscheiben gedrechselten Holzreifen, die dem Handwerk seinen Namen geben. Werner erzählt von der Vergangenheit Seiffens, wie Bergbau, Glasbläserei und Reifendreherei zusammenhängen. Im Dorf erzeugten einst Wasserräder die Energie, mit der das Erzgestein zerklopft wurde. Als der Bergbau im 18. Jahrhundert zum Erliegen kam, hatten die Seiffener eine geniale Idee. Sie leiteten die Energie über ein weiteres, kleineres Rad um, mit dem sie Drechselbänke betreiben konnten. Viele Bergleute wechselten nach und nach ins Holzhandwerk und erarbeiteten sich als Drechsler einen hervorragenden Ruf. Einmal bekamen sie einen Auftrag vom Dresdner Königshof über 30 000 Holzteller.

In einer Zeit, in der in Deutschland an vielen Orten große Not herrschte, spezialisierten sie sich zunehmend auf Spielzeug. Was vielleicht an Winterabenden als heimische Drechselei für die eigenen Kinder begonnen hatte, entwickelte sich zu einem immer größeren Geschäft. Mit der Erfindung der Reifendreherei gelang den Seiffenern ein weiterer bahnbrechender Schritt. Sie konnten nun Spielzeug in Serie produzieren. Dafür ließen sie sich von der Glasbläserei inspirieren. Für ihre Produktion schnitzten die Glasbläser einst eine Negativform in einen Holzklotz, in die sie das flüssige Glas gossen. Reifendreher drechselten fortan die gewünschte Form in einen Holzreifen. Während er sich dreht, fräsen sie alles überflüssige Holz weg und erhalten dadurch ein gleichmäßiges Muster.

Aus einem Reifen lassen sich auf diese Weise etwa 60 Tiere gewinnen, wie aus einem Hefekranz, von dem man viele Scheiben abschneiden kann. Ich darf mit einem Hammer vorsichtig auf ein Messer schlagen, das Christian Werner auf einen der Reifen hält. Damit schlage ich eine Scheibe ab: ein Schwein, das ich mitnehmen darf. Der Meister und seine Mitarbeiter drechseln alle Bestandteile einzeln und schnitzen sie sorgfältig nach: Bärenohren, Kuhschwänze, Storchenbeine. Schließlich verleimen sie alles, dann wird die Figur bemalt.

Werner ist der letzte Reifendrehermeister, der diesem Beruf hauptberuflich nachgeht. Er exportiert in die ganze Welt. Im ersten Stock zeigt er mir die urgemütliche Wohnküche mit einem langen Holztisch. „Da sitzen wir normalerweise und arbeiten zusammen", sagt er, „so war es immer im Erzgebirge. Man wohnte und arbeitete im selben Haus."

Reifentiere und traditionelles Werkzeug im Freilichtmuseum Seiffen.

Im Keller lagern die Baumstämme, aus denen all das Spielzeug gedrechselt wird. Der Reifendreher oder seine Mitarbeiter sind dabei, wenn die Fichten am österreichischen Dachstein gefällt werden. Das alpine Klima ist rauer als im heimischen Erzgebirge, die Böden sind noch kärger. Die Bäume wachsen daher langsam, sodass die Jahresringe eng beieinanderliegen und das Holz besonders dicht ist. Auch wachsen Fichten gerade und die Äste gehen in gleichmäßigen Abständen ringförmig vom Stamm weg. Beides ist für die Verarbeitung beim Reifendrehen wichtig. Dieser Tage kam eine neue Ladung, sie haben schon begonnen, die Stämme zu entrinden.

Das beeindruckendste Kunstwerk hängt von der Werkstattdecke: eine vierstöckige Pyramide, auf der sich wie auf einer Arche Noah die unterschiedlichsten Tiere tummeln. Hirsche mit verzweigten Geweihen, ein Bär, eine Eule. Die Tiere aus Afrika stehen zwischen Palmen aus aufgerollten Spänen. Golden bemalte Holzglöckchen hängen von den einzelnen Ebenen, die sich mit Leichtigkeit drehen, sobald die Kerzen angezündet sind. Ganz oben wacht ein Hirte über seine Schafe. Kein Hauch von Kitsch, dafür warme, natürliche Farben. Ich könnte stundenlang zuschauen, wie sich das Kunstwerk dreht. Es ist zauberhaft und pure Nostalgie.

Auf meinen Autoscheiben hat sich über Nacht eine dicke Eisschicht gebildet, die ich mühsam abkratzen muss. Auf dem Schwar-

tenberg weht mir ein eisiger Wind harte Kügelchen ins Gesicht. Der Schnee bricht mit leichtem Knistern unter meinen Füßen. Es fühlt sich an, als ginge ich auf einer Schicht aus Zuckerguss. Plötzlich breche ich bis zum Stiefelrand ein, schon habe ich Schnee in den Schuhen. Die Schneewattepäckchen auf den Zweigen sind von einer hauchdünnen Eisschicht überzogen. Sie sehen aus wie das Experiment eines modernen Glasbläsers. An einem Busch brechen die ersten Knospen aus ihrer roten Hülle, auch sie sind von durchsichtigem Eis überzogen, silbriger Schmuck. Ich ziehe mir die Kapuze tief in die Stirn und vergrabe die Hände in den Manteltaschen. Aber irgendwie macht es Spaß, den Winter noch einmal mit seiner ganzen Kälte zu spüren. Schon nach wenigen Schritten ist klar, dass man ihm ohne dicke Klamotten völlig hilflos ausgeliefert wäre.

Viele russische Erzählungen handeln davon, was passiert, wenn man sich in einem Schneesturm nach draußen wagt. Alexander Puschkin beschreibt in seiner Erzählung *Der Schneesturm* (1831), wie ein junger Bräutigam nachts im Schneetreiben die Orientierung verliert. Er kommt mit seinem Pferdeschlitten vom Weg ab, den er nicht mehr wiederfindet. Das Pferd bricht immer wieder bis zur Brust im Schnee ein. Kein Haus, kein Licht weit und breit. Der junge Lieutenant ist zu seiner heimlichen Hochzeit mit einer Grafentochter unterwegs. Als er im Morgengrauen viel zu spät die Kirche erreicht, ist sie verschwunden.

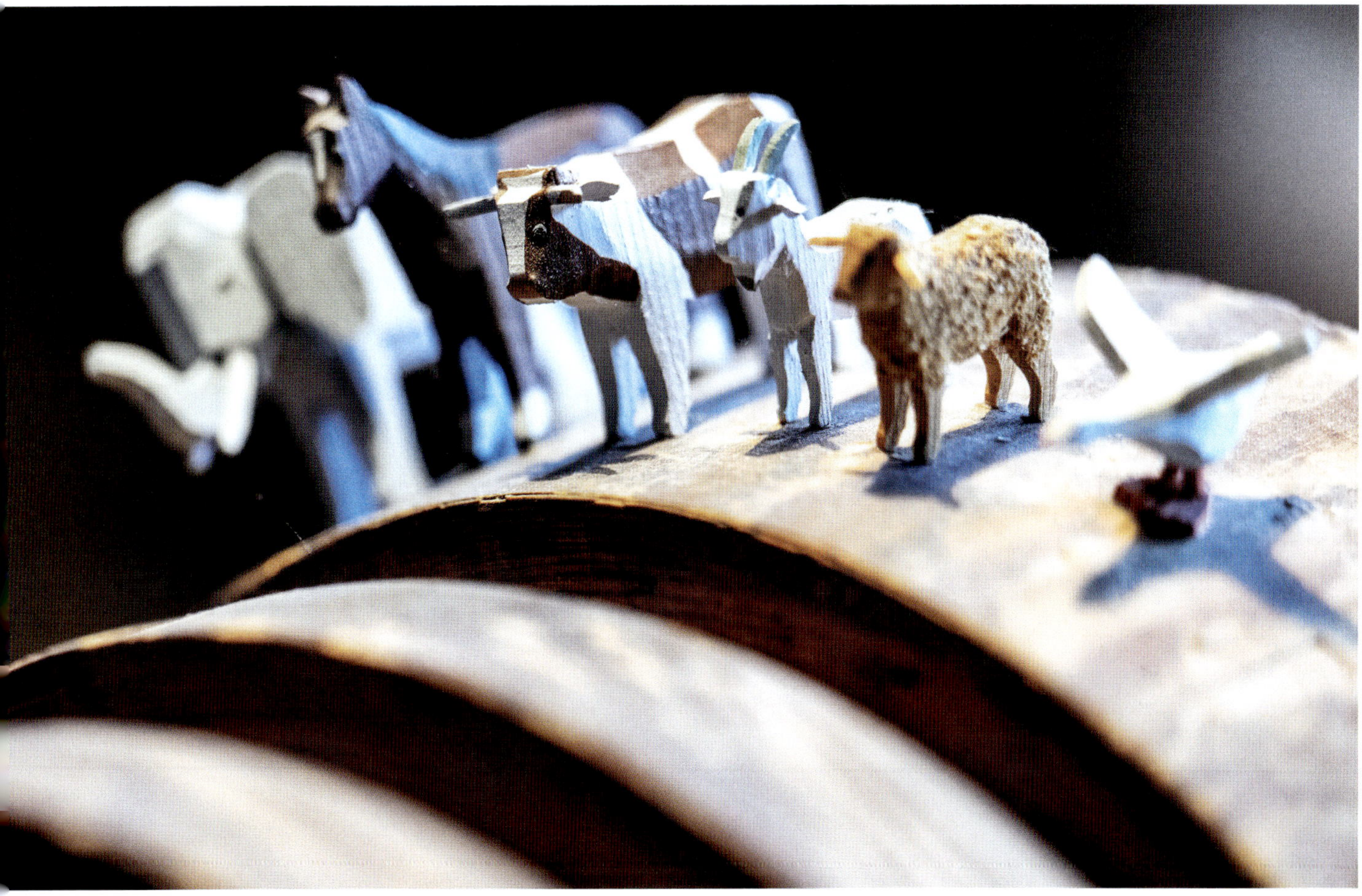

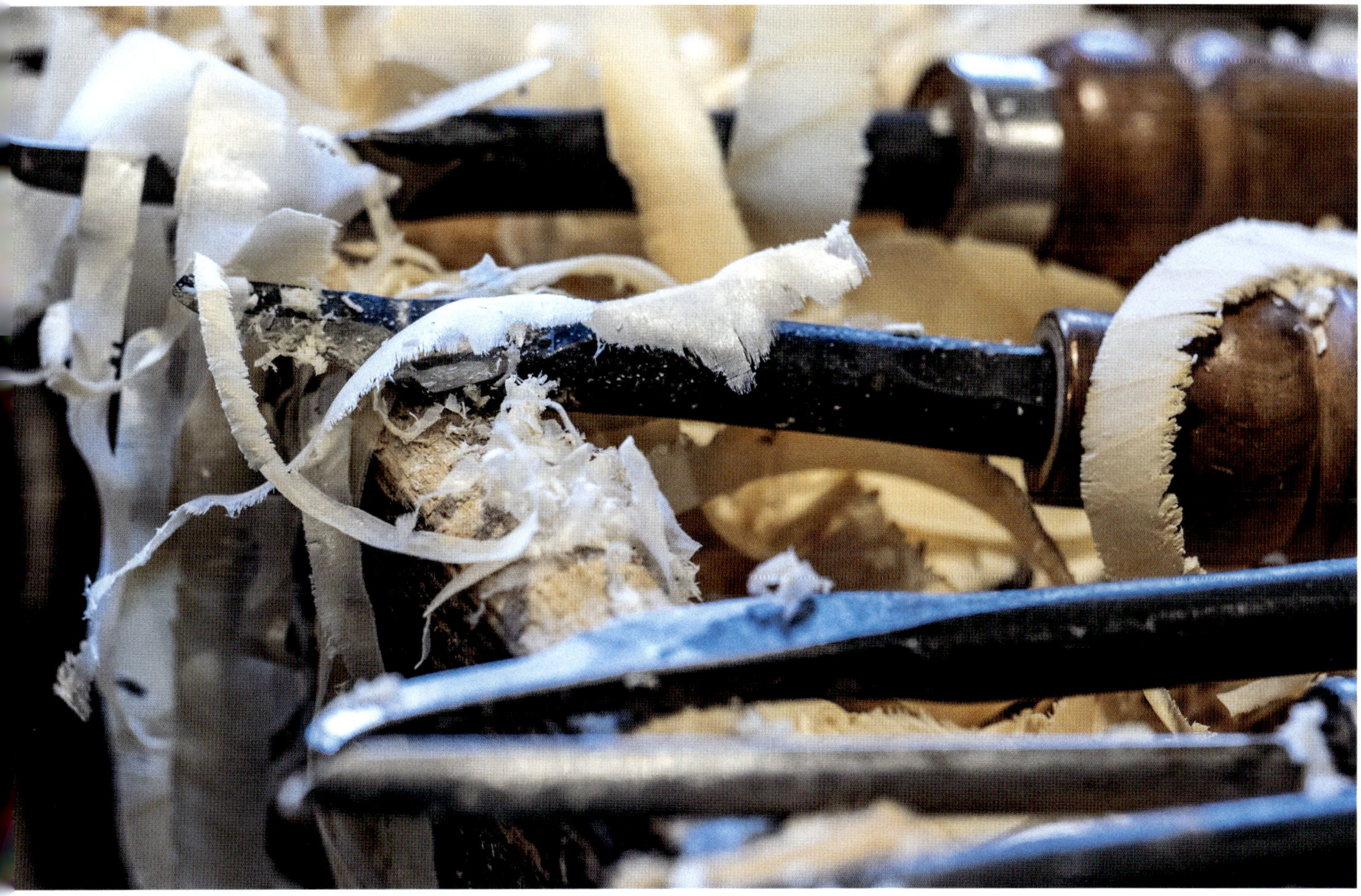

Winterfreuden, Alpenglück

Jochberg (Walchensee) und Aueralm (Tegernsee) ❄ Zugspitze ❄
Frasdorfer Hütte (Chiemgauer Alpen) und Klausbachtal (Berchtesgadener Alpen)

VORIGE SEITEN Blick vom Herzogstand über Walchensee und Jochberg (links).
RECHTS Das Karwendel zwischen Nebel und Tal.

Winterfarben im Blauen Land

Im Zickzack durch den Winterwald: Auf dem Weg oberhalb vom Walchensee stapfe ich hinauf zum Jochberg. An steileren Stellen geht es über Stufen. Im Schnee zeichnen sich Tierspuren ab, vielleicht die Fährte eines Rehs. Menschen, die sich auskennen, können in Spuren lesen wie in einem Winterskizzenbuch. Sie sehen, ob sich ein Tier ruhig oder auf der Flucht bewegt hat, erkennen den Unterschied zwischen Hase und schnürendem Fuchs, der eine ebenmäßige Spur wie eine Perlenschnur hinterlässt. Der Hase dagegen setzt seine Hinterläufe paarweise vor die Vorderläufe. Es ist magisch, dass all die Wildtiere, die man so gut wie nie sieht, plötzlich Lebenszeichen hinterlassen. Als ob eine Winterfee uns daran erinnert, dass der Wald den Tieren gehört. Und diese sollten vor allem in der kalten Jahreszeit nicht gestört werden. Sie benötigen all ihre Energiereserven zum Überleben. Schalenwild wie Hirsche und Rehe findet bei hoher Schneedecke nur noch schwer die benötigte Nahrung. Die Tiere schränken ihren Bewegungsradius auf ein

Minimum ein und verharren, wenn möglich, im Ruhezustand. Sie verringern ihre Körpertemperatur, fahren den Stoffwechsel hinunter und greifen auf ihre Fettreserven zurück.

Eine versteckte Höhle unter Baumwurzeln bietet kleinen Tieren Schutz, vielleicht einem Hermelin, der im Winter bis auf die schwarze Schwanzspitze ein schneeweißes Fell trägt. Der nachtaktive Räuber muss mindestens zwei Mäuse am Tag erbeuten, um gut durch die kalte Jahreszeit zu kommen. Auch in den Hohlräumen zwischen Schneedecke und Boden spielt sich mehr Leben ab, als man denkt. Schnee bietet eine gute Isolierung, das nutzten schon die Inuit beim Bau ihrer Iglus. Mäuse sind unter der weißen Decke vor Greifvögeln und Füchsen geschützt, allerdings nicht vor Mauswieseln, die ebenfalls keinen Winterschlaf halten.

Der Wald öffnet sich zur felsigen Bergflanke hin, die senkrecht zum Tal abfällt. Der Vorhang geht auf zum Blauen Land, in dem das

146

Aufstieg zum Jochberg mit Blick ins Fünf-Seen-Land.
Am Fuß der Berge liegt der Kochelsee.

dass das Heu im Inneren des Haufens trocken blieb. Es diente als Wintervorrat fürs Vieh.

Der Maler Lovis Corinth zog sich von 1919 an oft in sein Ferienhaus in Urfeld am Walchensee zurück. Ich habe eins seiner Winterbilder vor Augen. Das Schneeweiß spielt ins Lila, der Walchensee, der diesem unglaublich schönen Bild seinen Namen schenkte, schimmert in Blautönen. Es ist, als ob die Kälte flimmert, die Winterlandschaft verzaubert mit Licht.

Auch Gabriele Münter lebte im Voralpenland. Sie malte in Murnau in ihrem Haus mit blauen Fensterläden, zeitweise gemeinsam mit ihrem damaligen Lebensgefährten Kandinsky. Auf ihrem Bild *Winter in Elmau* (1933) schmiegt sich der Schnee in die Buckelwiesen, am Wegrand steht ein Heustadl. Es scheint Frühling zu sein, an den Südhängen kommt schon das Gras zum Vorschein. Dort haben wir als Kinder gespielt. In der Ferne wacht die Alpspitze über das abgeschiedene Hochtal.

Wer in einem Museum bewusst darauf achtet, wird feststellen, dass es nicht besonders viele Winterbilder gibt. Wenn sie irgendwo hängen, fallen sie sofort auf, weil ihr Weiß in der farbigen Umgebung heraussticht. Der französische Impressionist Claude Monet malte sein vielleicht schönstes Schneegemälde *Die Elster* (1868/69) in der Normandie. Zaun, Tor, Bäume, auch die Elster werfen ihre Schatten in die weiß verträumte Landschaft. Richtig tiefen Winter erhoffte sich Monet im Februar 1895 in Norwegen. Als er ankam,

Licht alles mit einem sanften Filter überzieht. Dieser Landstrich im Bayerischen Voralpenland hat etliche Maler und Malerinnen angezogen, darunter Franz Marc, der in Kochel lebte. 1911/12 gründete er mit Wassily Kandinsky die Künstlervereinigung „Blauer Reiter". Im nahen Franz Marc Museum sind viele ihrer Werke ausgestellt.

Ein fröhliches Winterbild sind Marcs *Hocken im Schnee* (1911), große Heuhaufen, die früher um einen Pfahl herum aufgeschichtet wurden. Die Heumanderl sehen aus wie Birnen, die unter einer Schneehaube rot, grün und orange leuchten. Die Form sorgte dafür, schneite es so stark, dass er erst einmal 18 Tage warten musste, bis er seine Staffelei draußen aufstellen konnte. Wie bei all seinen Bildern ging es ihm darum, das Licht einzufangen, das sich im norwegischen Winter minütlich ändern kann.

Je höher ich komme, desto stärker weht es. Es klingt, als würde jemand auf einer Waldharfe spielen. Es zeigen sich die ersten Latschenkiefern, wundersame Alpenbäume, die in ausgesetzter Lage, oft an der Waldgrenze wachsen. Die buschartigen Bäume werden bis zu drei Meter hoch und können bis zu 300 Jahre alt werden. Mit ihren biegsamen Ästen halten sie erstaunliche Schneelasten aus. Unter den dichten Zweigen finden Alpentiere wie die Schneemaus Schutz. Latschen bilden einen wichtigen Erosions- und Lawinenschutz. Es sind Heilbäume, im Volksmund Bergsegen genannt. Aus ihren Nadeln wird Öl gewonnen, das bei Erkältungen und gegen Muskelschmerzen hilft. Ihr Duft weckt Lebensgeister und die Sehnsucht nach den Bergen.

Es gibt noch eine andere Bergkiefernart, mit der Latschen leicht verwechselt werden: Zirben (in der Schweiz Arven genannt). Sie wachsen ebenfalls langsam und werden bis zu 25 Meter hoch. Die genügsamen Bäume überstehen Fröste von bis zu –40 Grad und können mehrere Hundert Jahre alt werden. Zirbenwälder, aus denen im Herbst verfärbte Lärchen wie Fackeln leuchten, sind mär-

chenhaft. Die Samen in den Zapfen sind eine wichtige Nahrungsquelle für Vögel wie den Tannenhäher. Im Herbst beginnt er, um die 100 000 Zirbennüsse an bis zu 7000 verschiedenen Plätzen zu verstecken. An die meisten seiner Verstecke erinnert er sich. Sein Nest baut der Tannenhäher früh im Jahr hoch oben in Nadelbäumen, möglichst nah am Stamm, wo es vor Schnee geschützt ist.

Föhn treibt die Wolken über den Himmel. Ich schlängele mich durch ein Gatter, durch das Menschen, nicht aber Kühe gelangen können. Das Vieh wurde im Herbst ins Tal hinabgetrieben. Oft wird es beim Almabtrieb festlich geschmückt und im Tal von Einheimischen und Touristen begrüßt. Ein alter Brauch, der wie so viele andere Winterbräuche in Bayern noch lebendig ist. Dazu gehört auch Eisstockschießen auf den zugefrorenen Weihern. Oder die Maschkera (Betonung auf dem „a") in Orten wie Mittenwald. Bei dem Umzug am Unsinnigen Donnerstag, dem Donnerstag vor Aschermittwoch, wecken Goaslschnalzer und Pfannenziacher die Frühlingsgeister. Sie tragen handgeschnitzte Masken und läuten mit Kuhglocken und Schellen.

Ein schneidender Wind empfängt mich, sobald ich den Wald verlasse. Er bläst die Ohrenklappen meiner Mütze hoch. Vor mir faltet sich das Karwendel auf, schneebedeckte Gipfel bis zum Horizont. Ich drehe mich um und auch dort ist das Panorama atemberaubend. Im Tal glänzen Kochel- und Walchensee

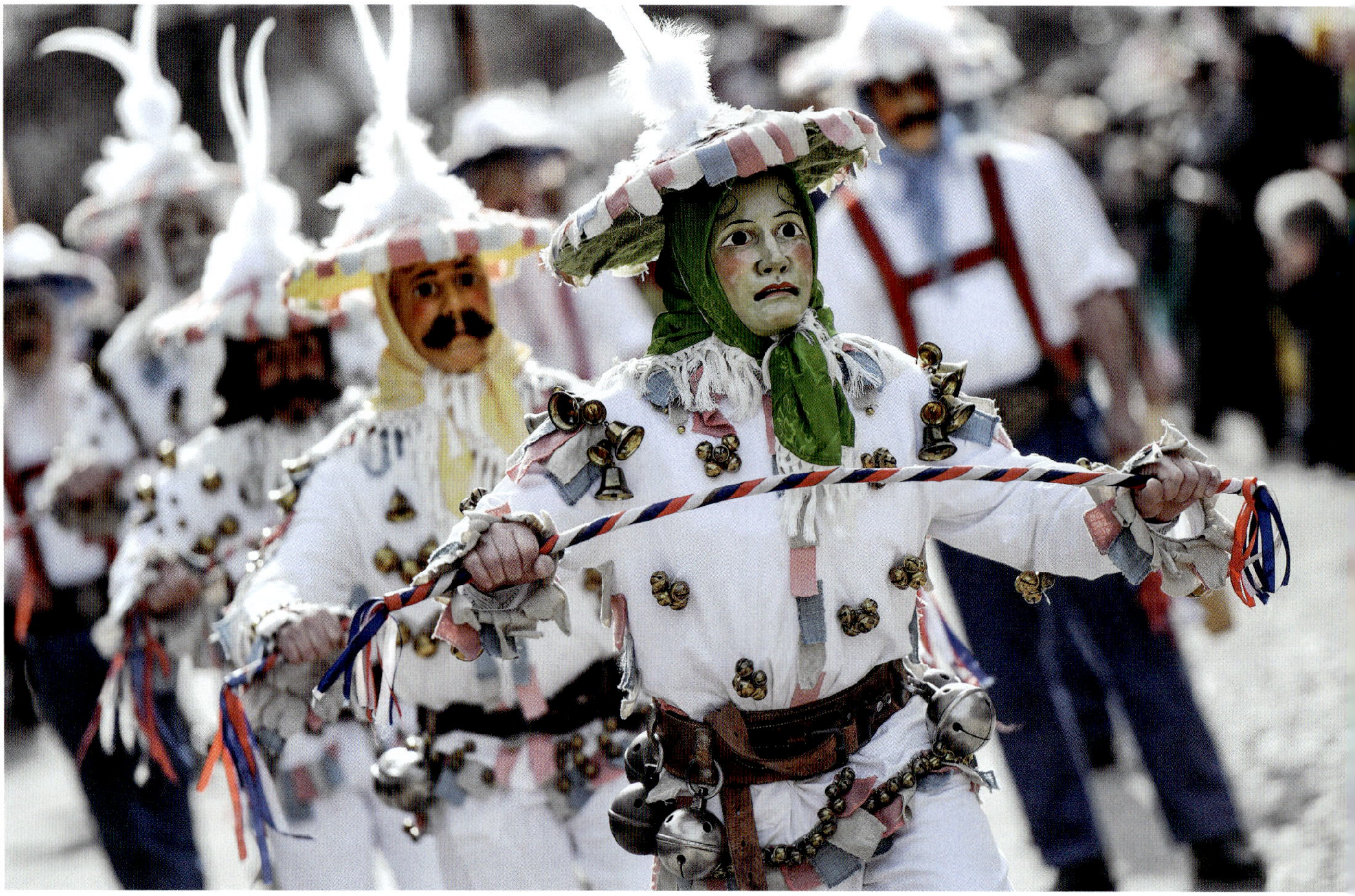

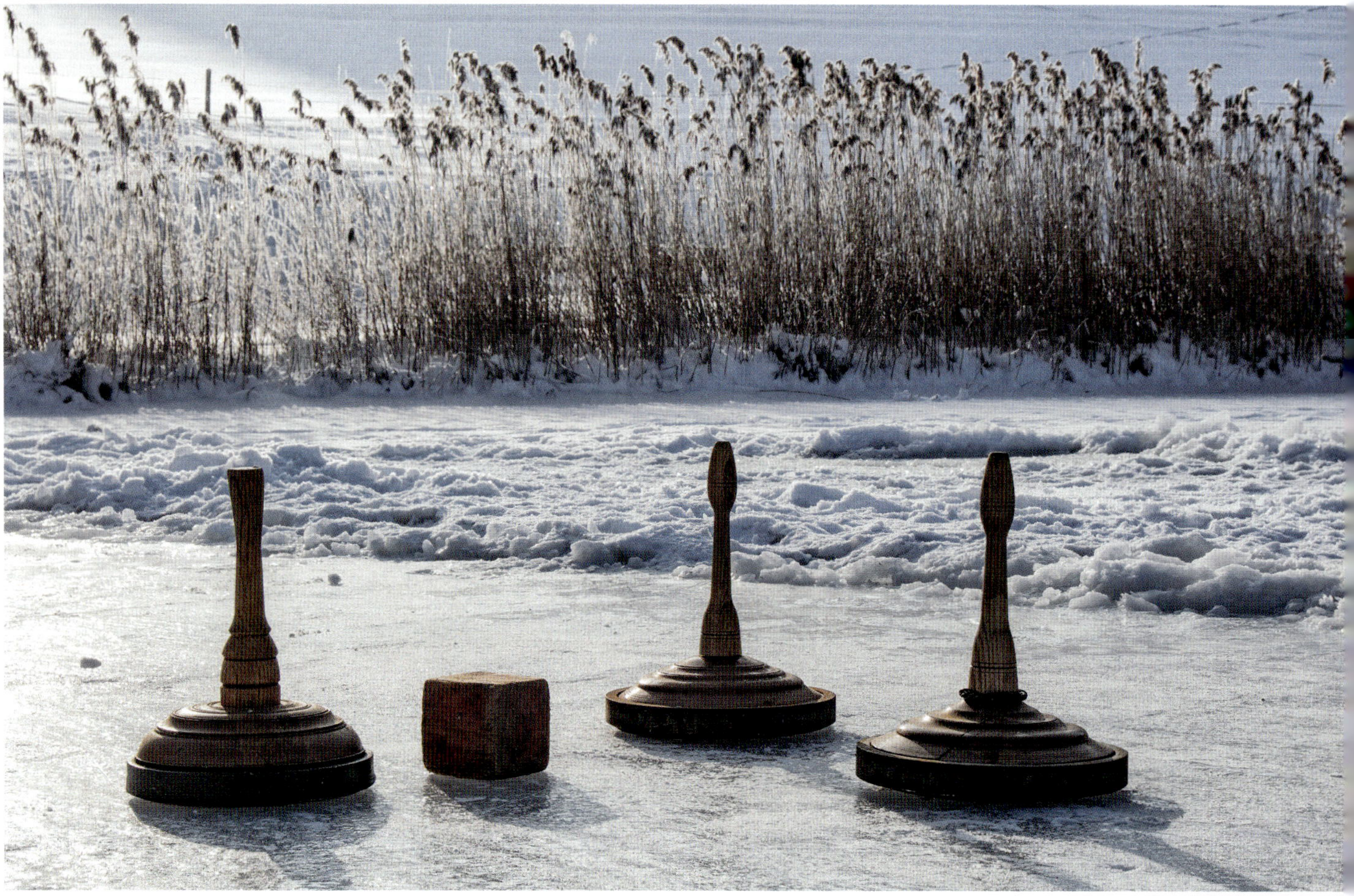

wie zwei dunkelblaue Augen. Wie die meisten voralpenländischen Seen wurden sie von eiszeitlichen Gletschern geformt.

Eine Fichte ist über und über mit Schneekugeln geschmückt, alles Natur, aber sie sieht aus wie ein Kunstwerk. Dass man sich Schnee auch anders als mit Pinsel und Leinwand nähern kann, zeigt der britische Land-Art-Künstler Andy Goldsworthy. In seinen Natur-Kunstwerken verwendet er natürliche Materialien, deren Vergänglichkeit Teil seiner Projekte ist. Im Sommer 2000 platzierte er 13 im Durchmesser etwa 1,5 Meter große Schneebälle auf Londons Straßen. In seinem Buch *Midsummer Snowballs* (2001) hielt er den Schmelzprozess und die Reaktionen der überraschten Passanten fotografisch fest.

Der Winter ist für Künstler und Betrachter immer auch Projektionsfläche. Wer ihn mag, für den ist das Schneeweiß ein Neuanfang, ein Versprechen, und Winterszenen sind ein Vergnügen. Auf den Bildern des zeitgenössischen britischen Künstlers Peter Doig etwa wirken Skifahrer fast impressionistisch hingetupft. Wer mit Frost und Schnee nicht viel anfangen kann, für den symbolisieren sie Einsamkeit und Verzweiflung.

Ich wandere weiter Richtung Jochberggipfel an Latschen vorbei, die sich an Felsklippen klammern. Auf der anderen Seite des Pfads neigt sich die Kuppe sanfter ins Tal. Dort verbergen sich Almwiesen unter der Schneedecke. Auf den Südhängen werden ab März Bergblumen wie Frühlingsenziane, auch Schusternagerl genannt, blühen. Die

Stängel der Frühblüher sind kurz, damit sie bei einem erneuten Wintereinbruch nicht abknicken.

Auf 1565 Metern steht das Gipfelkreuz. Nach Osten hin schaut man bis ins Tegernseer Land. Im Westen erstreckt sich das Wettersteingebirge. Zu meinen Füßen liegt auf 1382 Metern die Jocheralm. Zu ihr steige ich hinab. Die Fensterläden sind geschlossen, die Hütte öffnet erst wieder Ende Mai. Es gab schon Jahre, in denen es Anfang Juni noch geschneit hat. Auf dem aufgeschichteten Holz an der Hauswand finde ich einen Sitzplatz, der nach Süden ausgerichtet ist. Dort packe ich meine Brotzeit aus und lasse mir die Sonne ins Gesicht scheinen.

Noch ein Tag wie aus dem Winterbilderbuch, diesmal mit Schlitten in den Bergen am Tegernsee. Mein Ziel ist die Aueralm, die auf 1260 Meter Höhe liegt. Der verschneite Weg führt oberhalb von Bad Wiessee in lang gezogenen Schleifen bergauf durch den Wald. Er ist von einer kleinen Pistenraupe extra für Schlittenfahrer präpariert. Ich ziehe und ziehe, zwischendurch wechsle ich die Hand. Die Böschungen fallen steil ab, unterhalb der Hänge glucksen kleine Bäche, eine wichtige Wasserquelle für Tiere in einer ansonsten erstarrten Welt. Ab und zu schiebt sich die Sonne als gleißende Kugel zwischen die Stämme. Noch eine Kurve und noch eine, es ist ein gleichmäßiger, wunderschöner Aufstieg. Fichten breiten ihre Schwingen aus, als würden sie zur anderen Talseite winken. Wie graublaue Scherenschnitte zeichnen sich die Gipfel vor dem Himmel ab. Dazwischen verlaufen sanft geschwungene Hochalmen. Es sind diese Ausblicke in den Bergen, für die man sich immer wieder auf den Weg macht, die das Herz frei machen. Der Blick ist weit und die Welt so schön, der Winter kalt, aber wohlgesonnen. Ich habe für einen Moment das Gefühl, dass es immer so bleibt.

An den flacheren Stellen gleitet der Holzschlitten neben mir her. Er ist nicht besonders schwer, mit seinen vorn nach oben gebogenen Kufen ein genial konstruiertes Gefährt. Vermutlich wurden Schlitten um 3000 v. Chr. in Ägypten erfunden, um Lasten beim Pyramidenbau zu ziehen. Die indigenen Völker in den subarktischen Regionen Amerikas zogen Toboggans, Schlitten ohne Kufen, oder ließen sie von Hunden ziehen. In Norwegen fand man Schlittenüberreste in einem Wikingergrab aus dem Jahr 800. In Deutschland nutzten die Bauern die Wintergefährte bereits vor 500 Jahren für den Transport von Holz und Heu. Und im 16. Jahrhundert war es endlich so weit: Kinder entdeckten den Spaß an dieser Fortbewegungsart. Der Adel ließ sich im 17. und 18. Jahrhundert kostbar verzierte Pferdeschlitten bauen. In vielen von Leo Tolstois Werken etwa gibt es Szenen, in denen Paare, die nicht unbedingt verheiratet waren, gemeinsam in Pferdeschlitten durch die winterliche Nacht glitten. Erst Ende des

19. Jahrhunderts wurde Rodeln zum Sport. Das erste offizielle Rennen fand 1883 in Davos statt. Heute unterscheidet man im Eiskanal zwischen Rodeln, Skeleton und Bob fahren, je nachdem ob man auf dem Rücken beziehungsweise Bauch liegt oder aber sitzt.

Noch eine letzte Kurve, dann öffnet sich der Weg zur Aueralm. Weiß glitzert die Welt: Was ist Schnee nur für ein sagenhafter Stoff! Aber warum ist er überhaupt weiß, wo er doch aus farblosem Wasser besteht? Das liegt daran, dass Schnee sich aus unzähligen einzelnen, miteinander verästelten Eiskristallen zusammensetzt. Seine Oberfläche ist entsprechend rau. Während Wassermoleküle, auch glatte Eisoberflächen, Licht durchlassen und daher durchsichtig wirken, reflektiert Schnee das Licht. Da er das für uns sichtbare Spektrum in alle Richtungen zurückstrahlt, nehmen wir alle Farben gleichzeitig wahr. Dadurch wirkt Schnee für das menschliche Auge weiß.

Und dennoch: Auch Schnee ist nicht immer schneeweiß. Er kann silbern schimmern, grau sein, wollweiß und im Schatten fast schwarz. Blutschnee ist rot, er bekommt seine Farbe durch Schneealgen. Manchmal reflektiert Schnee das Licht so stark, dass es in den Augen schmerzt. Die Inuit haben daher schon vor Urzeiten aus Knochen die ersten Sonnenbrillen mit zwei schmalen Sehschlitzen geschnitzt.

Auf der letzten Anhöhe geht es noch einmal stramm bergauf. Auf der Kuppe steht die

Blick von der Aueralm nach Osten. Mit dem Schlitten geht es ins Tal hinab. Dort liegt der Tegernsee.

fast 100 Jahre alte Aueralm. Am Terrassengeländer stecken Schlitten und Tourenski im Schnee, ich stelle meinen dazu. Auf mich wartet eine besonders schöne Sonnenterrasse, wie sie zu vielen Almwirtschaften gehört. Das Alpenpanorama ist grandios: Kampen und Fockenstein, Sattelkopf und Huder. Aber schon bald, nachdem ich meinen Kaiserschmarrn genossen habe, breche ich auf. Die Kälte schleicht sich trotz Sonnenschein an.

Es wartet eine 4,3 Kilometer lange Abfahrt. Schnee stiebt auf, wenn ich mit beiden Stiefeln bremse. Ich fahre in einer pudrigen

Wolke, die sich in feinen Körnern auf Beine, Jacke, bis hoch in meinen Kragen legt. Das passt schon mal. Hinter der ersten Biegung geht's gleich steil in den Wald. Zwischendurch muss ich die Hacken in den Boden rammen, um Fahrt rauszunehmen. Es ist nicht immer so, dass mir mein Schlitten aufs Wort folgt. Auf den flacheren Abschnitten steige ich ab und ziehe, eine Atempause. Dann geht es weiter. Für kurze Zeit stelle ich sogar beide Füße auf die Kufen.

Alpenpanorama von der Zugspitze aus gesehen. In der Mitte ragt der Großvenediger in Österreich auf.

Ein Gletscher, doch wie lange noch?

Die Gondel schwebt schnell, Wälder und Berge ziehen vorbei, die Felsenwelt mit ihren Zacken, Graten und verschneiten Flanken rückt näher. Oben an der Seilbahnstation der Zugspitze verschlägt mir die Hochgebirgslandschaft die Sprache. Ich weiß nicht, wohin ich zuerst blicken soll. Also bleibe ich einfach stehen und staune. An den Geländern der Terrassen sind Schautafeln mit den Namen der Gipfel angebracht, Gebirgsketten bis zum Horizont. Stubaier Alpen, Engadiner Alpen, Silvretta Gruppe, die Lechtaler Alpen, der Blick reicht bis in die Schweiz, nach Österreich und Italien. Ich habe einen Tag mit grandioser Fernsicht abgepasst, was alles andere als selbstverständlich ist.

Die Zugspitze ist ein Bollwerk für Wetterfronten aus dem Westen. Hier fangen sich die Tiefausläufer und lassen ihre Niederschläge da. Winde können mit bis zu 350 Kilometern in der Stunde über die Bergkämme fegen, Unwetter bauen sich blitzschnell auf. Das Wetter kann innerhalb von Minuten umschlagen, im Hochsommer urplötzlich Schneetreiben ein-

setzen und Wanderer in Bergnot bringen. Berge sind ehrfurchtgebietend, Fehler verzeihen sie manchmal nicht.

Ich stehe auf der Terrasse unterhalb des Gipfelkreuzes. Den Gletscher selbst sieht man nur im Sommer, er liegt im Winter unter einer Schneedecke. Neben dem Höllentalferner, der etwas nordöstlich auf 2500 Meter Höhe im Wettersteingebirge liegt, und dem Watzmann- und dem Blaueisgletscher in den Berchtesgadener Alpen ist der Nördliche Schneeferner einer der vier verbliebenen Gletscher in Deutschland. Von ewigem Eis wagt niemand mehr zu sprechen.

Gletscher entstehen, wenn über einen langen Zeitraum mehr Schnee liegen bleibt, als schmilzt. Erst schneit es, dann wird Neuschnee zu körnigem Firn, der sich setzt, im Sommer etwas anschmilzt und wieder friert. Im nächsten Winter legt sich eine neue Schneeschicht darüber. Der Druck auf die unteren Schichten wächst. Noch befindet sich Luft zwischen den Schneekörnern, die im Lauf der Zeit herausgepresst wird. So lange, bis nur noch blankes Eis vorhanden ist.

Die Gletscherbahn bringt Skifahrer flugs zu den Pisten hinunter, am Schneefernerhaus vorbei, das dicht an den steilen Hang unterhalb des Gipfelplateaus gebaut ist. Hier wird an der Umweltforschungsstation Schneefernerhaus über Wetter, Klima, Permafrost und den Gletscher an der Zugspitze geforscht. Von 1931 bis 1992 war das Schneefernerhaus ein Hotel, über dessen Terrasse am 15. Mai 1965 eine Lawine raste. Ein 500 Meter langes, sechs Meter breites Schneebrett hatte sich oben am Berg gelöst, wie so oft bei Lawinenabgängen ohne Vorwarnung. Die Menschen, die bei Sonnenschein auf der Terrasse saßen, wurden teils 100 Meter von der Schneewalze mit in die Tiefe gerissen. Es gab zehn Tote und 21 Schwerverletzte. Die Bergrettung suchte die ganze Nacht nach Überlebenden. Das Ereignis ging als Jahrhundertlawine in die Geschichte der Zugspitze ein. Heute sind oberhalb des Gebäudes Lawinenabsperrungen angebracht.

Lawinen sind tückische, völlig unberechenbare Naturgewalten. Sie werden nicht ohne Grund weißer Tod, weiße Wut oder Schneemonster genannt. Wenn sie ins Tal rasen, folgt ihnen oft eine riesige weiße Wolke. In dem Moment, in dem sie zum Stehen kommt, verwandelt sie sich in weißen Beton.

Am Institut für Schnee- und Lawinenforschung in Davos forscht man über das weiße Mysterium. Die Entstehung einer Lawine hängt von vielen unterschiedlichen Faktoren ab. Temperaturschwankungen, die dazu führen, dass Schneeschichten sich nicht miteinander verbinden. Neuschnee, Altschnee, Nassschnee sowie Wind und Neigung des Hangs spielen eine Rolle. Schneekristalle verändern sich, sobald sie liegen. Manchmal reicht ein winziger Auslöser, ein paar Kristalle, die brechen, dann wieder ein einzelner Skifahrer, der einen Tiefschneehang quert, oder eine Wechte, die an einer Kante abbricht, um den Kollaps einer Schneedecke auszulösen. Schneebrettlawinen, Lockerschneelawinen, Eislawinen und Gleitschneelawinen haben unterschiedliche Gesichter. Lawinen können mit 220 Stundenkilometer talwärts rauschen, ganze Wälder absäbeln, Häuser und Menschen verschütten. Skifahrer sollten abseits der Piste eine entsprechende Ausrüstung dabeihaben und einen Lawinenkurs gemacht haben. Hundertprozentigen Schutz aber gibt es nicht.

An der Skistation leihe ich mir Ski, Stiefel, Stöcke sowie Helm und los geht's. Ich genieße den Fahrtwind im Gesicht, das regelmäßige Schwingen und Stockeinsetzen, die spielerische, schnelle Art des Vorankommens. Der Kopf wird sofort frei. Je nachdem wie steil es ist, sind meine Schwünge enger oder weiter. In der Mitte der Piste ist der Schnee schon etwas abgefahren, aber am Rand finde ich immer wieder pudrige Abschnitte, in denen sich das Skifahren schön weich anfühlt.

Zugspitzgipfel: Die Erstbesteigung gelang im August 1820 dem Tiroler Josef Naus und seinen zwei Begleitern.

Die Geschichte des Skifahrens reicht Jahrtausende zurück. In Nordnorwegen stieß man auf Felszeichnungen von etwa 4500 v. Chr., die Menschen auf Skiern zeigen. In vielen nördlichen, schneereichen Ländern, aber auch in China und Kirgistan nutzten die Menschen Skier, nicht zum Vergnügen, sondern eher auf der Jagd. Der Name „Ski" (von „Scheit" für gespaltenes Holz) stammt aus dem Norwegischen. Es war gar nicht so einfach, die Spitzen der langen Latten nach oben zu biegen. Die Norweger hatten sogar einen Gott und eine Göttin des Skifahrens:

Uller und Skadi. In ihrem Land entwickelte sich das Skifahren auch zum Sport und das erste Skirennen wurde ausgetragen. Noch waren die Skischuhe nur vorn in den Bindungen befestigt. Die Expedition von Fridtjof Nansen, der 1888 auf Skiern den grönländischen Eisschild durchquerte und darüber ein Buch schrieb, entfachte dann in Norwegen einen regelrechten Skiboom. Damals waren die Skier noch bis zu 3,20 Meter lang.

Ende des 19. Jahrhunderts erreichte der neue Sport die Alpen. Skiclubs und Skischulen wurden gegründet, 1908 stellte man

LINKS Alpendohlen leben auch im Winter auf dem Zugspitzplateau. Die Flugkünstler nutzen die Thermik.

OBEN Auf dem Zugspitzplatt gibt es genug Lifte für einen abwechslungsreichen Skitag.

im Hochschwarzwald den ersten Skilift auf. Er wurde mit Wasserkraft über ein Mühlrad betrieben. Es dauerte aber noch, bis sich das Skifahren zu unserem heutigen Sport entwickelte. Die Ski wurden nicht nur kürzer, sondern in der Mitte tailliert und damit drehfreudiger. Irgendwann bekamen sie Stahlkanten. Die Bindungen wurden fixiert. Auch die Fahrtechnik veränderte sich stetig weiter, manche stiegen aufs Snowboard um, fuhren Freestyle oder sprangen von hohen Schanzen. Die Skigebiete in den Alpen zählen zu den schönsten der Welt.

Das Klima wird wärmer, die Winter schneeärmer. Die Diskussion, ob man als umweltbewusster Mensch überhaupt noch Ski fahren sollte, wird geführt. Aber: Skifahren ist im Alpenraum ein Kulturgut, es gehört dort zur Identität der Menschen. Unzählige Arbeitsplätze im Tourismus hängen davon ab. Skifahren ist Bewegung und Naturerlebnis. Letztlich ist es wie mit Autofahren, Fernreisen und Ernährung: Je nachhaltiger wir leben und je kleiner unser CO_2-Fußabdruck ist, desto besser. Dieser Herausforderung müssen sich auch Skiorte und Liftbetreiber stellen. Benötigen wir unbedingt beheizte Sessellifte? Was wären die Möglichkeiten, sie mit regenerativer Energie zu betreiben? Es gibt schöne Skigebiete, die man gut mit Bahn und Busshuttle erreicht. Das könnte in der Vermarktung immer wichtiger werden. In einigen Skiorten in Österreich werden Schritte

in diese Richtung unternommen. Und: Braucht es wirklich Kunstschnee? Oder sollte man eher aufs Skifahren verzichten, wenn es nicht schneit? Welche Alternativen gäbe es in solchen Zeiten für den Tourismus in den Bergorten? Man würde sicher einiges finden. Überhaupt nicht sinnvoll ist es, neue, immer noch größere Skigebiete zu erschließen.

Auf der Zugspitze fällt zum Skifahren noch genügend natürlicher Schnee. Das Plateau ist von Gipfeln, darunter Wetterwandeck (2698 Meter) und Schneefernerkopf (2875 Meter), umgeben. Der Sessellift summt, die Sonne scheint. Rauf und runter, rauf und runter, ich probiere alle Pisten aus. Vom Lift aus beobachte ich das Treiben an den Hängen. Zwei Jungs haben sich eine Schanze gebaut. Sie springen darüber und drehen sich einmal in der Luft. Am Helm tragen sie eine kleine Kamera. Ein Mann ist schnittig unterwegs und schreit „Sakradi", als ihm ein anderer Skifahrer in die Quere kommt. Nachmittags mache ich Pause auf der Terrasse des Restaurants Gletschergarten. Alpendohlen stibitzen Pommes von den Tischen. Noch ein paar Abfahrten, dann neigt sich mein Skitag dem Ende zu. Um 16 Uhr muss man seine Ausrüstung an der Leihstation wieder abgeben.

Im September bin ich zurück. Ich möchte an einer Gletscherführung teilnehmen, die nur im Sommerhalbjahr stattfindet. Ende August hat es bereits das erste Mal geschneit. Auf dem Gipfelplateau ist es 13 Grad warm,

Der Nördliche Schneeferner im Sommer. Der Gletscher ist im Durchschnitt nur noch zehn Meter dick.

sehr warm für die Zugspitze, zu warm für diese Jahreszeit. Die Durchschnittstemperatur auf Deutschlands höchstem Berg beträgt −2 Grad, das klingt kälter, als es mittlerweile immer wieder ist. Zwar erreichen die Tiefstwerte im Winter −30 Grad. Das ganze Jahr über kann es auf dem höchsten Vorposten der Nordalpen schneien. Doch seit Jahren ist es im Sommer auf dem Gipfel zu warm. Bei 10 Grad plus schmilzt der Gletscher am Tag zehn Zentimeter. Zehn Zentimeter!

Während im Winter eine Schneedecke über dem Gletscher lag, breitet sich nun eine Schotterlandschaft unter mir aus. So muss es auf dem Mars aussehen. Wie ein hufeisenförmiges Amphitheater ziehen sich die Felswände um das Zugspitzplatt. Vor der Felssteinkirche spielen zwei Alphornbläser. Tiefe, warme Töne, wie sie früher von den Almen hinunter in die Täler wehten.

Die kostenlose Gletscherführung wird zweimal am Tag angeboten. Eine Schulklasse aus Thüringen ist extra mit ihrem Geografielehrer angereist. So ist es auch ein Schüler, der die Frage der Führerin beantwortet: „Was macht überhaupt einen Gletscher

Die Umweltforschungsstation Schneefernerhaus an der Südseite der Zugspitze hat eine eigene Postleitzahl.

aus?" – „Dass er sich bewegt". Das stimmt. Ein Gletscher benötigt genügend Masse und eine bestimmte Neigung des Berges, damit er sich durch sein Eigengewicht Richtung Tal schiebt. Hört er auf, sich zu bewegen und bleibt beispielsweise in einer Kuhle liegen, spricht man von Toteis. So hat der Südliche Schneeferner 2022 seinen wissenschaftlichen Status als Gletscher verloren. Man sieht an der Struktur der Felswände, die das Zugspitzplatt umgeben, bis wohin das Eis einst reichte. Dort, wo es sich zurückgezogen hat, sind die Wände glatter.

Ich trage Sonnenbrille und -cap und habe eine dicke Schicht Sonnencreme aufgetragen. Trotzdem spüre ich die Kraft der Sonne, während wir am ersten Aussichtspunkt pausieren. Vier Faktoren tragen vor allem zum weltweiten Abschmelzen der Gletscher bei: Sonneneinstrahlung, Temperatur, die Niederschlagsmenge und die Ausrichtung des Gletschers. (Auch Winde und Saharastaub spielen eine Rolle.) 2006 maß das Eis des Nördlichen Schneeferners an der mächtigsten Stelle noch rund 50 Meter. Heute sind es etwa 30 Meter, im Durchschnitt nur um die zehn Meter.

Für einen Meter Gletschereis braucht es im Jahr zehn Meter Neuschnee, dann muss vier Jahre lang in den Wintermonaten die Temperatur unter dem Gefrierpunkt liegen. Wann aber fiel in den letzten Jahren so viel Schnee auf der Zugspitze? Eben. Dazu kommt, dass es im Sommer mittlerweile so warm ist, dass mehr Schnee abschmilzt, als liegen bleibt. Dem Schnee kommt jedoch noch eine weitere essenzielle Bedeutung zu: Er dient dem Gletscher als Isolierung, unter der weißen Decke bleibt es kühler. Außerdem reflektiert er die Sonneneinstrahlung (Albedoeffekt) und mindert dadurch die Temperatur auf der Gletscheroberfläche. Fällt zu wenig Schnee und schmilzt dieser wenige im Sommer auch noch weg, kommt immer mehr durch Geröll und Sand verschmutztes Eis zum Vorschein. Die dunklere Färbung absorbiert mehr Sonnenlicht, der Gletscher schmilzt noch stärker ab. Ein Teufelskreis. Der Schneeferner bekommt von den umliegenden Bergen noch dazu nicht besonders viel Schatten. Man geht davon aus, dass es ihn etwa 2035 nicht mehr geben wird.

Eiszeiten kamen und gingen, kein Mensch weiß genau, warum. Verschiedene Faktoren können bei Klimaveränderungen eine entscheidende Rolle spielen. Veränderte Sonnenstrahlung, Vulkanausbrüche, ebenso El Niño und La Niña und deren Einfluss auf den Golfstrom. Im Anthropozän ist der Klimawandel erstmals in der Erdgeschichte von uns Menschen verursacht. Durch die Verbrennung fossiler Brennstoffe und den daraus resultierenden CO_2-Ausstoß wird es im Durchschnitt immer wärmer und trockener, und das in besorgniserregendem Tempo. Wetterereignisse werden immer extremer.

Hier thront die Zugspitze und kann nichts dagegen tun, dass ihr letzter verbliebener Gletscher abschmilzt. Noch herrscht in ihrem Inneren Permafrost. Wissenschaftler am Schneefernerhaus betreiben in einem Tunnel im Berg eine Messstation, die jede noch so kleine Abweichung registriert. Die Felsen sehen unverwundbar aus. Aber wenn das „ewige" Eis taut, das die Bergspitzen zusammenhält, was dann? In den letzten Jahren kam es immer häufiger zu Bergabstürzen in den Alpen, in denen die Temperatur besonders schnell steigt.

Wir steigen über einen Geröllhang zum Gletscherfeld hinab. Zwischen den Kieseln rieselt Wasser. Unten setze ich mich an den kleinen See, in dem sich das Schmelzwasser aus dem Eisfeld sammelt. Hier rauscht es wie an einem Bergbach. Kinder werfen Steine ins milchige Wasser. Ein Wanderer zieht seine Schuhe aus und streckt die Füße ins eisige Nass. Alles wirkt irgendwie surreal. Ein strahlender Tag, eine grandiose Gebirgskulisse, ein Gletscher, der einst majestätisch war und mich mit seinen restlichen 16 Hektar sehr berührt.

Später am Tag werden auf der Frasdorfer Hütte
die Sonnenschirme aufgeklappt. Man kann dort
auch übernachten.

Von Steinadlern und verschneiten Almen

Unten im Tal ist schon alles grün, aber
oben in den Chiemgauer Alpen sind die
Gipfel noch weiß. Vor mir öffnet sich eine
weitläufige Hochalm, in alle Richtungen zweigen Wanderwege ab. Hier liegt die Frasdorfer
Alm geschützt am Waldrand. Die Fensterläden sind grün-weiß gestrichen, heimelig sieht
das aus. Ober- und Dachgeschoss sind mit
Schindeln aus Lärchenholz verkleidet. Noch
sind sie hellbraun, im Lauf der Zeit werden
sie erst grau, später von der Sonne immer
dunkler gebrannt.

Lärchen wachsen bis in Höhen von 2000
Metern. Im Altertum galten sie als heilige
Bäume. Sie können bis zu 54 Meter hoch und
1000 Jahre alt werden. Ihr Holz gehört zu
den härtesten Nadelhölzern. Die Frasdorfer
Hütte wurde 2022 renoviert, deshalb ist ihr
Holz noch hell. Hier werde ich die Nacht
verbringen. Die Hochbeete im Gemüsegarten
sind eingeschneit, es wird noch dauern, bis
darin wieder etwas wächst. Aber man erkennt
schon den gastronomischen Ansatz auf der
Alm. Im dazugehörigen Restaurant Stubn

wird mit regionalen, wenn möglich selbst
gezogenen Zutaten gekocht.

Die Gaststube mit ihren Holzdielen und
-tischen ist gut besucht und ausgesprochen
einladend. In der offenen Küche knistert im
Herd ein Feuer. Auf dem Tresen stehen haus-
gebackene Kuchen, die Verlockung ist groß.
Doch ich verstaue nur schnell meine Sachen
in der Garderobe und wandere weiter. Nun
bin ich endlich im Winterreich. Wer hätte das
im Tal gedacht.

Einatmen, ausatmen, ein Schritt vor den anderen. Es ist anstrengender, auf verschneiten
Wegen bergauf zu wandern als im Sommer.
Zwei Schlittenfahrer brausen an mir vorbei.
Sie tragen Rucksäcke, aus denen zwei Stöcke
ragen, mit denen sie vorher aufgestiegen sind.
Dabei bindet der Rodelexperte sein Gefährt
mit einem Seil an der Hüfte fest, um die Hände frei zu haben. In Bergregionen wohnen oft
sehr sportliche Menschen. Sie wissen, dass
Bewegung im Winter fit und gesund hält.

Fichtenzapfen sind Nahrung für Fichtenkreuzschnabel, Eichhörnchen und Mäuse.

Hohe Fichten stehen auf den Schneewiesen Spalier. Ich quere das Laubensteiner Gatter. Der Pfad wird schmaler, Schneegriesel setzt ein, die Laubensteinhütten liegen tief in den Schnee geduckt. Ich folge mehr einer Spur als einem Pfad auf den 1351 Meter hohen Gipfel des Laubensteins. Zwischendurch sinke ich bis zu den Knien im Schnee ein. Unten zieht stecknadelgroß eine Gruppe Schneeschuhwanderer durchs Weiß, das an dieser Stelle Eiskeller heißt. Auf der anderen Seite erstreckt sich weit unten in der Ebene der Chiemsee, das bayerische Meer. Es ist eisig, ich nähere mich dem Gipfelkreuz. Die

Aussicht auf die Kampenwand soll von hier aus spektakulär sein, doch heute gibt der Nebel sie nicht frei.

Für Übernachtungsgäste ist in der Frasdorfer Hütte ab 17.30 Uhr ein Tisch reserviert. Die urige Holztreppe knarzt, ich beziehe mein gemütliches Zimmer. Nasse Stiefel bleiben wie in jeder Hütte unten, ich habe meine Hausschuhe mitgebracht. Die Atmosphäre in der Stubn ist familiär. Man kann ein Drei- oder Vier-Gänge-Menü bestellen oder einzelne Speisen daraus auswählen. Als Vorspeise esse ich ein Rote-Bete-Carpaccio mit Buttermilchschaum und Meerrettich. Blutwurstravioli mit Kraut und Majoran hätten sicher auch hervorragend geschmeckt. Beim Hauptgang lockt Zander mit Lauch und Holunderblüte. Der Fisch stammt vom Fischer von der Fraueninsel im Chiemsee. Alles schmeckt grandios, eine frische, bodenständige und trotzdem überraschende Küche. Hier wird von Küchenchef Markus Erbach die alpine Küche neu erfunden. Im Flur stehen allerlei Zutaten in großen verschlossenen Gläsern und fermentieren vor sich hin. Zitronen, Zwiebeln und Tannenzapfen in Zucker. Man darf gespannt sein, welche Aromen dabei entstehen. Zum Nachtisch genieße ich Gebrannte Creme, dazu Rhabarber-Erdbeer-Sorbet, bestäubt mit Fichtennadeln. Sie werden im Frühling gepflückt, dann getrocknet, gemahlen und eingefroren, um im Winter einen Hauch Waldaroma auf die Teller zu zaubern.

Warum essen wir in der kalten Jahreszeit anders? Wir haben mehr Lust auf deftigere Speisen als im Sommer, auch mehr Appetit auf Süßes. Das ist zum Teil evolutionär bedingt, denn unsere Vorfahren verbrachten auch bei Kälte, etwa auf der Jagd, viel Zeit draußen und mussten durch eine höhere Energiezufuhr ihre Körpertemperatur halten. Das ist heute in unseren beheizten Räumen nicht mehr nötig. Unser Appetit auf mehr Kohlenhydrate und Zucker kann daher auch psychische Ursachen haben. Im Winter arbeitet unser Stoffwechsel langsamer. Bei weniger natürlichem Licht sind wir müder. Durch die Aufnahme von Zucker gelangt die Aminosäure Tryptophan ins Gehirn und wird dort in den Stimmungsaufheller Serotonin umgewandelt. Das erklärt so manchen winterlichen Heißhunger auf Schokolade. Fleisch, Fisch, Käse, Hülsenfrüchte und Nüsse haben allerdings den gleichen Effekt. Auch ein zu niedriger Vitamin-D-Spiegel kann Antriebslosigkeit und gedämpfte Stimmung verursachen. Da das Vitamin unter Sonneneinstrahlung gebildet wird, kann sich im Winter ein Mangel einstellen. Es ist in Milchprodukten, ebenso in Fisch, Eiern und Pilzen enthalten.

Wichtig für die körpereigenen Widerstandskräfte ist auch Vitamin-C. Sauerkraut, fermentierter Weißkohl, ist zum Beispiel ein Booster. Das meiste heimische Wintergemüse ist reich an Vitamin E, D und A und fettlöslich. Gänsebraten mit Rotkohl passt nicht nur geschmacklich gut zusammen, sondern ergänzt sich auch ernährungsphysiologisch. Oft signalisiert einem der Körper schon ganz gut, was er in der Kälte braucht. Es ist dann eher eine Frage der Menge. Denn eins darf man bei der Diskussion um möglichen Winterspeck nicht vergessen: In den dunklen Monaten ist es einfach gemütlich, länger beim Essen zusammenzusitzen.

Zum Cappuccino vertiefe ich mich in mein Buch, das natürlich im Winter spielt. Wie in der Kunst sind der Winter und sein Weiß symbolträchtige Motive. Die Bandbreite von Büchern, in denen die kalte Zeit eine wichtige Rolle spielt, reicht vom Kinderbuch bis zum existenziellen Drama. Es gibt den Bullerbü-Winter Astrid Lindgrens, der sprichwörtlich geworden ist, um eine idyllische Winterwelt zu beschreiben.

In der russischen Literatur, bei Leo Tolstoi und Boris Pasternak, sind es unendliche Schneeweiten, die alles verschlucken. Der weiße Hintergrund lässt Leben und Einsamkeit besonders deutlich hervortreten wie in der Verfilmung von Pasternaks *Doktor Schiwago* (1965). In *Anna Karenina* (1877/78) muss das Eis von den Rädern der Eisenbahn mit einer Eisenstange abgeklopft werden, damit sie überhaupt fährt – und letztlich Unglück bringt. In *Krieg und Frieden* (1868/69) scheitert Napoleons Feldzug 1812 im gnadenlosen russischen Winter. Wie in der historischen Wirklichkeit blieb nur der Rückzug und dann war es längst zu spät.

Tal der Adler und Almen: Blick auf die
umliegenden Berge im Klausbachtal.

Im Winterkapitel in Thomas Manns *Zauberberg* (1924) sind Schnee, Kälte und Todessehnsucht miteinander verwoben. In Krimis und Thrillern führen Spuren ins weiße Nirgendwo. Vermutlich schneit es in keinem Buch so viel wie in *Schnee, der auf Zedern fällt* (1994) des amerikanischen Schriftstellers David Guterson. Das grandiose Buch, Liebesgeschichte und Kriminalfall, spielt an der Nordwestküste der USA. Ein japanischer Lachsfischer ist des Mordes angeklagt und während des Gerichtsverfahrens hört es nicht mehr auf zu schneien. „Sandhosen aus Pulverschnee, gefrorene Wolken aus Elfenbein, weiße Rauchspiralen" treiben „wie Geisteratem durch Amity Harbor".

Aber vielleicht hat mich keine Wintererzählung mehr beeindruckt als Jack Londons *Feuer im Schnee* (1915). Ein Mann ist bei extremster Kälte auf einem zugefrorenen Nebenfluss des Yukons unterwegs. Es ist –75 Grad Fahrenheit, zu kalt, um allein unterwegs zu sein. Als der Mann einmal ausspuckt, knistert es. Die Spucke friert, bevor sie den Boden erreicht. Als er in den Fluss einbricht, gelingt es ihm nur mit größter Mühe, ein Feuer im Schnee zu entfachen. Er muss seine nassen Schuhe und Strümpfe trocknen, sonst wird er erfrieren. Als es brennt, rutscht eine Schneelawine von dem Baum, unter dem er sitzt, und löscht es. London beschreibt ohne Pathos, wohin es führt, wenn Menschen sich dem Winter überlegen fühlen.

Ein paar Tage später bin ich in den Berchtesgadener Alpen. In der Nacht lagen die Temperaturen im zweistelligen Minusbereich, morgens ist die Welt in einen Kälteschleier gehüllt. Die Umrisse der Berge wirken weichgezeichnet. Die Gipfel, die links und rechts vom Klausbachtal in die Höhe ragen, werden bereits von der Sonne angestrahlt. Der mächtige Hochkalter im Osten, die Reiteralm im Westen. Im Tal dagegen ist es noch schattig und entsprechend kalt. Unberührte weiße Flächen wechseln sich oberhalb der Baumgrenze mit zerklüfteten Felsen ab. Risse und Furchen durchziehen die Berggesichter.

Ich schließe mich einer Führung zum Thema Steinadler und Bartgeier im Klausbachtal an. Wir treffen uns in der Nationalpark-Infostelle Hintersee und wandern unterhalb der imponierenden Felswände los. Deren Westflanken liegen bereits vollständig im Sonnenlicht. Ideale Voraussetzung, um die Steinadler bei ihren Balzflügen zu beobachten, die im Februar und März stattfinden. Wenn die Berghänge aufgewärmt werden, steigt warme Luft auf und es bildet sich Thermik. Der Adler kann die Aufwinde nutzen, ohne seine großen Schwingen viel zu bewegen.

Mit Ferngläsern scannen wir den tiefblauen Himmel. Eine unserer beiden Führerinnen stellt ein Spektiv auf, aber bisher sind keine Greifvögel zu sehen. Steinadler haben eine Flügelspannweite von bis zu 2,30 Meter. Die Eier werden im April gelegt. Das ist recht früh im Jahr, denn es kann noch Wintereinbrüche mit starken Schneefällen geben. Doch sobald

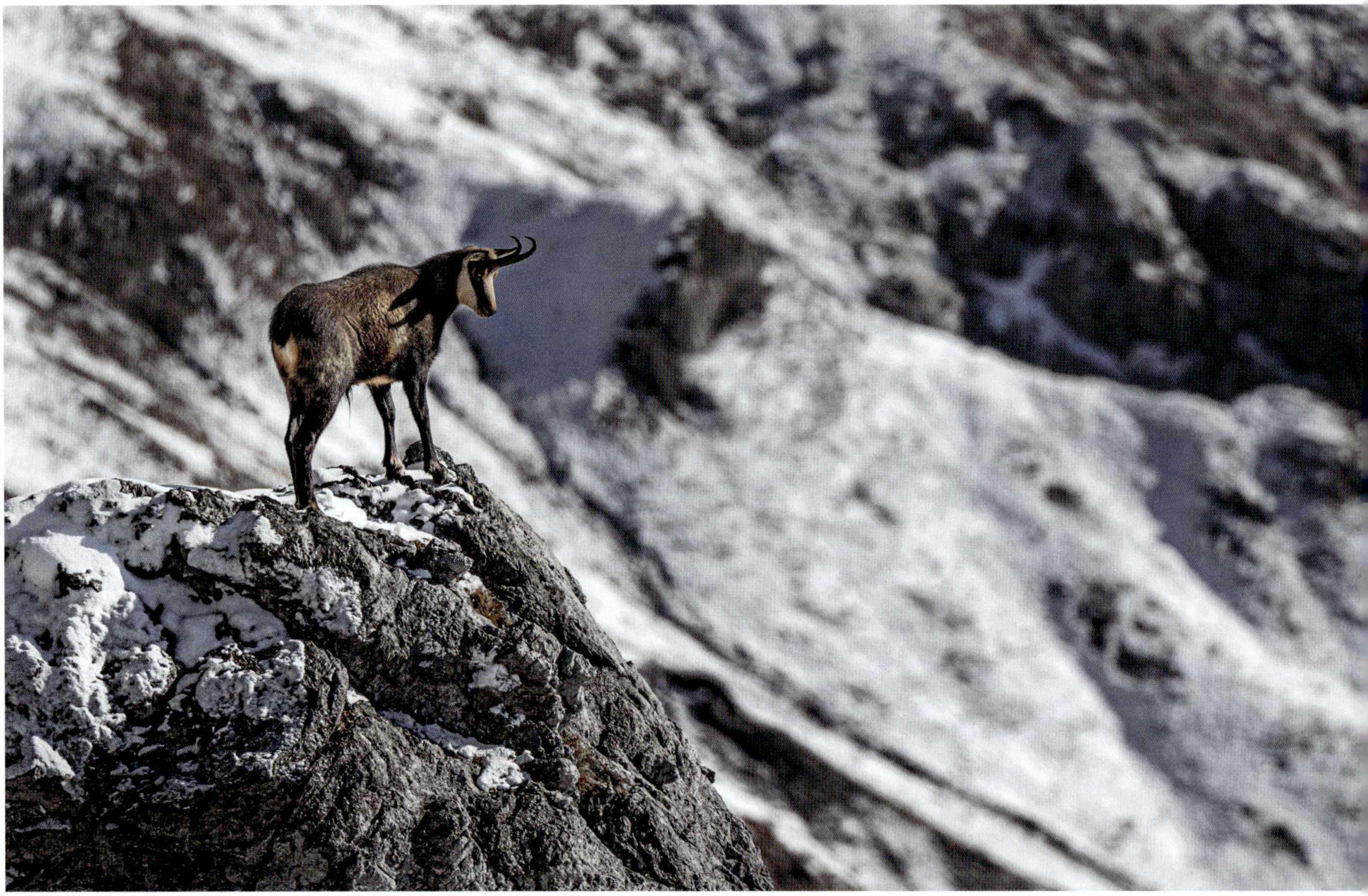

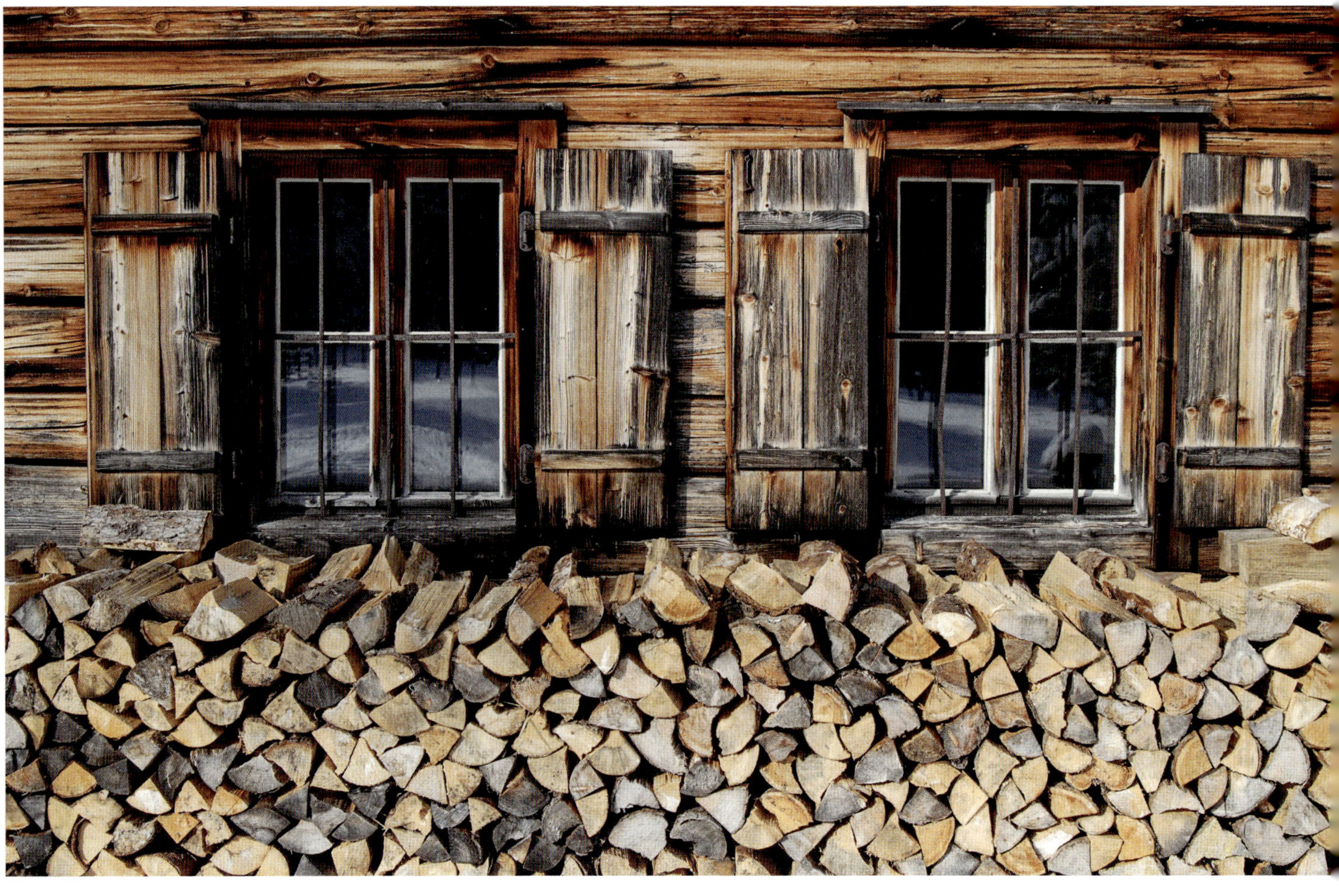

OBEN Es ist typisch für die Gams, sich im Winter zu sonnen.
Ihre Hörner werden Krucken genannt.

UNTEN Hütte im Klausbachtal. Mit Brennholz für den Winter
gerüstet und in Blockbauweise gebaut.

der Schnee taut, kommen die Kadaver von Tieren, die erfroren sind, zum Vorschein. Das Männchen findet also rechtzeitig genug Futter, um seine Familie im Horst zu versorgen.

Immer wieder suchen wir den Himmel über den Felsgraten ab, aber immer noch keine Spur von den Adlern. Von dort oben haben sie sonst mit ihren Adleraugen die Welt zu ihren Füßen im Blick. Einen Hasen erkennen sie noch aus 1,5 Kilometer Höhe. Auch der gut getarnte Schneehase, der im Winter ein weißes Fell trägt, muss sich vorsehen. Allerdings funktioniert seine Tarnung nicht mehr zuverlässig. Durch den Klimawandel setzt der Winter immer später ein. Dann ist der Schneehase oft schon weiß und für den Steinadler besonders gut zu sehen. Im Frühling geht es ihm nicht viel besser. Auch der beginnt mittlerweile oft so früh, dass der Hase noch weiß ist, wenn um ihn herum die Wiesen zum Vorschein kommen.

Ein anderes Tier, das im Winter sein dunkles gegen weißes Gefieder tauscht, ist das Alpenschneehuhn. Es lebt oberhalb der Baumgrenze in Höhen von bis zu 3000 Metern. Bei extremer Kälte gräbt es sich in eine Schneehöhle ein. Ehrfürchtig blicke ich hinauf ins Gebirge, das winterstarr wirkt und in dem dennoch Tiere leben.

Adler brauchen für die Jagd offene Flächen, daher ist die Landschaft mit den vielen Almen ideal für sie. Murmeltiere, die zu ihrer Beute gehören, halten allerdings gerade von Oktober bis Anfang Mai Winterschlaf. Zusammen mit ihrer Familie haben sie sich in

ihr weitverzweigtes Höhlensystem zurückgezogen. In dieser Zeit senkt sich ihre Körpertemperatur auf 9 bis 8 Grad, ihr Herz schlägt nur noch viermal pro Minute. Ins Beuteschema der Steinadler passen jedoch auch junge Gämse und Rehe. Sie können Tiere greifen, die so viel wiegen wie sie selbst.

Durch das Spektiv sehen wir hoch oben unter den Felsen eine Gams, die sich sonnt. Der Winter ist für Gämse bei viel Schnee eine lebensbedrohliche Zeit. Sie ernähren sich von Moosen, Flechten und Trieben an Bäumen. Dafür kommen sie zwar in niedrigere Lagen, aber im Gegensatz zum Rotwild besuchen sie nie eine Wildfütterung im Tal. Ihr Winterfell ist dichter und länger als das Fell im Sommer. Der Fellwechsel wird durch das kürzer werdende Tageslicht ausgelöst. Voller Bewunderung beobachte ich das trittsichere Tier, das so gut an seine unwirtliche Umgebung angepasst ist. Trotzdem passiert es immer wieder, dass Gämse bei Lawinenabgängen ums Leben kommen.

Wenn der Schnee schmilzt, sind ihre Kadaver Nahrungsquelle für den größten Greifvogel Europas. Unsere Führerinnen deuten hoch in die Felsen. Unterhalb des Halskopfs, in der Halsgrube, liegt eine Höhle. Dort werden im Nationalpark junge Bartgeier ausgewildert. Die Greifvögel mit einer Flügelspannweite von bis zu 2,90 Meter haben sich in der Evolution eine besondere Nische gesucht. Sie fressen zu 90 Prozent Knochen.

Oben in den Bergen liegen die Berchtesgadener Almen unter einer Schneedecke,

171

Sehnsuchtsort und im Sommer beliebtes Wanderziel. Die Hütten werden hier Kaser genannt. Die meisten sind im Winter unzugänglich und geschlossen. Die umliegenden Bergwiesen sind ein kostbares Biotop. In den Berchtesgadener Alpen wird seit 1000 Jahren Almwirtschaft betrieben. Das Nationalparkhaus Hintersee gibt in einer sehenswerten Ausstellung Einblicke, wie es in alten Zeiten war. Wie die junge Sennerin noch in den 1950er Jahren monatelang allein auf dem Kaser lebte. Ohne Strom und Wasser, in einem einzigen Raum mit offenem Feuer. Dort machte sie Käse und Butter. Jeden Tag musste sie zweimal 18 Kühe melken, natürlich mit der Hand. Während das Vieh dort oben weidete, wurden unten die Wiesen geschont. So konnte man genügend Heu machen, um die Tiere durch den langen Winter zu bringen. Noch herrscht auf den Almen Winterruhe, bis sich die Sonnenterrassen ab Juni mit Leben füllen und die Kuhglocken wieder läuten.

Der Hochkalter thront mit 2607 Metern über dem Ramsauer Tal, nach dem Watzmann mit seinem Gletscher ist er der zweithöchste Berg in den Berchtesgadener Alpen. An seiner Nordseite liegt der Blaueisgletscher auf 1800 Meter Höhe, der nördlichste Gletscher in den Alpen. Da er für einen Gletscher relativ niedrig liegt, schwindet er noch schneller als die anderen Alpengletscher. Im oberen Bereich tauchen seit den 1980er Jahren immer mehr Felsen auf. Sie sind ausgeapert, wie der

geologische Fachausdruck heißt. Warum der Gletscher Blaueis heißt? Unter der Schneedecke, die oft durch Staub grau gefärbt ist, befindet sich tatsächlich blaues Eis. Blankes Eis, das alle Farben bis auf Blau absorbiert, die unvergleichliche Gletscherfarbe.

Der Hintersee ist von einer spiegelglatten Eisschicht überzogen. In einiger Entfernung entdecke ich in Ufernähe bunte Punkte auf dem Eis, die sich bewegen. Schlittschuhläufer! Auf meiner bayerischen Winterreise habe ich immer Schlittschuhe hinten im Auto. Der See schimmert unter seiner Eisdecke dunkelgrün, in Ufernähe fast türkis. An der Schlittschuhstelle ist er flach, eine Bucht, die von zwei Landzungen umgeben ist. Das Eis ist so durchsichtig, dass ich die Steine am Grund sehe. In Schweden, wo es eine lange Tradition im Eiswandern über die riesigen Seen gibt, verwenden sie verschiedene Namen für Eis: Baisereis, Tanzbodeneis, Elefantenhauteis. Eis friert bei null Grad und ist das einzige Material, das sich bei Kälte ausdehnt. Gefroren wiegt es weniger als Wasser, das bei vier Grad am schwersten ist. Nur deshalb schwimmt es. Eis bildet Packeis, Schelfeis, Eisberge, auch hauchdünne Plättchen. Es kann so mächtig sein, dass man Eisbrecher braucht, um Seewege schiffbar zu halten. Der gigantische Grönländische Eisschild ist (noch) drei Kilometer dick. Eis ist kostbar und als Kältekammer für unseren Planeten überlebenswichtig, doch die Gletscher schmelzen durch die menschengemachte Erderwärmung schneller als jemals zuvor.

CHRISTIAN MORGENSTERN
(1871–1914)

Wenn es Winter wird

Der See hat eine Haut bekommen,
sodass man fast drauf gehen kann,
und kommt ein großer Fisch geschwommen,
so stößt er mit der Nase an.
Und nimmst du einen Kieselstein
und wirfst ihn drauf, so macht es klirr
und titscher – titscher – titscher – dirr …
Heißa, du lustiger Kieselstein!
Er zwitschert wie ein Vögelein
und tut als wie ein Schwälblein fliegen –
doch endlich bleibt mein Kieselstein
ganz weit, ganz weit auf dem See draußen liegen.
Da kommen die Fische haufenweis
und schaun durch das klare Fenster von Eis
und denken, der Stein wär etwas zum Essen;
doch sosehr sie die Nase ans Eis auch pressen,
das Eis ist zu dick, das Eis ist zu alt,
sie machen sich nur die Nasen kalt.

Aber bald, aber bald
werden wir selbst auf eignen Sohlen
hinausgehn können und den Stein wiederholen.

Eishockey- und Schlittschuhglück: Schneeschieben auf dem Hintersee bei Ramsau für eine glatte Eisfläche.

Ein Mann packt seinen Eishockeyschläger ein. Er ist allein seinem Puck hinterhergefahren, den er elegant vor sich her bugsierte. Ich setze mich auf einen Stein und ziehe meine Schlittschuhe an. Ein Buch fällt mir ein, *Der gefrorene Himmel* (2021) des kanadischen Schriftstellers Richard Wagamese. Er erzählt die Geschichte eines indigenen Jungen, der seiner Familie geraubt und in ein staatliches Heim gesteckt wird. Im Eishockey findet er seine Rettung. Die vielleicht kanadischste aller Sportarten weist ihm einen Weg, seine Identität wiederzufinden.

Die Sonne springt mir von der Eisfläche entgegen, kratz, kratz, so geht es fröhlich dahin. Man sieht genau, bis wohin sich die Kufenspuren ziehen. Eine unausgesprochene Grenze. Dahinter liegt der tiefere See, zu dem ich sicheren Abstand halte. Ab und zu wage ich einen Schnörkel. Eiskunstläufer bewundere ich zutiefst. Ich kenne keine andere Sportart, in der sich Kraft und Anmut auf diese Weise vereinen. Aljona Savchenko und Bruno Massot liefen ihre Gold-Kür bei den Olympischen Winterspielen 2018 in Pyeongchang zur Musik *Die Erde vom Himmel aus betrachtet*. Sie erzählten in ihrem Tanz eine Geschichte von Sehnsucht und Hoffnung. Vielleicht kein Zufall, dass sie auf dem Eis spielt. Der 19-jährige US-Amerikaner Ilia Malinin gewann 2024 die Eiskunstlauf-WM der Männer in Montreal. Seine Vierfachsprünge sind Momente nah an der Schwerelosigkeit.

Wenn der Winter langsam geht

Monschau in der Nordeifel ❄ St. Märgen im Hochschwarzwald ❄
Allgäuer Alpen

VORIGE SEITEN Wilde Narzissen im Nationalpark Eifel.
RECHTS Märchenhafte Fachwerkstadt: Monschau an der Rur.

Winterhimmel hinter Wolken

Durch Monschau rauscht die Rur, die im belgischen Hohen Venn entspringt, eine einsame Moorlandschaft. Das Schiefergestein der Umgebung ist überall in der zauberhaften Fachwerkstadt zu sehen. Seit Jahrhunderten trotzt es Wind und Wetter: als Steinschindeln auf den Dächern und als Verkleidung der Hauswände. Ein Gebäude sticht besonders heraus: das Rote Haus, das um 1752 von einem reichen Tuchmacher erbaut wurde. Die ehrwürdigen Eichenholztüren versprechen die Pracht des reichen Bürgertums. Es ist nicht typisch für die karge Eifel, in der die Bevölkerung den Böden das Nötigste abtrotzen musste. Monschau aber hatte seine eigene Zunft und stellte ab dem 17. Jahrhundert wertvolle Tuche her, die es bis nach Sankt Petersburg exportierte.

Das Städtchen mit seinen 300 denkmalgeschützten Häusern scheint wie gemacht für Winter und Weihnachtsmärkte, Glühwein an Feuerkörben und Flammkuchen auf die Hand. Aber jetzt, in den Monaten zwischen Weihnachten und Frühling, ist alles ruhig.

„Wir halten Winterschlaf" steht im Schaufenster eines Geschäfts.

Mag sein, dass Monschau so geborgen wirkt, weil es im Tal liegt. Doch sobald man es verlässt, lässt sich die Rauheit des Landstrichs erahnen. Die Eifel, das sind wilde Wälder und weite Ebenen, die von tiefen Bachtälern zerschnitten sind. Im ganzen Jahr, aber besonders im Winter, fegen Westwinde über die Flure. Früher hat es teils meterhoch geschneit. Die Menschen entwickelten eigene Strategien, sich gegen das harsche Klima zu rüsten, das, wenn nicht immer Schnee, doch Stürme und Schlagregen schickt. Sie griffen zu einem althergebrachten Mittel und pflanzten Windbrecher in Form von riesigen Hecken. So auch in der Gemeinde Höfen.

Das Dorf ist bekannt für zwei Dinge: die gelben Narzissenmeere, die im April im Perlenbachtal blühen. Und für seine beeindruckenden Buchenhecken. Bis zu sechs Meter hoch ragen sie in den grauen Winterhimmel. Sie sind mitunter 300 Jahre alt, manche höher als die Dächer der Häuser. Die Men-

Bis zu sechs Meter hoch und über 300 Jahre alt sind manche Hecken in Höfen.

schen haben sie meist auf die Wetterseiten gepflanzt, die hier im Westen und Südwesten liegen.

Einige der reetgedeckten Fachwerkhöfe aus dem 18. Jahrhundert sind restauriert und stehen unter Denkmalschutz, wetterhart und wunderschön. Man nennt sie Venn- und Eifelhausgehöfte. Oft sind die Hecken bis auf einen halben Meter dicht ans Haus gepflanzt. So blieb es drinnen wärmer. Da sie ihr Laub erst im Frühling verlieren, bieten sie auch im Winter Schutz. Manchmal passt noch ein Unterstand mit Traktor zwischen Haus

und Hecke. Stall und Scheune befanden sich ebenfalls auf der Westseite und schirmten den Wohnbereich zur Wetterseite hin ab.

Die Hecken auf diese Höhen zu bekommen, erforderte Wissen und Kunstfertigkeit. Über den Toren sind sie zu Rundbögen geformt, an einigen Stellen schnitt man „Fenster" ins dichte Geäst. Manche der lebenden Schutz-wände haben sogenannte Durchwachser, einzelne Buchen, die man in regelmäßigen Abständen höher als den Rest der Hecke wachsen ließ, sodass daraus Bäume wurden. So hatte man Brennholz direkt am Hof.

Es ist ein nieseliger Wintertag, ein Hase hoppelt den Gehweg entlang. Er findet in den Hecken Unterschlupf, genauso wie unzählige Vögel. Sogar im Winter hört man es daraus zwitschern. Die Hecken bestehen aus ein- oder zweireihig gepflanzten Rotbuchen. Noch heute werden sie als Sprösslinge nachgepflanzt. Wenn eine Hecke drei Jahre alt ist, werden jüngere Zweige hinter die stärkeren Äste geklemmt. Das nennt man Durchflechtung, die ab dem sechsten Jahr durch Latten ergänzt wird. Große und starke Äste drückt man dadurch in die Hecken hinein. Damit eine kräftige Hecke entsteht, ist es wichtig, sie regelmäßig zu schneiden. Auch heute noch werden Durchwachser als Brennholz geschlagen, an den Schnittstellen wachsen neue Triebe nach. Dort, wo man sie einfach wachsen ließ, haben sich Buchenalleen gebildet. Auf dem Höfener Heckenweg folge ich ihnen aus dem Dorf. Pferde wiehern, Hähne krähen. In einem Beet stehen noch ein paar Strünke Grünkohl neben Weiß- und Rotkohl. Es riecht nach Kühen.

Ich bleibe auf der Hochebene und wandere auf gewundenen Feldwegen. Hier wachsen im Gegensatz zu den Hofhecken Flurhecken. Auch sie sind ein markantes Merkmal der Monschauer Heckenlandschaft. Die Bauern pflanzten sie einst, um ihre Felder vor dem Weidevieh zu schützen, auch, um Erosion durch die unerbittlichen Winde zu verhindern. Es weht ganz schön stark und rauscht in den Bäumen. An den Waldrändern liegt noch Schnee. Ich bin abschnittsweise auf dem berühmten Eifelsteig unterwegs. Das Wetter lädt überhaupt nicht dazu ein, sich Zeit zu lassen. Aber sobald ich doch einmal langsamer gehe oder sogar stehen bleibe, fallen mir die Vogelschwärme auf, die von Baum zu Baum schwirren. Sie sind so flink, dass ich die Art nicht erkenne. Vielleicht sind es Buchfinken, was bei den vielen Buchen naheliegend wäre. Neuntöter und Goldammern halten sich ebenfalls ganzjährig in den Gehölzen auf. Die Hecken sind wichtig für die biologische Vielfalt der Gegend.

Auf den Wiesen ist ein Maulwurfshügel neben dem anderen aufgeschüttet. Im Winter sind die kleinen Pelztiere weniger aktiv, schaufeln allerdings höhere Haufen, um ihre Gänge vor Schmelzwasser zu schützen. Sie legen Vorräte mit Regenwürmern an. Ist der Boden gefroren, graben sie einfach tiefer.

Abends ist es frostig. In der Nähe von Höfen habe ich mich für eine Sternenwanderung angemeldet. Teile der Eifel sind so dünn besiedelt, dass es kaum Lichtverschmutzung gibt und sie zu den dunkelsten Flecken Deutschlands zählen. So dunkel, dass sich der Nationalpark Eifel seit 2014 Sternenpark nennen darf. Im Westen ist noch ein oranger Streifen über dem Horizont zu sehen. Auf der anderen Seite vom Himmelszelt, im Osten, geht gerade der Vollmond auf. Wir spazieren zum Sternenpunkt, so heißen die verschiedenen Punkte im und am Nationalpark Eifel, von wo aus man besonders gut Sterne beobachten kann – wenn sie sich zeigen.

Der Sternenführer trägt eine Kopflampe mit Rotlicht, so kann sich das menschliche Auge besser an die Dunkelheit anpassen. Wir lauschen ihm gespannt: Auch wenn es so scheint, als ob sich im Verlauf der Nacht die Sterne bewegen, so bewegt sich natürlich die Erde. Unser Planet dreht sich im Lauf eines Tages um die eigene Achse, und zwar gegen den Uhrzeigersinn. Sterne gehen also im Osten auf und später im Westen wieder unter. Allerdings verändert sich das Bild am Firmament nicht nur während der Nacht, sondern auch im Zyklus eines Jahres; denn die Erde dreht sich bekanntermaßen nicht nur um sich selbst, sondern auch um die Sonne. So „verschiebt" sich mit den Monaten das Himmelgemälde über unseren Köpfen nach Westen. Für jede Jahreszeit gibt es daher typische Sternbilder, im Winter andere als im Sommer. Nur der Polarstern und die zirkumpolaren Sterne im Norden sind von unseren Breiten aus das ganze Jahr über zu sehen. Es ist Zufall, aber der Polarstern liegt genau auf der Verlängerung unserer Erdachse nach Norden.

Im Moment zeigen sich jedoch überhaupt keine Sterne. Nur Jupiter blickt kurz aus einem Wolkenloch. Er hat etwa 92 Monde, die ihn umkreisen, vier davon könnte man in klaren Nächten mit dem Teleskop entdecken, das unser Sternenführer aufgebaut hat. 2000 bis 3000 Sterne sind am Eifelhimmel bei optimalen Bedingungen mit bloßem Auge zu sehen, in der dunklen Jahreszeit noch besser als im Sommer. Nun ist es anders gekommen, aber wir bekommen dennoch ein Gespür für die Winternacht.

Der Vollmond leuchtet fahl zwischen den Wolkenlagen. Der Sternenführer weist uns auf die Mare und Hochebenen auf der Oberfläche hin, dunklere und helle Flecken. Für einen Moment zeigen sich die Zwillinge Castor und Pollux. Bei guter Sicht wäre das Wintersechseck auszumachen, sechs Sterne, die in dieser Jahreszeit besonders hell leuchten. Dazu gehören auch Capella, Rigel (der ganz kurz erscheint) und Aldebaran – Sterne, deren Ausdehnung und Entfernung zur Erde unser Vorstellungsvermögen sprengen. Wer sonst noch in einer klaren Nacht glänzen würde, erläutert unser Sternenführer an einer Infotafel: darunter Kleiner und Großer Wagen und natürlich der Polarstern, um den sich unser Himmelsgewölbe dreht. Wir halten Ausschau nach Kassiopeia, die ein W am Himmel bildet. Ebenso nach dem Andromeda-Nebel, unsere Nachbargalaxie, die sich mit 300 Kilometern in der Sekunde auf uns zubewegt.

Wissenschaft und Mythologie vermischen sich über unseren Köpfen. So sind die Sternbilder Kassiopeia und Kepheus nach einem äthiopischen Königspaar benannt. Ihre Tochter Andromeda wurde einst vom antiken Helden Perseus vor einem Seeungeheuer gerettet. Ans Himmelszelt wurden sie von der griechischen Göttin Athene, in manchen Mythen auch vom Gott des Meeres, Poseidon, erhoben. Klingt fantastisch? Ja,

Winterstille: Der Vollmond geht über der Eifel auf, zwei Rehe sehen ihm dabei zu.

aber Sternenbilder stehen sowieso in keiner physikalischen Beziehung zueinander, Menschen haben sie sich ausgedacht. Sie haben gedanklich Linien zwischen den einzelnen Sternen gezogen, um sich den Himmel zu veranschaulichen. Und das bereits vor vielen Tausend Jahren.

Die Nacht ist schwarz, es ist mäuschenstill. Man könnte glatt vergessen, dass ein Drittel aller Säugetiere und zwei Drittel aller Insekten nachtaktiv sind. Wobei im Winter keine Insekten unterwegs sind und nachtaktive Tiere wie Igel und Fledermäuse gerade

Winterschlaf halten. Aber Fuchs und Dachs könnten umherstreifen. Die Kälte lauert schon seit Stunden, nun hat sie eine Ritze zwischen Hals und Schal gefunden und breitet sich genüsslich aus. Ich freue mich auf mein geheiztes Zimmer.

Die Burg über Monschau ist von Scheinwerfern angestrahlt, der Berg hüllt sich in Winterwolkenschwaden.

❄

In der Umgebung von Eicherscheid, etwas weiter nördlich, ziehen sich 100 Kilometer

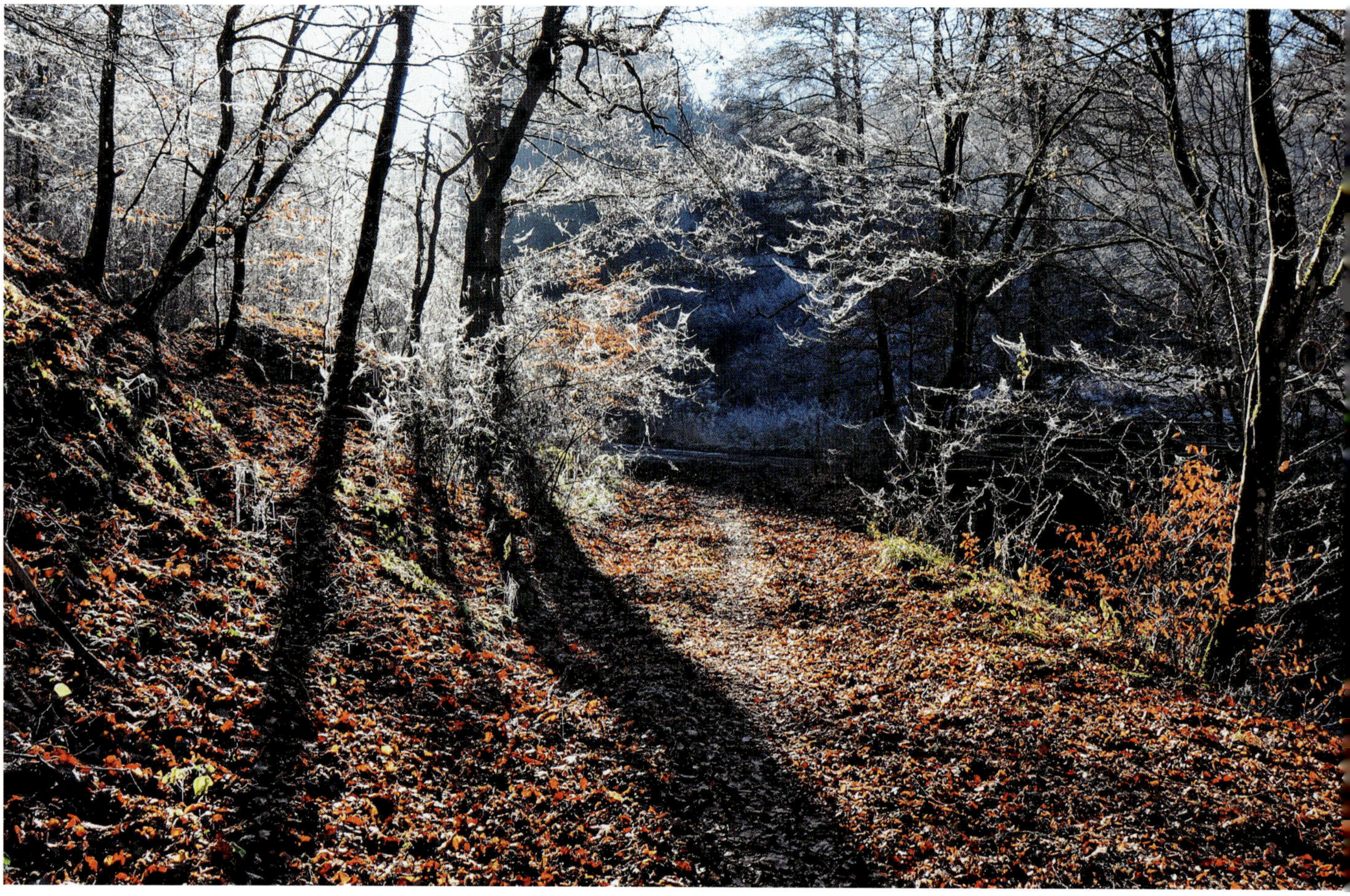

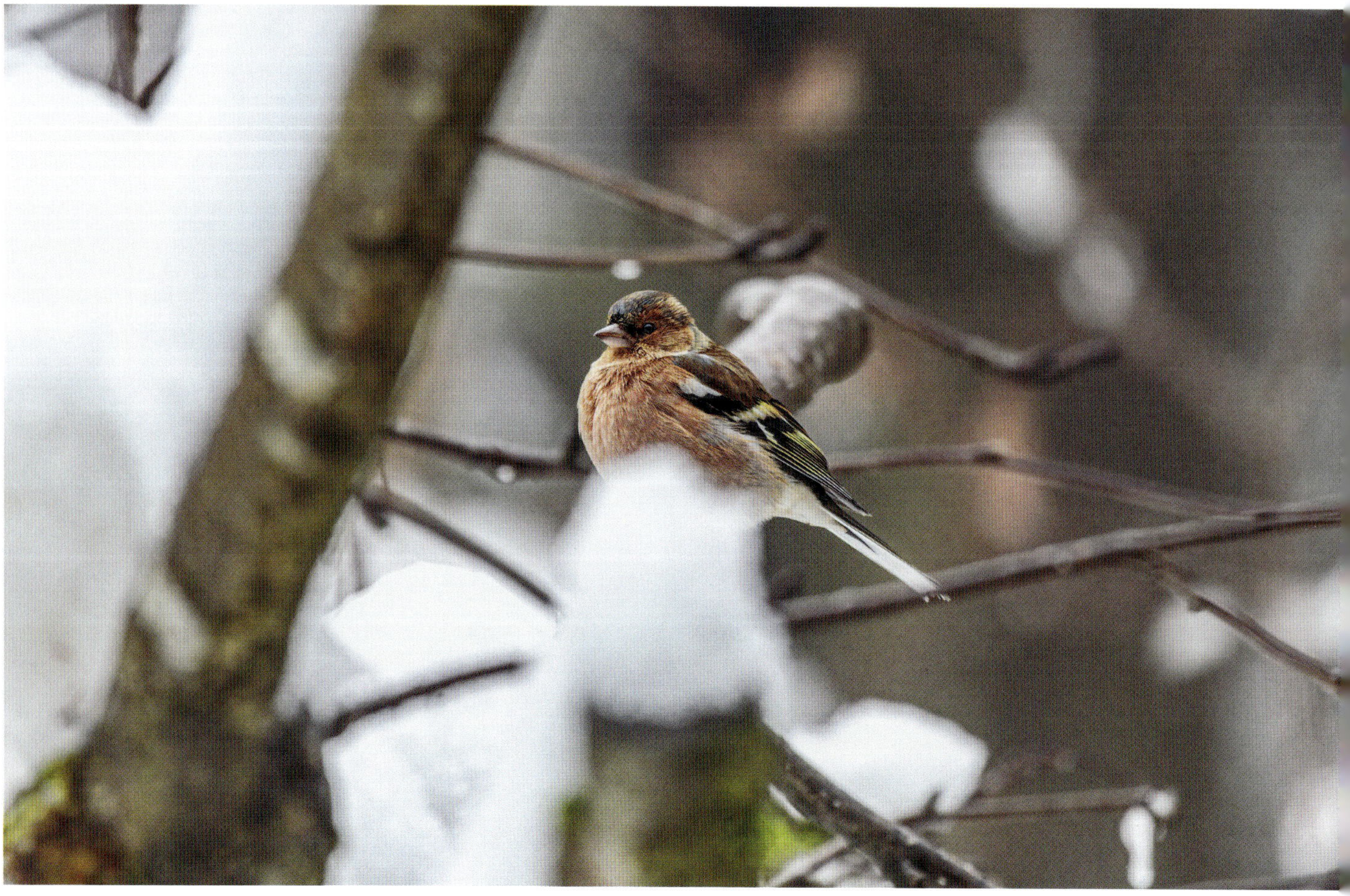

Buchenhecken an Wiesen und Wegen entlang, manche wurden bereits im 18. Jahrhundert gepflanzt. Die Bauern vererbten einst ihre Höfe, und die Wiesen der Nachkommen mussten voneinander abgetrennt werden. Als Grenze pflanzten sie Buchenhecken. In der nächsten Generation ging es so weiter. Die geteilten Wiesen wirken wie große Zimmer – Naturräume, die Geborgenheit ausstrahlen. Gleichzeitig ließ man auch hier Durchschießer in die Höhe wachsen.

Es war und ist eine Kunst, diese Hecken zu pflegen. In Eicherscheid wird diese Tradition lebendig gehalten. Man darf die Äste nicht zu weit unten am Stamm absägen, sonst schlagen sie nicht mehr aus. Kappt man sie dagegen weit genug oben, erhält man Brennholz und schädigt den Baum nicht.

Wenn auf dem Eicherscheider Flurheckenweg im Frühling all die Buchen ausschlagen, wandelt man durch einen frischgrünen Tunnel. Jetzt aber ist noch alles licht. Ich bin verzaubert von so viel Harmonie und Schönheit.

Ich treffe einen Einheimischen, der mit Holzmachen beschäftigt ist. Er erzählt mir, dass die Bewohner von Eicherscheid die alte Kulturlandschaft in den 1970er Jahren erbittert gegen die Verfechter der Flurbereinigung verteidigt haben. Diese wollten in der Gegend tatsächlich alle Buchen abholzen, um größere Wiesen und Felder zusammenzulegen. So ist es ihnen in vielen Gegenden auch gelungen. Dort haben sie alles zerstört und dafür eintönige riesige Flurstücke erhalten. Hier jedoch stellten sich die Männer des Dorfes den

Kettensägen entgegen und ließen den Frevel nicht zu. Er erzählt mir auch, dass in Eicherscheid früher Sattler und Stellmacher arbeiteten. Buchenholz eignete sich besonders gut für Sattelbäume, die mit Leder bezogen wurden, und Kummets (in der Region Hamen genannt) für das Geschirr von Pferden. Die Landschaft atmet diese Traditionen.

Dem Mann gehört die weitläufige Wiese. Er hat sie an einen Bauern verpachtet, aber die Holzarbeit verrichtet er selber mit seinem Sohn. Zu Hause heizen sie ausschließlich mit einer Holzvergaser-Heizung. Wie so oft hängt Nachhaltigkeit mit einer intakten Natur- und Kulturlandschaft zusammen.

Gesägt wird nur zwischen Mitte Oktober und Mitte Februar, damit die Vögel nicht beim Nestbau, Brüten und bei der Aufzucht der Jungvögel gestört werden. Sie fällen, wenn es irgendwie geht, bei abnehmendem Mond. Warum? Weil das die Alten schon so machten und sie danach noch nie Probleme mit der Holzlagerung hatten. Später recherchiere ich und sehe, dass es einen forstwirtschaftlichen Mondkalender gibt. Besonders gut fürs Holz soll es sein, wenn man es im Winter um Weihnachten herum bei abnehmendem Mond kurz vor Neumond schlägt. Es fault dann weniger, ist resistenter gegen Insektenbefall und besonders lange haltbar und rissfrei. Mondgeschlagen nennt man dieses Holz, und ich denke an den Vollmond gestern Nacht.

So weit das Auge reicht: Der Schwarzwald ist das größte geschlossene Waldgebiet Deutschlands.

Weißtannen und alte Höfe

Ich hatte geplant, auf Schneeschuhen durch den Hochschwarzwald zu wandern, doch dafür hätte ich im November kommen müssen. Jetzt sind die Südhänge grün-weiß gesprenkelt. Im Pfisterwald bei St. Märgen taut es von den hohen Nadelbäumen, in Tropfen, die im Schnee ein dunkles Lochmuster hinterlassen. „Fichte sticht, Tanne nicht" heißt es auf einer der Infotafeln auf dem Weißtannenlehrpfad. Wer über die Nadeln der Tanne streicht, fühlt es tatsächlich: Sie sind viel weicher, als man denkt, und dennoch robust genug, um tiefe Minusgrade zu überstehen. An ihren Spitzen sind sie etwas eingekerbt, ein weiteres Unterscheidungsmerkmal zu Fichtennadeln. Die Zapfen stehen aufrecht auf den Zweigen wie Weihnachtskerzen. Die der Fichten hängen. Kein Baum ist mehr mit Weihnachten verbunden als die Tanne, allein schon durch das Lied *O Tannenbaum*.

Weißtannen, diese imposanten, für den Schwarzwald typischen Bäume, können bis zu 600 Jahre alt und bis zu 65 Meter hoch werden. Ihre Pfahlwurzeln reichen tief in die Erde und geben Halt bei Winterstürmen. Ihr Holz eignet sich gut für Innenausbauten. Sofort hat man eine holzgetäfelte Schwarzwälder Stube vor Augen, an deren Wänden sich eine Holzbank entlangzieht – und eine Kuckucksuhr hängt.

Ein paar Vögel singen sich für den Frühling ein. Die ersten Kurzstreckenzieher sind zurück, oder sie sind in dem relativ milden Winter gleich dageblieben. Da sie nicht so weit wegziehen, können sie auf wärmere Tage schnell reagieren. Ein Vorteil gegenüber Langstreckenziehern, die die heimischen Brutgebiete in den letzten Jahren manchmal erst erreichen, wenn die besten Plätze schon besetzt waren. Den Kuckuck trifft es besonders hart. Manchmal ist sogar schon die Brut in den Nestern geschlüpft, in deren Gelege der Schlawiner sonst sein Ei schmuggelt. Durch den Klimawandel gerät da gerade einiges durcheinander. So sind oft auch noch keine Insekten unterwegs, um den frühen Nachwuchs zu füttern.

187

Durch Waldfenster sind die beiden Türme des Klosters St. Märgen zu sehen, das im frühen 12. Jahrhundert gegründet wurde. Heute beherbergt es ein Museum mit einer wertvollen Kuckucksuhrensammlung. Manche Schwarzwälder erzählen die Geschichte ihrer Uhr so: Die Winter waren hart und lang, die einsamen Höfe monatelang von der Welt im Tal isoliert. Draußen konnten die Menschen bei dem hohen Schnee kaum arbeiten, also suchten sie sich für drinnen eine Beschäftigung. Unter anderem schnitzten sie Kuckucksuhren.

Allerdings wurden sie nicht im Schwarzwald erfunden, sondern ein Glashändler brachte im 18. Jahrhundert eine Uhr in einem Messinggehäuse aus Böhmen mit nach Hause. Ein geschickter Einheimischer schnitzte sie aus Holz nach, samt Uhrwerk mit gezackten Rädern. So ging es weiter, ein ewiges Tüfteln und Probieren, kunstfertig und erfinderisch. Man entwickelte Gewichte, die an Ketten hingen. Glaskolben, die mit Sand befüllt werden konnten, um die Zeitgenauigkeit zu beeinflussen. Man stellte Pendel her und ersann Glaskörper, an die zur vollen Stunde kleine Hämmerchen schlugen. Dann kam der Clou: Uhrmacher konstruierten Blasebalge, die Töne erzeugten, wenn sich das Türchen öffnete, aus dem der Kuckuck sang. Warum ausgerechnet ein Kuckuck? Sein Lied hat lediglich zwei Töne, also brauchte man nur zwei unterschiedlich lange Blasebälge: Ku-ckuck.

Die Fantasie der Schwarzwälder war unerschöpflich. Sie fertigten sogenannte Schild-uhren an, kleine Kunstwerke mit Motiven wie Apfelblütenrosen, alles andere als kitschig. Es gab Flötenuhren mit bis zu 30 Pfeifen, zu deren Musik sich Figuren drehten. Die Mönche des Klosters halfen bei der Komposition und Umsetzung der Musik. Man erfand Hackbrettuhren, die einem im Gehäuse verborgenen Hackbrett Klänge entlockten. Andere Uhren hatten ein Spielwerk wie eine Drehorgel mit fünf verschiedenen Volksweisen. In einem Wirtshaus tanzten die Leute nach den Melodien. Besonders viel Zerstreuung gab es in den abgelegenen Bergtälern sonst nicht.

Mitte des 19. Jahrhunderts war die Zeit der Winterschnitzer vorbei. Längst gab es eine eigenständige Uhrenindustrie. Zunächst nahmen Glashändler vereinzelt Kuckucksuhren auf ihren Handelsreisen mit, die sich hervorragend verkauften. Sie packten sie in ihre Krätzen, Holzgestelle, die sie auf dem Rücken trugen. Später beauftragten die Uhrmacher eigene „Packer". Die Schwarzwälder Kuckucksuhr wurde bis ins Osmanische Reich und nach Russland verkauft. Hauptabnehmer war jedoch England. Noch heute ist die berühmte Wanduhr ein Markenzeichen. Manche sagen, sie sei Kult.

Am nächsten Tag komme ich auf meinem Weg zu den Zweribachfällen an der Rankmühle vorbei. Auf den Bänken vor dem märchenhaften Gebäude sitzen Wanderer in der Sonne. Die Mühle mahlte im 18. Jahrhundert für den Eigenbedarf des Rankhofs. Im Obergeschoss

Am Anfang war das Kloster: St. Märgen entstand im frühen 12. Jahrhundert.

befand sich außerdem eine große Rauchküche, in der gegen Bezahlung die Räucherung aus den Hausschlachtungen von St. Märgen übernommen wurde. In einem Anbau wurde der gemeindeeigene Ziegenbock versorgt, der für den Ziegennachwuchs im Dorf zuständig war. Der einzige beheizte Raum im Winter war die Stube. Sie hatte in der Decke eine Luke, damit die darüberliegende Stubenkammer etwas von der Wärme abbekam.

Birkwegerlehof und Teehof blicken nach Süden. Früher mussten alte Höfe wie diese möglichst autark wirtschaften, auch um die endlosen Winter zu überstehen. Unsere Vorfahren in den Bergen wussten genau, wie sie ihre Häuser bauten, um sich gegen Schnee, Sturm und Kälte zu wappnen. Die tiefgezogenen Walmdächer haben einen weiten Überstand, sodass Dachlawinen in einigem Abstand zum Haus abrutschen. Auch die Treppen, die seitlich an der Außenwand in den ersten Stock führen, lagen unter dem Dachvorsprung. Dort, im Obergeschoss, befanden sich die Kammern der Mägde und Knechte. Ebenfalls geschützt vom Dach gelangte man zum Stall und in die Wirtschafts-

Frühlingseinzug am Belchen. Wenn sie allein stehen, haben alte Nadelbäume oft etwas Majestätisches.

räume im hinteren Teil des Gebäudes. Alles lag unter einem Dach, oft sogar ein eigener Brunnen. Meist war der Hof dicht an einen Hang gebaut. So gelangte der Bauer durch eine Zufahrt direkt oben in die Scheune. Das gelagerte Heu und Stroh waren Isolierung für den darunterliegenden Stall.

Auf den Bergwiesen stehen knorrige Bergahorne. Oben an den Hängen säuselt der Wind in den Fichten und Tannen. Wiesen, Bäume und Höfe scheinen voller Vorfreude auf den Frühling. Kaum bin ich im Wald, rutsche ich aus. „Vorsicht", sagt der

Winter, „noch seid ihr mich nicht ganz los." Die steilen Nordhänge sind noch schneebedeckt. Rechts führt ein Pfad in den Bannwald Zweribach hinab, ein verwunschener Wald, in den der Mensch nicht mehr eingreift. Bei viel Schnee ließe sich der Pfad nicht begehen. Das Rauschen der Hirschbachfälle ist aus der Ferne zu hören, aber erst einmal geht es 300 Höhenmeter in Zickzackkehren bergab. Unterwegs hat man vom Hohwartsfelsen einen fantastischen Ausblick.

Eine Brücke führt über die Hirschbachfälle. Moosbedeckte Felsen bilden ein Blockmeer. Es ist das Schöne Frauenhaarmoos, das den Wald in eine Landschaft für Waldgeister verwandelt.

Die Zweribachfälle sind donnernd zu hören. Es herrscht Schneeschmelze und sie führen entsprechend viel Wasser. Über mehrere Kaskaden rauschen sie den Steilhang hinunter, von der letzten Kante stürzen sie 15 Meter in die Tiefe. Ich stehe auf einem Felsen und spüre die Gischt im Gesicht. In manchen Wintern ist es so kalt, dass die Wasserfälle einfrieren. Dann wagen sich Eiskletterer daran, sie zu erklimmen.

Es geht nun erst einmal wieder 300 Höhenmeter hinauf, der Pfad ist urig! Oben breitet sich doch noch einmal eine geschlossene Schneefläche aus, aber in den Zweigen der Gehölze schlummert schon das Leben für den Frühling. Am Waldrand stehen erste Weidenknospen kurz vor dem Aufbrechen. Im Schnee schimmert es hellgelb. Die Weiße Pestwurz hat ihre Knospen vorsichtshalber noch nicht ganz geöffnet. Es ist immer wieder ein Wunder, wenn sich plötzlich die ersten winzigen Triebe zeigen. Ein Hauch von Grün oder ein Schimmer Rot.

Genau wie Tiere haben Pflanzen unterschiedliche Strategien, um durch die kalte Jahreszeit zu kommen. Die meisten stellen die Photosynthese ein. Manche speichern ihre Energie in Zwiebeln im Boden, wo sie vor der Kälte geschützt sind. Andere ziehen sich mit der gesamten Pflanze in die Erde

zurück und treiben erst wieder aus, wenn es wärmer wird. Knospen an höheren Sträuchern und Bäumen sind durch mehrblättrige, oft haarige oder harzige Hüllen geschützt. Sie brechen erst auf, wenn kein Frost mehr droht. Zwergsträucher wie Heidelbeeren und Alpenrosen haben ihre jungen Knospen knapp über dem Boden. Dadurch liegen sie unter dem Schnee, der sie isoliert. Mehrjährige Pflanzen haben ihre Knospen direkt am Boden, sie sind nicht nur von Schnee, sondern auch Laub geschützt. Dann gibt es noch einjährige Pflanzen, die vollständig absterben. Sie bilden vor dem Winter Samen aus. Da diese kein Wasser enthalten, überdauern sie den Frost im Boden.

Es ist noch nicht endgültig erforscht, wodurch Pflanzen wissen, wann der Winter vorbei ist. Sie erkennen, wenn die Tage länger werden. Aber wie bemerken es die Pflanzen unter der Erde? Spüren sie die Wärme? Wieso fallen sie dann nicht auf einzelne warme Tage herein? Und doch verschiebt sich einiges im Moment und manche Pflanzen lassen sich täuschen. Auf einmal blühen Blumen im Januar, die man sonst vor März nicht sah. So früh im Jahr können die Pflanzen dann oft noch nicht bestäubt werden, denn es sind noch keine oder kaum Insekten unterwegs. Andersherum fehlt den Insekten später die Nahrung. Mit Pech sind die Frühblüher bereits verblüht, wenn Bienen, Fliegen und Schmetterlinge auftauchen. All das sind Zeichen des Klimawandels mit unabsehbaren Folgen für Flora und Fauna.

OBEN An die Hochmatten geschmiegt:
das „Kapfenhäusle" oberhalb von St. Märgen.
UNTEN Kachelofen im Kaltwasserhof von 1760.
Die umlaufende Bank wird Kunscht genannt.

Am Waldrand empfängt mich Nachmittagssonne. Alles an dieser Landschaft wirkt harmonisch: die Hügel, die Höfe, die wie in einem Bilderbuch auf den weiten Hochmatten stehen. In der Ferne ist die weiße Kuppe des Feldbergs zu sehen. Am Wegrand zähle ich 20 Ameisenhaufen, das muss ein gesunder Wald sein. Wie geschickt die Ameisen ihren Standort gewählt haben: oben an einem Südhang, wo es in der Frühlingssonne schnell warm wird. Auf der Rückseite sind sie geschützt vom Wald. Die Haufen sehen völlig leblos aus, manche sind vom Winter etwas ramponiert. Aber es wird nicht mehr lange dauern und die ersten Arbeiterinnen verlassen den Bau.

Ab März, je nach Wetter und Höhenlage, krabbeln sie auf ihren Hügel und tanken Sonne. Aufgewärmt kehren sie in den Bau zurück und geben dort die Wärme ab, um die anderen zu wecken. Nach etwa drei Wochen sind alle aus der Winterstarre erwacht, das große Wuseln beginnt. Der Bau muss repariert werden, die Altköniginnen legen die sogenannten Wintereier. Die ersten geschlüpften Larven werden von den Jungarbeiterinnen gefüttert.

Ameisen legen für das kalte Halbjahr keine Vorräte an. Sie ziehen sich im Oktober ins Innere ihres Baus zurück, der oft bis zu zwei Meter in die Tiefe reicht. Eine geheimnisvolle Welt, die sich in den kleinen Hügeln verbirgt. Jeder für sich ist ein ausgeklügeltes soziales Gebilde mit bis zu tausend Königinnen und manchmal einer Million Untertanen. Ein

arger Feind ist der Schwarzspecht, dessen Hauptnahrung Ameisen sind. Ihre Haufen kann er unter einer Schneedecke von bis zu einem Meter freilegen. Aber hier hatten sie anscheinend Glück und der Specht hat sein Revier woanders.

Schneiderhäusle, Kapfenmathishof, Diescheneck. Was die alten Höfe wohl alles erlebt haben? Früher herrschte auf den Schwarzwaldhöfen das Minorat: Der jüngste Sohn erbte den gesamten Besitz. Die älteren Brüder mussten hinaus in die Welt und dort ihr Glück versuchen. Die Erbregelung gab den Eltern die Möglichkeit, den Hof möglichst lang selbst zu bewirtschaften. Auch in den Wintermonaten galt es, das Vieh zu versorgen, aber sonst hatten die Bauernfamilien mehr Zeit. Sie banden Besen und fertigten Rechen. Die Schwarzwälder knüpften Schuhe aus Stroh. Aus Weidenruten flochten sie Körbe. Man sagte „auf dem Wald", wenn man das Leben auf den Höfen meinte, es klingt wie „auf dem Berg", ähnlich weit vom Rest der Welt entfernt, vor allem im Winter. Eine Einrichtung half in der dunklen Jahreszeit besonders gegen die Kälte: die Kunscht, breite Bänke, die um die Kachelöfen in den alten Schwarzwaldhöfen laufen. Sie sind das Herz- und Schmuckstück jedes Hauses, der gemütlichste Ort – auch heute noch.

Die Türme des Klosters tauchen hinter einer Kuppe auf. Glockenklänge wehen hinauf. Die erste Winterwanderung im Jahr, auf der ich mich nicht beeilen muss. Die Tage werden wieder heller und länger.

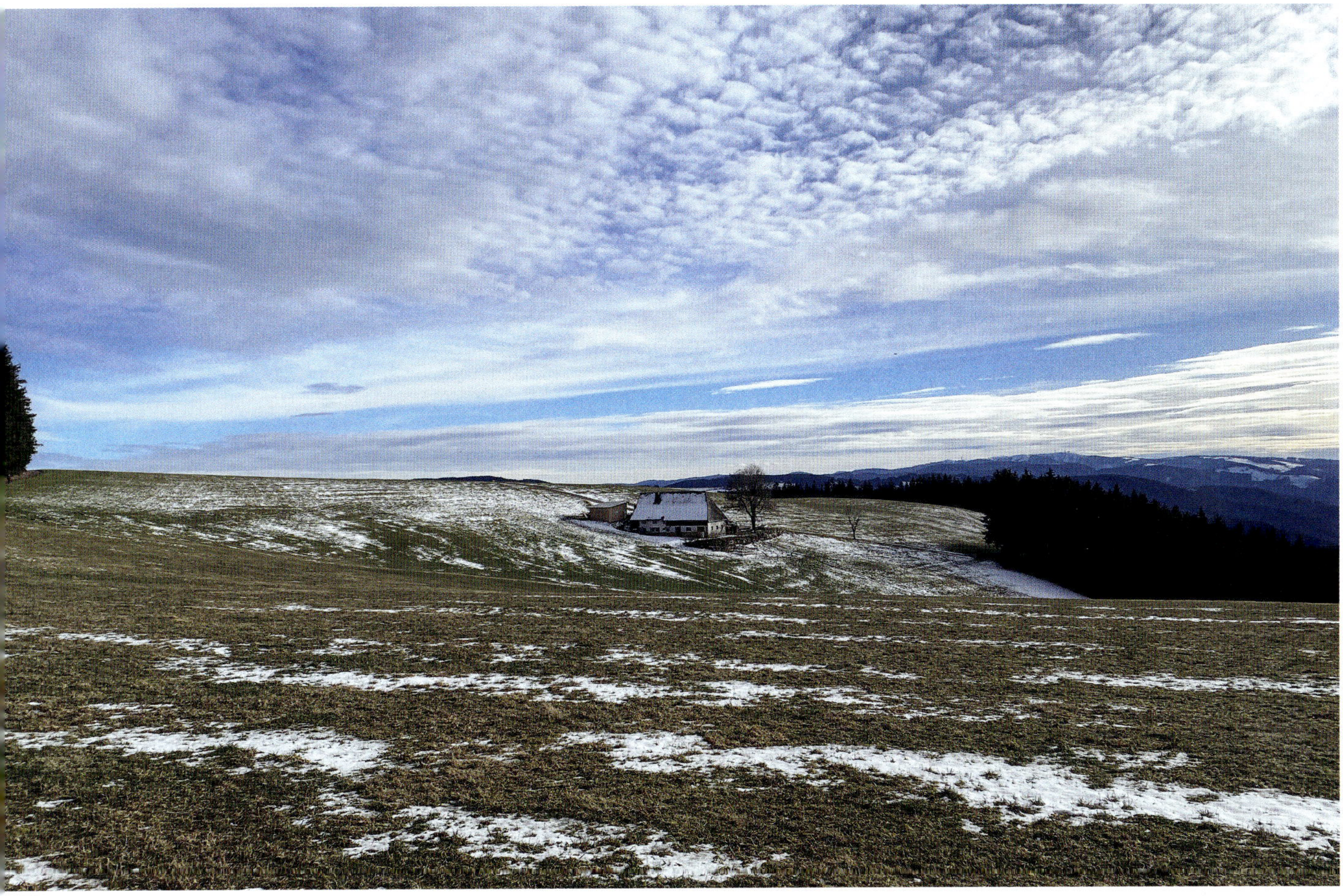

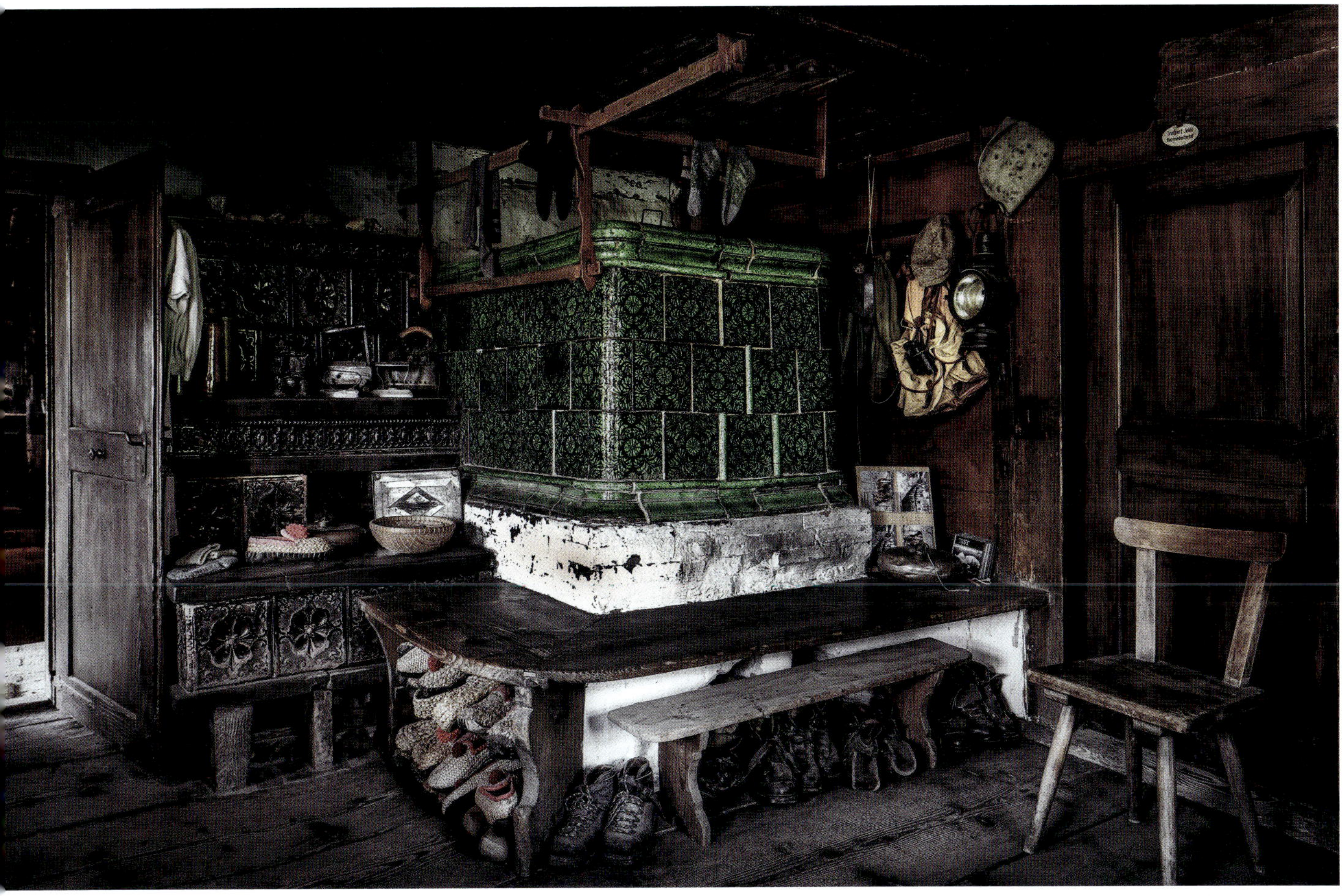

Im letzten Licht des Tages: Langläufer auf
einer Loipe bei Oberstdorf.

Winterwälder und ein Rückepferd

In Oberstdorf stapfen Skifahrer in Richtung
Gondel. Sie wollen aufs Nebelhorn, mit
2224 Metern der höchste Gipfel der Allgäuer
Hochalpen. Mich zieht es heute nicht in die
Höhe, sondern ich leihe mir ein Paar Langlaufskier aus. In Faistenoy im Stillachtal, auf
der südlichsten Loipe Deutschlands, soll noch
genügend Schnee liegen.

Ich steige in die Bindung, klack, klack,
rasten die Schuhe vorne ein. Der Schnee
ist an einigen Stellen schon etwas sulzig, an
anderen Abschnitten vereist. Aber am Verleih
haben sie die Skier mit Sprühwachs eingesprüht. So gleiten sie, ohne zu bremsen oder
zu sehr wegzurutschen.

Langlaufen stammt aus den nordischen
Ländern. Für nomadische Jäger war es überlebenswichtig, im Winter das Wild schnell zu
verfolgen, ohne im tiefen Schnee einzusinken. In der Kombination von Skifahren und
Schießen liegen die Ursprünge der nordischen Sportart Biathlon. In Norwegen spielte
die Fortbewegung auf Skiern historisch eine
große Rolle. Der Legende nach wurde 1206

der norwegische Prinz Håkon im Alter von
zwei Jahren von zwei Skiläufern über die
Berge gebracht und so vor Feinden gerettet.
Das traditionelle Birkebeinerrennet erinnert an dieses Ereignis. In Schweden und
Finnland arbeiteten Boten auf Skiern Mitte
des 15. Jahrhunderts für die Post. 1939/40
setzten sich finnische Soldaten im „Winterkrieg" auf Langlaufskiern erbittert gegen die
Invasion der Roten Armee zur Wehr. Sie trugen weiße Tarnkleidung und waren auf ihren
Skiern sehr mobil, während in den Tanks der
russischen Panzer bei Temperaturen von bis
zu −50 Grad der Treibstoff fror. Zwar musste
Finnland letztlich Gebiete abtreten, blieb
aber zum Glück unabhängig.

Die Stillach füllt das ganze Tal mit ihrem
Rauschen. Die Höfe von Birgsau blicken mir
über einen Hügel entgegen. Unter den Dachüberständen ist Holz aufgestapelt. Um gut
zu brennen, sollte es zwei Jahre abgelagert
sein. Buchenholz hat einen besonders hohen
Brennwert. Birkenholz lodert in Kaminen gut
und hell, verbrennt jedoch ziemlich schnell.

Beim Fichtenholz muss man darauf achten, dass keine Funken herausspritzen, in Kachelöfen spielt das allerdings keine Rolle.

An den Bergflanken haschen Nebelschwaden nach den Baumwipfeln, weiter oben versperren Wolken den Blick auf die Allgäuer Hochalpen. Nur der Linkerskopf zeigt sich für kurze Momente weißbemützt in einem Wolkenfenster und lässt erahnen, wie es im Gebirge aussieht. Block- und Schluchtwälder, Karseen und alpine Wiesen wechseln sich ab. Es liegt unterschiedlich viel Schnee, in Mulden meterdick, in Gratlagen ist er weggeblasen. In den felsigen Höhen verbringt der Alpensteinbock den Winter. Mit seinen beweglichen Hufen ist er trittsicher an die Umgebung angepasst: an Geröllfelder, Kanten und Klüfte. Er verringert seinen Herzschlag um 60 Prozent und fährt die Körpertemperatur herunter. Tagsüber wärmt er sich bis mittags auf, erst dann fängt er an, nach Nahrung zu suchen. Steile Südhänge eignen sich am besten. Dort schmilzt der Schnee am ehesten oder rutscht ab, sodass Steinbock und -geiß noch etwas borstiges Gras finden. Auch haben sie sich im Sommer Fettreserven angefressen. Ihr dunkleres Winterfell absorbiert Wärme. Gleichzeitig isoliert es so gut, dass Schnee auf ihrem Rücken liegen bleibt. Kalt wird ihnen erst ab −35 Grad. Die schlimmste Gefahr für sie sind Lawinen.

Am nächsten Tag, in einem anderen Tal, oberhalb von Rauhenzell. Leo wiegt an die 800 Kilo. Er ist ein Süddeutsches Kaltblut mit dichter schwarzer Mähne. Seine Brust ist breit, Hals und Hinterhand sind dick bemuskelt. Leo ist ein Rückepferd, sein Arbeitsplatz ist im Winter der Wald. Winter ist die Zeit zum Holzmachen.

Bernd Hage ist Holzer, er fällt Bäume. Und er ist Holzrücker, das heißt, er lässt die Stämme nach dem Fällen von seinen Pferden zu den Rückewegen ziehen. Dort können sie von Holztransportern abgeholt werden, ohne dass diese im Wald zu viel Schaden anrichten. Tonnenschwere Maschinen, die Bäume fällen, sogenannte Harvester (Ernter) oder Prozessoren reißen den Boden tief auf, gleichzeitig verdichten sie ihn so, dass dort nicht mehr viel wächst. Ein Pferd hinterlässt Pferdeäpfel, ein paar Hufabdrücke und die Spur, wo ein gezogener Stamm das Laub weggeschoben hat – sonst nichts. Naturnäher als mit einem Rückepferd lässt sich Waldarbeit nicht durchführen.

Frühmorgens stößt der Wallach kleine Dampfwolken aus den Nüstern. Er trägt ein Kummet um den Hals, das auch bei großer Belastung nicht scheuert, ein Ledergeschirr, das Bernd selbst maßangefertigt hat. Daran sind an beiden Seiten Riemen mit Ketten angebracht, die nach hinten zu einer kleinen Querstange, dem Waagscheidle führen. Daran wird später die Kette mit dem Baumstamm befestigt. „Holz kann unberechenbar sein", sagt Bernd. Nicht nur die Ausrüstung, jeder Griff, jeder Schritt muss sitzen. Volle Konzentration ist bei der Waldarbeit zu jeder

In manchen Jahren ist er Ende April noch schneebedeckt: der Linkerskopf.

Zeit gefragt. Leo steht mäuschenstill, als er aufgeschirrt wird. Aber, sagt Bernd, wenn es richtig losgeht, ist er manchmal sogar über-motiviert. Gelenkt wird das Kaltblut mit zwei Leinen und Kommandos, die jahrhundertealt sind: „eh" für „steh", „zrruck" für „zurück", „hott" für „rechts", andere Rufe für „voran" und „links". Das Zusammenspiel funktioniert perfekt.

Bernd trägt die Handsappie, die im All-gäuer Dialekt Sapin heißt, eine an einem Stiel befestigte, oben gekrümmte Stahlspitze, mit der er die Baumstämme zu sich heranziehen

kann. Er steuert sein Pferd etwa 100 Meter in den Wald hinein. Dort liegen jede Menge Baumstämme auf dem Boden verstreut. Er hat in dem Wald eine Buchendurchforstung durchgeführt. Die umstehenden Bäume sol-len mehr Platz haben, das Holz vermarktet werden. Leo scheint genau zu wissen, um was es geht. Sein Besitzer lenkt ihn mit Stimme und Zügel so, dass er in der richtigen Rich-tung steht. Dann wird die Kette unter dem Stamm hindurch und durch eine eiserne Öse gezogen. Er ruft „hüh", ein Ruck und Leo zieht los. Geschickt stampft er zwischen den

LINKS Nachhaltige Forstwirtschaft: Bernd Hage und sein Rückepferd Leo im Einsatz.

OBEN Leo trägt Schellen, wenn am Sonntag die ganze Familie mit der Kutsche fährt.

Bäumen hindurch. Das Unterholz knackt, ein paar Minuten später heißt es „eh", Leo bleibt stehen, dann „zrruck", bis die Kette durchhängt und der Stamm gelöst werden kann. Er liegt auf den Zentimeter genau dort, wo er hinsoll.

Der Wallach steht bereit für die nächste Fuhre. Was für eine Power dieses Pferd hat. Bernd muss sich beeilen mitzuhalten. Er hat immer im Blick, ob der Weg einigermaßen frei ist. Und so geht es Stamm um Stamm, stetig, ohne Hektik. Der Holzrücker sagt, dass er bisher viel Glück gehabt habe und von Verletzungen verschont geblieben sei. Man darf nicht zwischen Kette und Stamm geraten, auch nicht zwischen Stamm und einen Baum.

„Was muss ein gutes Rückepferd für Eigenschaften haben?", frage ich. „Es muss brav sein", sagt Bernd, „aber am wichtigsten ist Vertrauen." Leo lässt sich nicht durch die vielen Geräusche irritieren. Das Knacken von Ästen, Motorsägenlärm; das Krachen, wenn ein Baum umfällt; das Klirren der Ketten oder das Schleifen des Stamms. Pferde sind von Natur aus Fluchttiere, doch der Impuls, beim Erschrecken wegzustürmen, könnte bei einem Rückepferd böse enden. Die Ausbildung dauert daher lange.

Während Leo wartet, bis der nächste Stamm befestigt ist, knispelt er an den herumliegenden Ästen. Es ist später Vormittag und er hat schon mindestens 30 Baumstämme zur Rückegasse gezogen. Bernd und seine Pferde gehen bei fast jedem Wetter hinaus, außer es stürmt oder es liegt mehr als 30 Zentimeter Schnee. Wenn der Boden hart gefroren ist, ist das Ziehen leichter, aber zu glatt darf es auch nicht sein. Der Holzer nimmt das Wetter und die Jahreszeiten, wie sie kommen.

Bernd geht es um die nachhaltige Bewirtschaftung des Waldes. „Je weniger der Mensch eingreift, desto besser." Auch wenn ein Prozessor die Arbeit, für die er einen Vormittag braucht, in einer Stunde verrichtet, so ist die maschinelle Arbeit eben auch viel teurer. Der Waldbesitzer, ein Baron aus der Gegend, sieht das genauso. Bernd ist Idealist. Alles immer bis zum Anschlag auszureizen, entspricht nicht seiner Philosophie. Er möchte möglichst autark leben. Deshalb verbringt er den Sommer mit seiner Familie, seiner Frau und den vier Kindern, auf der Alpe Gund. Sie bewirtschaften die Alpe, wie Almen im Allgäu heißen, auf der Wanderer einkehren und übernachten können, ab Mitte Mai. Dort oben betreuen sie eine Herde Jungvieh aus dem Dorf. Sie nehmen ihre Pferde mit, mit denen Bernd die Bergwiesen mäht.

Einige Bäume müssen noch gefällt werden. Bevor er die Säge ansetzt, inspiziert Bernd die Bäume genau. Er berücksichtigt den Standort, die Neigung des Baums, auch ob er gerade wächst oder oben abgestorbene Äste hängen. Ich warte bei Leo, lausche dem Kreischen der Motorsäge. Sehe, welche Buche ins Schwanken gerät, bevor sie in Sekundenschnelle mit archaischer Wucht auf dem Boden aufschlägt. Der Wald hält für kurze Zeit den Atem an.

Wenn der Frühling naht, zieht sich der Winter in höhere Lagen zurück: Blick aufs Rubihorn von der Gaisalpe.

Im Allgäu, einer der waldreichsten Gegenden in Deutschland, wurde immer viel mit Holz gebaut. Ich denke an die alten Berghöfe und Almen, die früher Balken auf Balken in Blockbauweise errichtet wurden. Später verkleidete man die Häuser mit kleinen, unten abgerundeten Schindeln, wie man sie in der Region noch überall sieht. Jede Schindel steckte ursprünglich in einem Baum im Allgäuer Wald.

Woher er weiß, wie man Bäume fällt, frage ich Bernd. Er lacht. Das weiß man halt als Allgäuer und „Baurer Bua". Die Menschen hier haben nicht nur die Berge, sondern auch die Wälder im Blut.

❄

Ob noch Schnee liegt oder nicht, hängt von der Ausrichtung der Täler ab. An offenen Südhängen taut es als erstes. Auch die Höhenlage spielt eine Rolle und wie hoch die Berge sind, die ihre Schatten ins Tal werfen. So kann man im Allgäu an zwei Tagen zwei Jahreszeiten erleben, Frühling und Winter, obwohl die Orte weniger als 15 Kilometer auseinanderliegen. Gestern war ich noch auf geschlossener Schneedecke langlaufen, heute kommt mir auf meinem Weg zur Gaisalpe der erste Wanderer in kurzen Hosen entgegen.

Die Wiesen oberhalb von Reichenbach, einem alten Bergdorf, saugen die Wärme auf. *Winterspring* heißt diese Zwischenjahreszeit auf Englisch. Der Gaisalpbach rauscht über einen Wasserfall. Ich kann mir vorstellen, wie reißend er in manchen Jahren bei der Schneeschmelze sein kann. Als ich den Wald verlasse, weht mir ein lauer Wind entgegen, ein Schmetterling flattert vorbei, der Blick reicht weit ins Illertal. Um die felsigen Flanken des Rubihorns schweben drei Gleitschirmflieger. Am Wegrand und in einigen Senken halten sich noch ein paar weiße Flecken.

Neben dem Weg gluckst Wasser in einem Graben, ein typisches Winterfrühlingsgeräusch in den Bergen. Das Schmelzwasser fließt Richtung Gaisalpbach. Tropfen, die ihr Leben als Eiskristall begannen, die sich auf dem Allgäuer Hauptkamm mit anderen Flocken zu einer dicken Schneedecke zusammenschlossen. Von dort vielleicht als Lawine die Hänge hinabstürzten, einige Jahre in einer Felsscharte ausharrten und dann doch irgendwann schmolzen. Nun sind sie unterwegs auf ihrer großen Reise: Iller, Donau, Schwarzes Meer. Wer weiß, vielleicht schneien sie das nächste Mal in den Karpaten.

Ich komme an einer Bergkapelle vorbei, deren Türmchen ein Gamsbock als Wetterfahne ziert. Hinter der Gaisalpe ziehen sich Bergfichtenwälder bis zum Felsbereich des

Entschenkopfs hinauf, wo noch Schneefelder leuchten. Oben am Hang stehen zwei prächtige Zirben, dicht daneben blühen an einer Weide die ersten Kätzchen. Noch hält auf den hoch gelegenen Bergwiesen das Murmeltier Winterschlaf. Im Herbst bringen die Nagetiere etwa 16 Kilo trockenes Gras in ihre Höhlen. Dort kuschelt sich die ganze Großfamilie in einem „Schlafkessel" aneinander. Sie brauchen die gegenseitige Wärme, um den Winter zu überstehen. Den Eingang haben sie mit Steinen und Erde verschlossen. Etwa alle zwei Wochen wachen sie kurz auf, um ihren Darm in einer Nebenhöhle zu entleeren. Während im Herbst die kürzer werdenden Tage den Impuls für den Winterschlaf geben, bekommen sie im Frühling kein Signal von außen. In der Höhle ist es dunkel, der Boden noch nicht durchgewärmt. Aber sie haben eine Art innere Jahresuhr, die ihnen sagt, wenn es Zeit fürs Frühlingserwachen ist.

Am Alpengasthof Gaisalpe ist heute Ruhetag, ich habe die ganze Terrasse für mich allein. Auf der Bank am Haus lehne ich mich an die warme Holzwand. Sie hat bereits den ganzen Tag über Sonne gespeichert. An wie vielen Hütten habe ich am Übergang vom Spätwinter zum frühen Frühling schon gesessen? Der Holzgeruch, die Sonne im Gesicht, das Ausziehen der Jacke und das Hochkrempeln der Ärmel: alles Zeichen, dass sich das Ende des Winters nähert.

AUGUST HEINRICH HOFFMANN VON FALLERSLEBEN
(1798–1874)

Winters Flucht

Dem Winter ward der Tag zu lang,
Ihn schreckt der Vogel Lustgesang;
Er horcht und hört's mit Gram und Neid,
Und was er sieht, das macht ihm Leid.

Er sieht der Sonne milden Schein,
Sein eigner Schatten macht ihm Pein.
Er wandelt über grüne Saat
Und Gras und Keime früh und sprach:
„Wo ist mein silberweißes Kleid,
Mein Hut, mit Demantstaub bestreut?"

Er schämt sich wie ein Bettelmann
Und läuft, was er nur laufen kann.
Und hinterdrein scherzt Jung und Alt
In Luft und Wasser, Feld und Wald;
Der Kiebitz schreit, die Biene summt,
Der Kuckuck ruft, der Käfer brummt;
Doch weil's noch fehlt an Spott und Hohn,
So quakt der Frosch vor Ostern schon.

Wege, die der Winter weist

Zwei Winter war ich für mein Buch unterwegs. In zwei aufeinanderfolgenden Jahren tauchte ich in die kalte Jahreszeit ein, hielt Ausschau nach den ersten Winterboten und zog auf Winterfährten los. Dabei erlebte ich das dunkle Halbjahr in jedem Monat anders. Im Spätherbst sammelten sich die Kraniche im Tister Bauernmoor, um nach Süden zu ziehen. Im Dezember fror ein Fluss vor meinen Augen zu und ich sang Weihnachtslieder in einer von Kerzen erleuchteten Kirche. Im Januar staunte ich über die Rauheit der Mittelgebirge, im Februar lief ich Schlittschuh. Das Schmelzwasser gluckste im Frühling von den Berghängen.

Ich war so viel draußen wie vielleicht in keinem Winter zuvor (außer als Kind). Manchmal kam es vor, dass es dort schneite, wo ich gerade nicht war. Oder es hieß, wenn ich ankam: „Oh, ein Winterbuch schreiben Sie! Wie toll, dann hätten Sie mal vor drei Wochen kommen sollen, nun ist alles weggetaut." Eine Freundin stellte lakonisch fest, ich sei auf der Jagd nach der letzten Schnee-

flocke. Und irgendwie stimmte das auch. Andererseits habe ich das weiße Wunder an Orten erlebt, an denen es sich mittlerweile nur noch selten zeigt. Irgendwann beschloss ich, beeindruckende Wintererlebnisse nicht nur vom Schnee abhängig zu machen. Wenn er fiel, freute ich mich wie eine Schneekönigin. Wenn nicht, spürte ich die vierte Jahreszeit trotzdem: am Wind, an den Farben, am Geruch, an den Klängen. Auch Raureif kann Landstriche in Märchenlandschaften verwandeln, dicker, weißer Nebel tiefe Eindrücke hinterlassen.

Die Winter in unseren Breitengraden werden durch den Klimawandel milder. Man geht davon aus, dass Schneefall unter 1000 Metern seltener wird. Auch setzt der Winter mittlerweile oft später ein und endet früher als in der Vergangenheit. Das heißt jedoch nicht, dass es keine heftigen Wintereinbrüche mehr geben wird. Meteorologen vermuten, dass Extremwetterereignisse in Zukunft zuneh-

men. Es könnte sein, dass es zumindest in höheren Lagen sogar wieder mehr schneien wird. Denn die Meerestemperaturen steigen, mehr Wasser verdunstet, größere feuchte Luftmassen steigen auf, bilden Wolken und ziehen übers Festland. Es kommt häufiger zu heftigen Regenfällen. Kühlen die Luftmassen jedoch bei bestimmten Wetterlagen stärker ab, fallen die Niederschläge nach wie vor als Schnee, besonders wenn Wetterfronten auf Hindernisse wie Gebirge oder einzelne Berge treffen. Der Winter wird uns Menschen immer mal wieder daran erinnern, dass wir nicht stärker sind als die Natur.

Unsere Einstellung der vierten Jahreszeit gegenüber ist zwiespältig: große Nostalgie auf der einen Seite. Auf der anderen Seite der Irrglaube, den Winter im Griff zu haben. Mehr noch: Wir glauben, zu unserem Vergnügen über ihn verfügen zu können, als ob er sich an- und ausknipsen ließe. Es soll schneien, damit wir gut skifahren können und weil die Welt dann so idyllisch aussieht wie auf den Schlittenbildern des schwedischen Malers Carl Larsson. Dunkel und gemütlich soll es sein, aber nur wenn uns danach ist. Ansonsten leuchten wir alles aus, um bloß nicht innezuhalten, wie es natürlich wäre. Oder wir beschweren uns, weil nicht sofort auf allen Straßen der Schnee geräumt ist.

Winter lässt uns Wärme erst wieder wertschätzen. Er rückt uns den Kopf zurecht in einer Welt, in der wir uns oft fern der Natur bewegen. Jetzt, wo er dabei ist, sich in manchen Jahren und Gegenden aus unserem

Land zu verabschieden, stutzen wir. So ganz ohne Schnee fehlt plötzlich eine Jahreszeit. Unser Jahreszyklus, von der Evolution in unserem Bewusstsein verankert, ist auf einmal unvollständig.

Flocken tanzen kreuz und quer, bevor sie sich auf Zweigen oder Fensterbänken niederlassen. Der Winter kann einen mit Eiskügelchen piesacken oder sanft sein und mit einer weichen Decke alles Unschöne für eine Zeit lang verbergen. Manchmal ist er dramatisch, mit Schneemassen, die von Bergkanten abbrechen. Und nicht zu vergessen ist seine biologische Funktion. Schnee spendet Leben. Wenn er taut, nährt er die großen Flüsse der Welt. Schnee isoliert und verhindert, dass Wurzelwerk erfriert. Auf Gletschern reflektiert er die Sonnenstrahlung und verlangsamt dadurch ihr Abschmelzen. Sein Fehlen führt uns den Klimawandel vor Augen. Er ist ein Sinnbild dafür, was verloren geht, wenn sich unser Planet weiter so schnell erwärmt.

Sich Kälte, Schnee und Eis mit allen Sinnen zu nähern, verbindet uns mit der Natur, mit unserer Kindheit, mit längst vergessenen Gefühlen. Der Winter lockt, wenn wir es zulassen, das Unbeschwerte in uns hervor. Beim ersten Schnee lächeln wir, wenn wir morgens die Vorhänge aufziehen. Als Kinder haben wir mit den Armen einen Engel in seine weiße Decke gewischt. Irgendwann in unserem Erwachsenenleben ist uns diese Winterunbeschwertheit abhandengekommen. Jetzt

Der Winter ist ein großer Lichtkünstler, hier am Großen Arber im Bayerischen Wald.

trauen wir uns nicht mehr schlittschuhzu-
laufen. Es könnte hart sein hinzufallen. Aber
vielleicht fallen wir ja gar nicht hin!

Der Winter kommt mir vor wie eine riesen-
große Schatzkiste, wir müssen sie nur öffnen.
Heraus kommen Schneehasen, die im Winter
weiß tragen. Wissenschaftler, die Schneeflo-
cken auf Glasplatten kleben. Franz Schuberts
Winterreise, die meinem Buch den Titel lieh.
Steinböcke, die erst ab −35 Grad frieren.
Sterne, die man nur im Winter sieht, am
Himmel oder an weihnachtlich geschmückten
Häusern. Diese besondere Jahreszeit kann

einen glücklich machen, wenn man sie lässt.
Denn eine Winterreise ist wie eine große
Entdeckungsreise. Weite, weiße Landschaften
laden dazu ein, die Gedanken schweifen zu
lassen. Winter weckt Ehrfurcht, manchmal
weist er uns in unsere Schranken. Vor allem
aber kann er Freiheit und pure Lebenslust
bedeuten.

Auf einer Uferwiese funkeln Eisplättchen,
eine Gams sonnt sich an einem felsigen Berg-
hang. Winter ist etwas Kostbares, gerade weil
er vergänglich ist – wie einzelne Flocken, die
auf unserer Hand schmelzen.

DIE AUTORIN

Alexandra Schlüter schreibt als freie Sachbuchautorin mit den Schwerpunkten Natur, Kulturgeschichte und Reisen. Sie veröffentlichte bereits fünf Bücher, unter anderem über Auszeiten in einsamer Natur in Deutschland. Ihr Buch *Rad, Land, Fluss* über die Elbe erschien bei Prestel. Die Autorin lebt mit ihrer Familie in der Lüneburger Heide. www.alexandra-schlueter-books.de

DANKSAGUNG

Ein Buch ist immer Teamarbeit. Vielen Dank an alle, die mich auf meiner Winterreise begleiteten, darunter Ulli, der mit an die Elbe kam, und meine Eltern, die mit mir auf der Zugspitze waren; meine Freundin Anne, die mich immer wieder auf überraschende Themen bringt; sowie Claudia, die mir von den Wintervorbereitungen auf dem Bauernhof ihrer Kindheit erzählte. An den Prestel Verlag, allen voran Julie Kiefer, die das Projekt mit ihrem großartigen Gespür für Bücher umsetzte. Danke auch an Heidi Kral für das zauberhafte Layout mit den Schneekristallen sowie an Susanne Philippi für das konstruktive Lektorat, das man als Autorin so sehr braucht.

LITERATUR UND WEBSEITEN

❋ Auf dem Kampe, Jörn, *Weiße Wut*, Geo 02/2016
❋ Brunner, Bernd, *Als die Winter noch Winter waren*, Köln 2016
❋ Campbell, Nancy, *Fünfzig Wörter für Schnee*, Hamburg 2021
❋ Daniel, Noel (Hg.), *Die Märchen der Brüder Grimm*, Köln 2011
❋ Ederer, Nora, *Der Schneemann*, Süddeutsche Zeitung 24.12.21
❋ English, Charlie, *Das Buch vom Schnee*, Berlin 2009
❋ Haag, Sabine (Hg.), *Wintermärchen. Winterdarstellungen in der europäischen Kunst von Bruegel bis Beuys*, Köln 2011
❋ Naturmuseum Olten, *Überwintern. 31 grossartige Strategien* (Oktober 2015–April 2016), Eine Ausstellung des Naturmuseums Luzern
❋ Weidner, Christopher, *Raunächte. Die zwölf heiligen Nächte. Rituale, Brauchtum, Weissagungen*, Rottenburg 2012
❋ Weßling, Bernd, *Der Ruf der Kraniche*, München 2020

❋ https://www.nabu.de/tiere-und-pflanzen/
❋ https://www.lousnacht.de/#masken
❋ https://www.weltderphysik.de (Schneekristalle)
❋ https://wetterkanal.kachelmannwetter.com (Sturmfluten)
❋ https://www.spektrum.de (Zugvögel)

BILDNACHWEIS

Cover: Die Altmühl bei Kottingwörth, Bayern. picture alliance/imageBROKER/Elisabeth Schmidbauer.
Cover-Rückseite: picture alliance/Zoonar/Marcus Bosch.
Innenteil: ©BR/Freizeit 2024; in Lizenz der BRmedia Service GmbH: 198; Damschen, Dieter: 43, 56–57; Habermehl, Wolfgang: 77, 78; Klein, Heinz: 164; mauritius images: 20 (Pitopia/Torsten Ehlers), 24–25 (imageBROKER/Rainer Herzog), 31 o. (Uwe Steffens), 32, 35, 39 (Alamy Stock Photos/Johann Scheibner), 69 (Udo Siebig), 169 (Florian Westermann); picture alliance: 2 (blickwinkel/R. Bala), 6–7 (imageBROKER/Markus Keller), 9 (imageBROKER/Daniel Schoenen), 14–15, 17, 24–25 (imageBROKER/Rainer Herzog), 19, 23 u. (Maximilian Koch), 23 o. (dpa/dpa-Zentralbild/Nico Schimmelpfennig), 31 u. (dpa/Philipp Schulze), 58, 61 (dpa/dpa-Zentralbild/Sebastian Willnow), 62 (dpa/dpa-Zentralbild/Christian Modla), 66–67, 207 (Zoonar/Marcus Bosch), 70 o. (imageBROKER/C. Bosch), 70 u. (imageBROKER/alimdi/Arterra), 73 (Westend61/Stefanie Baum), 74 (Westend61/Hubertus Stumpf), 80–81 (Westend61/Lisa und Wilfried Bahnmüller), 82, 90 (imageBROKER/Marcus Siebert), 92–93 (Caro |

Seeberg), 95 (Zoonar/Knut Niehus), 97 (Michael Narten), 101 (dpa/Lukas Barth), 109 (xim.gs), 116–117, 119, 122–123 (imageBROKER/Sylvio Dittrich), 121 (imageBROKER/Olaf Schubert), 125 u. (Zoonar/schattenspiel1), 128 (dpa/dpa-Zentralbild/Matthias Bein), 131 (Frank May), 135 o. (Jochen Eckel), 136 (dpa-Zentralbild/Sebastian Kahnert), 140 (dpa/dpa-Zentralbild/Hendrik Schmidt), 143 o., 143 u. (dpa/Hendrik Schmidt), 144–145 (Westend61/Büro Watzmann), 147 (Artcolor), 150 o., 159 (dpa/Angelika Warmuth), 150 u. (ROHA-Fotothek Fürmann/Shotshop), 154, 157 (dpa/Matthias Balk), 158 (dpa/Sina Schuldt), 170 o. (Westend61/Hans Mitterer), 170 u. (dpa/Thomas Muncke), 176–177 (blickwinkel/A. Kosten/J. Kosten), 179 (Jochen Tack), 186 (imageBROKER/Manuel Kamuf), 189 (Westend61/Werner Dieterich), 190 (Schoening), 193 u. (imageBROKER/Jürgen Wiesler), 174–175 (imageBROKER/Herbert Berger), 197 (dpa/Karl-Josef Hildenbrand), 194 (M.i.S.-Sportpressefoto/MiS); Quast, Jochen: 40–41, 44 o., 44 u., 47, 48, 51, 52, 53; Schlüter, Alexandra: 65 o., 65 u., 98 o., 102, 105, 106, 111 o., 111 u., 125 o., 135 u., 148, 153, 161, 162, 166, 193 o., 199, 201; Shutterstock.com: 36 (Torben Knauer), 132 (Martin Lehmann); stock.adobe.com: 4 (Eddie), 10 (Marima), 13 (agneskantaruk), 28 (der vierländer), 85, 88 o., 88 u. (Schmutzler-Schaub), 87 (Lars Niebling), 98 u. (Artur), 139 (David.Sch), 180 (Christian Müller), 184 o. (Burkhard), 184 u. (Annabell Gsödl), 205 (fotoping); Schmuckelemente: stock.adobe.com/Daria, stock.adobe.com/Elena, stock.adobe.com/Irina Mordvinkina

IMPRESSUM

© Prestel Verlag, München · London · New York, 2024
in der Penguin Random House Verlagsgruppe GmbH
Neumarkter Straße 28 · 81673 München

Idee und Text © Alexandra Schlüter

Sarah Kirsch, *Sämtliche Gedichte* © 2005, Deutsche Verlags-Anstalt, München, in der Penguin Random House Verlagsgruppe GmbH

Der Verlag behält sich die Verwertung des urheberrechtlich geschützten Inhalts dieses Werkes für Zwecke des Text- und Dataminings nach § 44 b UrhG ausdrücklich vor. Jegliche unbefugte Nutzung ist hiermit ausgeschlossen.

Projektleitung: Julie Kiefer
Bildredaktion: Susanne Harecker, Annette Baur
Lektorat: Susanne Philippi
Gestaltung: kral & kral design
Herstellung: Martina Effaga
Lithografie: Reproline mediateam
Druck und Bindung: Mohn Media Mohndruck, Gütersloh

MIX
Papier | Fördert gute Waldnutzung
FSC® C011124

Penguin Random House Verlagsgruppe FSC® N001967

Gedruckt in Deutschland

ISBN 978-3-7913-8005-6

www.prestel.de